遠藤 薫 編著

間メディアが世界を揺るがす
ソーシャルメディアと〈世論〉形成

東京電機大学出版局

目次

序章　本書の目的と構成 ………………………………………………… 遠藤　薫
　　1. 本書の目的 ……………………………………………………………………… 1
　　2. 本書の構成 ……………………………………………………………………… 2

第Ⅰ部　ソーシャルメディア社会における〈世論〉の諸問題

第1章　〈世論〉とは何か──その基礎理論を考える ………… 遠藤　薫
　　1. はじめに ………………………………………………………………………… 8
　　2. 〈世論〉とは何か ……………………………………………………………… 9
　　3. 規範―記述の反響としての「世論」……………………………………… 11
　　4. 個人と〈世論〉………………………………………………………………… 12
　　5. 〈世論〉の環境としてのメディア空間 …………………………………… 14
　　6. メディアと間主観性，そして〈世論〉…………………………………… 16
　　7. メディア（テクノロジー）と間主観性 …………………………………… 18

第2章　インターネットと〈公共圏〉論の系譜 ………………… 遠藤　薫
　　1. はじめに ………………………………………………………………………… 19
　　2. 〈公共圏〉とネットメディア ………………………………………………… 19
　　3. 近代（マスメディア社会）における〈公衆〉と〈群衆〉………………… 20
　　4. インターネット社会における〈公衆〉と〈群衆〉……………………… 23
　　5. 「インターネット社会の光と影」論 ………………………………………… 23
　　6. 〈群衆〉は〈公衆〉となるか？……………………………………………… 25
　　7. 討論型世論調査（デリバティブ・ポール）の試み ……………………… 27
　　8. 〈世論〉，〈公衆〉／〈群衆〉概念と象徴闘争 ……………………………… 29

第3章　〈群衆〉と〈公共〉……………………………………………… 遠藤　薫
　　1. はじめに ………………………………………………………………………… 31
　　2. 都市の遊歩者たち ……………………………………………………………… 31

3. 〈群衆〉とはいかなる存在か？……………………………………………… 32
　4. 〈群衆〉＝遊歩者としてのインターネット住人 …………………………… 33
　5. ハーバーマス「公共性」概念の再検討 ……………………………………… 35
　6. メディアは単一ではない ……………………………………………………… 36
　7. 公共圏から多層化した小公共圏群へ ………………………………………… 36
　8. 混沌としてのコミュニケーション行為 ……………………………………… 37
　9. 〈公共性〉のダイナミズム …………………………………………………… 38
　10. 物理的共在からメディアを介した共在へ …………………………………… 40
　11. 間メディア環境における共在性——コミュニケーションの擬身体化 …… 40
　12. グローバリティとローカリティ ……………………………………………… 42
　13. 公共圏・私的生活圏・私事圏 ………………………………………………… 43

第4章　ソーシャルメディアの浸透と〈社会関係〉　　　　遠藤　薫
　1. はじめに ………………………………………………………………………… 44
　2. ソーシャルメディアの利用状況 ……………………………………………… 45
　3. ソーシャルメディアの利用内容 ……………………………………………… 50
　4. ソーシャルメディアと社会関係 ……………………………………………… 52
　5. 20代にとってのソーシャルメディア ………………………………………… 55
　6. アメリカのソーシャルメディア利用状況との比較 ………………………… 56
　7. おわりに ………………………………………………………………………… 59

第5章　ソーシャルメディアの変容と〈社会意識〉
　　　　——LINEとInstagramの世界　　　　　　　　　　　遠藤　薫
　1. はじめに ………………………………………………………………………… 60
　2. 日本におけるソーシャルメディアの状況 …………………………………… 61
　3. LINE ……………………………………………………………………………… 62
　4. Instagram ……………………………………………………………………… 69
　5. ソーシャルメディアと社会意識 ……………………………………………… 77

第6章　ソーシャルメディアと世界の劇場化
　　　　——ハロウィンはなぜ〈マツリ〉化したか　　　　　遠藤　薫
　1. はじめに ………………………………………………………………………… 80
　2. ハロウィンの盛り上がり ……………………………………………………… 81

3. ソーシャルメディア上のハロウィン ………………………………… 86
　　4. アニメカルチャーとの関係 ……………………………………………… 92
　　5. 日本における「ハロウィン」の受容と流行の背景を考える ……… 94
　　6. おわりに──グローバル間メディア社会における文化習合と
　　　劇場としてのソーシャルメディア ……………………………………… 99

第7章　間メディア社会におけるフラッシュモブ：
　　　　「バルス祭り」と「バルス離れ」
──メタ複製技術時代の〈アウラ〉は市場化できるのか ……　遠藤　薫

　　1. はじめに ………………………………………………………………… 102
　　2. 「バルス祭り」と『天空の城ラピュタ』 ……………………………… 103
　　3. 〈祭り〉とフラッシュモブ──バルス祭りと「ハロウィン」……… 107
　　4. 間メディア社会における〈マツリ〉の特性と遷移 ………………… 109
　　5. おわりに──「バルス祭り」は終わるのか ………………………… 116

第8章　ソーシャルメディアとグローバル〈世論〉
──パリ同時多発テロをめぐって ……………………………　遠藤　薫

　　1. はじめに ………………………………………………………………… 118
　　2. パリ同時多発テロはどのように報じられたか ……………………… 120
　　3. 事件の背景 ……………………………………………………………… 123
　　4. パリ同時多発テロをめぐるマスメディア報道の形式変化 ………… 125
　　5. パリ同時多発テロをめぐるソーシャルメディアからの発信 ……… 128
　　6. 国際政治抗争の場としてのソーシャルメディア
　　　──超間メディア社会の問題 ………………………………………… 134
　　7. その後の展開──テロの激化と難民，ナショナリズム問題 ……… 136
　　8. おわりに
　　　──われわれに何ができるのか（重層モラルコンフリクトで考える）… 139

第Ⅱ部　現場からの報告

第9章　ネット選挙とソーシャルメディア──社会は，データ化で加速する
　　　　「イメージ政治」をいかにして読み解くか ……………　西田　亮介

　　1. はじめに ………………………………………………………………… 142

  2. イメージ政治とネット選挙，ジャーナリズム……………………… 144
  3. データで加速する「イメージ政治」とその背景……………………… 147
  4. 誰が政治と有権者をつなぐのか
   ——「第四の権力」としてのジャーナリズム再考……………………… 149
  5. おわりに——ソーシャルメディアが普及した時代に
   政治的緊張感をいかに導入するのか……………………………………… 151

第10章　間メディア社会における〈世論〉と〈選挙〉の現在
  ——2014年12月衆議院選挙に関する調査から………　遠藤　薫
  1. はじめに——2014年衆院選の謎……………………………………… 153
  2. 政治のトラップ——アベノミクスと消費税……………………………… 156
  3. 「この道しかない」の未来……………………………………………… 160
  4. メディアの問題………………………………………………………… 165
  5. おわりに……………………………………………………………… 169

第11章　アメリカ政治とソーシャルメディア
  ——選挙での利用を中心に………………………………　前嶋 和弘
  1. はじめに……………………………………………………………… 170
  2. "オバマ革命"以前のアメリカの選挙とソーシャルメディア…………… 171
  3. "オバマ革命"
   ——「下からの改革の起爆剤」としてのソーシャルメディア…………… 173
  4. ソーシャルメディアと選挙の親和性——二つの理由……………………… 175
  5. "オバマ革命"以後
   ——「上からのコントロール」の手段となったソーシャルメディア…… 176
  6. 結びに代えて………………………………………………………… 179

第12章　ソーシャルメディアとイスラム過激派
  ——過激派による勧誘戦略の変遷………………………　塚越 健司
  1. はじめに……………………………………………………………… 181
  2. インターネット以前——身内を経由した勧誘…………………………… 183
  3. インターネットと勧誘………………………………………………… 184
  4. SNSの発展と過激派に合流する若者…………………………………… 184
  5. SNS勧誘をめぐるもう一つの戦場……………………………………… 187

6. 勧誘者のジレンマ 189
　　7. おわりに——「世論」形成と感情的動員の今後 191

第13章　中国のニューメディアと世論形成メカニズム
趙　新利・黄　昇民［訳：陳　雅賽］
　　1. はじめに 194
　　2. 輿論の性格——理性的考えと感性的考え 194
　　3. 世論形成のメカニズム——中心決定論 vs. 無中心循環論 197
　　4. 二つの言論空間——対話と対立 200
　　5. 「二つの言論空間」に関する展望と戦略 203

第14章　まなざしの交錯——ソーシャルメディアと炎上　木本　玲一
　　1. はじめに 207
　　2. ソーシャルメディアをめぐる環境 208
　　3. ネット・セレブたち 210
　　4. 炎上する人びと 212
　　5. 〈他者〉たち 214
　　6. シノプティコン 215
　　7. パノプティコン 217
　　8. おわりに 219

第15章　デマ・流言と炎上——その拡散と収束　鳥海　不二夫・榊　剛史
　　1. ウェブ上における情報拡散——デマ・流言・炎上 220
　　2. 噂・デマ・流言の実態 225
　　3. 炎上の実態 228
　　4. 拡散の経路 231
　　5. ウェブ上の情報拡散の定式化 234
　　6. 本稿のまとめ 238

第16章　討論型世論調査（DP）——反実仮想の世論形成装置
坂野　達郎
　　1. ミニ・パブリックスによる討議民主主義の可能性 239
　　2. ミニ・パブリックスで形成される意見と民意のズレ 241

3. 代表性の意味の変質 243
4. 反実仮想の民意 244
5. 討議的に合理的であることと討議的に代表的であること 245
6. 高レベル放射性廃棄物処分方法をテーマとした Web DP の社会実験 247
7. 反実仮想的に思考するための条件 249

第Ⅲ部　ソーシャルメディアとアクティビズム

第17章 「tsuda る」からポスト「ポリタス」まで
（対談：津田 大介×遠藤 薫）................................ 252

第Ⅳ部　ソーシャルメディアと〈世論〉，そして社会変動

終章 デジタルネイティブ・ジャーナリズムの新しい動きとビッグデータ
.... 遠藤 薫
1. はじめに 278
2. ジャーナリズム環境の変化 278
3. 動画配信サービスの台頭――ジャーナリズムからコンテンツ提供へ ... 281
4. ビッグデータ・ジャーナリズム 285
5. 社会に影響を与えるドキュメンタリー 288
6. ジャーナリズムの危機 290
7. おわりに――間メディア性の新たな段階 293

あとがき 294
注 295
参考文献 313
索引 325
編著者・著者紹介 331

序章

本書の目的と構成

遠藤 薫

1. 本書の目的

　本シリーズの最初の本である『インターネットと〈世論〉形成——間メディア的言説の連鎖と抗争』を上梓したのは，2004年のことだった．それからすでに12年が過ぎた．その間に，技術は激しく進展し，たとえば，Web 2.0 とか，さまざまな新しい用語が登場し，なかにはもう忘れられてしまったことばもある．

　その一方で，本シリーズが問題としてきた〈世論〉，いいかえれば社会的合意形成のあり方の本質は変わっていないともいえる．

　そしてソーシャルメディア（インターネットの社会性に注目した用語）が，私たちの日常，社会，そして世界に及ぼす影響は，日増しに大きくなってきている．

　そこで本書は，『ソーシャルメディアと〈世論〉形成——間メディアが世界を揺るがす』と題し，『インターネットと〈世論〉形成』でも取り上げた〈世論〉に関する基礎理論を再度参照しつつ，変化の激しいソーシャルメディアの現状を客観的に捉え，モデル化したうえで，改めて，世界が動く「現場」としてのソーシャルメディアのダイナミズムを，具体的に報告し，今後を展望しようとするものである．

2. 本書の構成

本書は，以下の四つの部から構成される．

第Ⅰ部：理論枠組みと検討視角

第Ⅰ部は，「ソーシャルメディア社会における〈世論〉の諸問題」と題して，インターネットという新たなメディアが社会に埋め込まれた状況で，先に述べた〈世論〉に関する諸問題をどのように捉え直すべきかについての枠組みを提示する．

第Ⅰ部の第1章から第3章では，〈世論〉とメディアに関する基礎的枠組みを提示する[1]．

第1章「〈世論〉とは何か――その基礎理論を考える」（遠藤薫）では，「世論」をめぐるこれまでの議論を整理しつつ，「世論」という概念が動的なものであり，かつ，それが社会における象徴権力の闘争における核心的武器（アイテム）であることを明らかにする．そして，新たな象徴闘争の〈場〉として登場したインターネット空間において，どのような象徴闘争が展開されつつあるのかを予備的に検討する．

第2章「インターネットと〈公共圏〉論の系譜」（遠藤薫）では，公共圏概念を再考する．第1章で見たように，歴史的に，〈世論〉は〈公共圏〉の観念と結びついて語られてきた．〈公共圏〉を構成するのは，〈公衆〉である．この〈公衆〉と対置される概念として〈群集〉がある．近代は，〈公衆〉とともに〈群衆〉を発見した時代でもあった．メディアとしてのインターネットを組み込んだ現代社会に，〈公衆〉と〈群衆〉問題はどのように割り当てられているのかを問う．

しかしながら，（特に都市の）〈群衆〉を，〈公衆〉との対比とは異なる視線から捉えようとする試みもある．たとえば，ベンヤミン（W. Benjamin）がそうである．第3章「〈群集〉と〈公共〉」（遠藤薫）は，顔や名前をもたない超都市インターネットで集合離散を常態とする〈群集〉の生態についての理論化を図る．こうした〈群集〉たちは，どのようにして自分自身の〈意見〉を構成し，（それがあるとして）それらを集合的意見として可視化させるのだろうか？　この章は，「インターネット」か「マスメディア」かという二者択一ではなく，両者が緊密に相互連結した状況を，すでに現出しているわれわれの社会のメディア環境として捉える．「間メディア性」という概念をキーとして，いくつかの重要な事例を検討しつつ，その意味を探る．しかし，インターネットという概念は，マスメディアと対置されるものではなく，マスメディアのプラットフォームともなりうるメタメディアなのである．

第Ⅰ部の第4章から第8章は，とくに2010年代に入って，多様化と一般化の著しいソーシャルメディアの状況を多面的に俯瞰する．

第4章「ソーシャルメディアの浸透と〈社会関係〉」(遠藤薫) は，多様なソーシャルメディアが創り出すコミュニケーション空間の特性をあぶり出す．2000年代以降，インターネットでは，「ソーシャルメディア」と呼ばれるサービスが広く利用されるようになった．しかし，一口に「ソーシャルメディア」といっても，そこには多様なサービスが含まれる．本章では，2015年11月に実施した調査の結果から，現代日本におけるソーシャルメディア利用と社会関係のかかわりについて，考察するものとする．

第5章「ソーシャルメディアの変容と〈社会意識〉——LINEとInstagramの世界」(遠藤薫) は，多様なソーシャルメディアのなかでも最も新しく，まだほとんど分析の行われていないLINEとInstagramに焦点を当てる．

第6章「ソーシャルメディアと世界の劇場化——ハロウィンはなぜ〈マツリ〉化したか」(遠藤薫) は，この数年，日本でも盛り上がりが目立つようになっているハロウィンについて，最近のメディア環境の変化と，そこに潜む長期にわたる歴史文化的変容の層とを重ね合わせつつ考察している．

さらに第7章では，「間メディア社会におけるフラッシュモブ:「バルス祭り」と「バルス離れ」——メタ複製技術時代の〈アウラ〉は市場化できるのか」(遠藤薫) と題して，遠藤 (2004) でも検討したフラッシュモブ／ネタオフが，その後10年以上の時を経て，どのように変容してきたか，あるいは変容しなかったかについて，2016年1月15日に行われた「バルス祭り」の経緯をベースに，考察を加える．それは単に一時的で気まぐれな集合行動のプロセスを記録するという目的のためではなく，ネット社会 (間メディア社会) に特徴的な文化的実践を通じて，むしろ，その背後に隠れている，「人間社会にとって〈文化〉とは何か」という根源的問題を追求する試みである．

そして，第Ⅰ部の最終章である第8章「ソーシャルメディアとグローバル〈世論〉——パリ同時多発テロをめぐって」(遠藤薫) は，グローバリゼーションのネガティブな社会的現れである，世界的なテロ事件の報道が，まさに間メディア的な空間において展開されるようになっている現状を提示し，その可能性と問題とを展望する．

第Ⅱ部：事例研究

第Ⅰ部を受けて，第Ⅱ部「現場からの報告」は，まさに現在の〈世論〉の立ち現れを現場からの視線によって記述しようとするパートである．

ただし，第Ⅰ部で考察するように，ここで記述される〈世論〉のなかには，通念としての「世論」に近いものから，それとはかなりの距離があると思われるものまでが含まれている．しかし，それはまさに現在における〈世論〉のダイナミズムを示すものであり，多様な「いま—ここ」のビビッドな報告によって，読者自身がわれわれの社会を考

えるうえでの貴重な足がかりを提供することだろう．とはいえ，無論それは，決して短期的なジャーナリスティックな記述を目指すものではなく，理論—実証によって永遠の「いま—ここ」をあぶり出すことを目指すものである．

〈世論〉は，その規範的意味においては，個々人の印象や意見が，相互コミュニケーションを介した間主観性構成のプロセスを経て，集合的意見として可視化されるものである．しかし，ソーシャルメディアというコミュニケーション・メディアを媒介としたとき，(もしそれが現れるとするならば) 間主観性はどのように作動するだろう？

第Ⅱ部冒頭の第9章「ネット選挙とソーシャルメディア——社会は，データ化で加速する「イメージ政治」をいかにして読み解くか」(西田亮介) は，2013年の公職選挙法改正によって日本でも20年近い歳月を経て実現した「ウェブサイト等を用いた選挙運動」(以下，「ネット選挙」) と，その後の2013年参院選，2014年衆院選における選挙運動の動向と解禁の経緯，解禁がもたらした「変容」と，日本の政治的慣習，そしてジャーナリズムの現況などを，「イメージ政治」を切り口に概観しながら，日本のネット選挙とソーシャルメディアについて検討している．

第10章「間メディア社会における〈世論〉と〈選挙〉の現在——2014年12月衆議院選挙に関する調査から」(遠藤薫) もまた，2014年12月衆院選を題材に，社会調査をベースに，第9章とは異なる視座から分析している．第9章と併せて読むことによって，より立体的に「選挙」の現在が見えてくるだろう．

第11章「アメリカ政治とソーシャルメディア——選挙での利用を中心に」(前嶋和弘) は，ソーシャルメディアの利用が爆発的に増えていくなか，アメリカでは，すべての政治過程にソーシャルメディアが深く入り込んでいる状況を見据えつつ，ソーシャルメディアで動くアメリカ政治の現状の一例として，選挙での利用を中心に論じる．

第9章から第11章までがソーシャルメディアと政治の関係を考察するのに対して，第12章と第13章は，ソーシャルメディアによる社会動員に関する論考である．

第12章「ソーシャルメディアとイスラム過激派——過激派による勧誘戦略の変遷」(塚越健司) は，イスラム世界とソーシャルメディアを「世論」の関係から考察する．国家が完全な統治・管理を行い得ないソーシャルメディアを媒介にして，現在，イスラム過激派が彼らへの共感を誘うメッセージを大量に流し，実際に信奉者を増やしつつある．本章は，過激派による戦士，すなわち過激派への志願者の勧誘戦略とSNSの関係を取り上げる．

一方，第13章「中国のニューメディアと世論形成メカニズム」(趙新利・黄昇民 [訳：陳雅賽]) は，従来型メディアの中心決定論から現在の無中心循環論に変わりつつある，ニューメディアと従来型メディア両方の影響を受けている中国の，世論形成メカニズム

について検討している．

　第12章と第13章が，人びとを一定の方向に編制するソーシャルメディア利用に関するものであるならば，第14章と第15章は，間メディア空間の言説が炎上したり，拡散したり，あるいはそれらが収束するダイナミズムを分析しようとするものである．

　第14章「まなざしの交錯――ソーシャルメディアと炎上」（木本玲一）では，炎上を個人のリテラシーの問題としてではなく，ソーシャルメディアを含めたインターネット空間におけるまなざしの交錯によって導かれる現象として捉える．まなざしの交錯とは，ネット上における自己表出を見る・見せるという関係がつくりあげる網の目のようなネットワークのことであり，炎上を含めたネット上における活動全般を規定するものである．

　第15章「デマ・流言と炎上――その拡散と収束」（鳥海不二夫・榊剛史）は，ソーシャルメディアの普及に伴い注目されるようになった，情報拡散の負の側面としてデマ・流言および炎上について，その拡散から収束までの流れとその性質について，情報学的な方法論により分析している．

　そして第Ⅱ部最後の第16章「討論型世論調査（DP）――反実仮想の世論形成装置」（坂野達郎）は，間メディア空間を，「集合知」の発言する場として構成しようとする試みを紹介する．これまで民意を知るための代表的な手段は，「世論調査」だった．しかし，「世論調査」は，統計学的な「代表性」を満たしているが，その基盤となる「討議」を無視していると批判される．一方，「討議」に参加できる人は限られており，「代表性」には疑問が投げかけられる．この二律背反を解決しようとするのが，フィシュキン（J. S. Fishkin）の提案した「討論型世論調査（DP）」である．しかし，フィシュキンの提案では，リアルな場での討議を前提とするため，やはり，「代表性」に困難がある．そこで坂野が試みたのが，ソーシャルメディアを利用したDPだった．その効力はいまだ限定的かもしれないが，未来に向けての一つの可能性である．

第Ⅲ部：ソーシャルメディアとアクティビズム

　第Ⅲ部は，第17章「「tsudaる」からポスト「ポリタス」まで」（対談：津田大介×遠藤薫）がそれである．2ちゃんねる後のソーシャルメディア空間で，Twitterを中心的な位置に押し上げることに寄与したのは津田大介氏だった．津田氏は，さまざまなイベントをTwitterを介して実況中継し，大きな話題を呼んだ．Twitterによる実況中継は「tsudaる」と呼ばれ，「tsudaる」人が続出した．もっとも，津田氏はそれ以前から，ネットに関連したアクティビスト（社会活動家）として知られており，「tsudaる」以後も，さらに活動の場を拡げている．この対談では，津田氏の活動の流れをご本人の口

から明らかにすると同時に，ソーシャルメディアの「公共空間」としての可能性を照射する．

第IV部：明日の方向

最終パートである第IV部「ソーシャルメディアと〈世論〉，そして社会変動」では，終章「デジタルネイティブ・ジャーナリズムの新しい動きとビッグデータ」（遠藤薫）と題して，新しい段階に入っていく間メディア社会の明日を展望する．

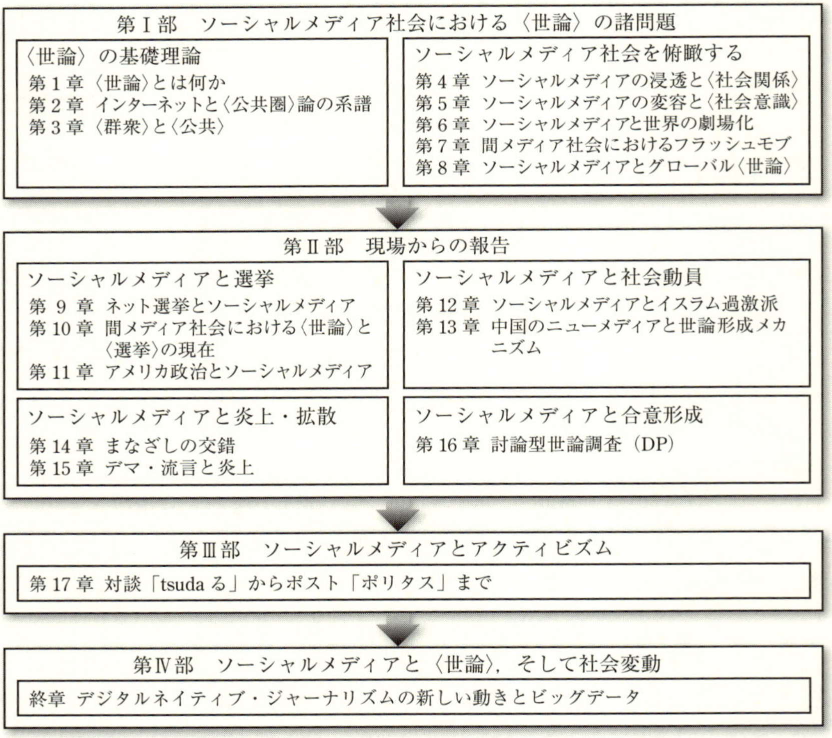

第I部　ソーシャルメディア社会における〈世論〉の諸問題	
〈世論〉の基礎理論 第1章　〈世論〉とは何か 第2章　インターネットと〈公共圏〉論の系譜 第3章　〈群衆〉と〈公共〉	ソーシャルメディア社会を俯瞰する 第4章　ソーシャルメディアの浸透と〈社会関係〉 第5章　ソーシャルメディアの変容と〈社会意識〉 第6章　ソーシャルメディアと世界の劇場化 第7章　間メディア社会におけるフラッシュモブ 第8章　ソーシャルメディアとグローバル〈世論〉

↓

第II部　現場からの報告	
ソーシャルメディアと選挙 第9章　ネット選挙とソーシャルメディア 第10章　間メディア社会における〈世論〉と〈選挙〉の現在 第11章　アメリカ政治とソーシャルメディア	ソーシャルメディアと社会動員 第12章　ソーシャルメディアとイスラム過激派 第13章　中国のニューメディアと世論形成メカニズム
ソーシャルメディアと炎上・拡散 第14章　まなざしの交錯 第15章　デマ・流言と炎上	ソーシャルメディアと合意形成 第16章　討論型世論調査（DP）

↓

第III部　ソーシャルメディアとアクティビズム
第17章　対談「tsudaる」からポスト「ポリタス」まで

↓

第IV部　ソーシャルメディアと〈世論〉，そして社会変動
終章　デジタルネイティブ・ジャーナリズムの新しい動きとビッグデータ

図 0-1　『ソーシャルメディアと〈世論〉形成——間メディアが世界を揺るがす』の構成

以上述べてきた本書の構成を，図0-1に示す．

本書が，多くの読者にとって，何らかの道標となることを願いつつ，さて，われわれの冒険を始めようか．

第I部

ソーシャルメディア社会における〈世論〉の諸問題

第1章

〈世論〉とは何か
―― その基礎理論を考える

遠藤　薫

1.　はじめに

　かつて〈世論〉という言葉が，〈民主主義〉という言葉とともに輝かしい香気を放って聞こえた時代があったような気がする．
　しかし，今日，〈世論〉はひどく頼りない，あやふやなものに思われる．
　〈世論〉とは，"Public Opinion" の訳語であるとされる．"Public Opinion" とは，「パブリック（公衆）による，パブリックな（公共の利益にのっとった）意見」を意味するが，では，「公衆」とは誰か，「公共の利益」とは何か，を考えるなら，これらの問い自体がさまざまな意見の対立を引き起こすこととなるだろう．
　最近では，〈世論〉という言葉よりも「民意」という言葉が使われたりする．「人民の意志のことであるが，民意とはつねに漠然としたものとしてあり，おもに為政者の側の用語として用いられる」と『世界大百科事典　第2版』にはあるようだが，「世論」も「民意」も英語に訳せば "Public Opinion" で，こうした言い換えは，あいまいさをさらにあいまい化するだけだろう．
　本稿では，本書を始めるにあたって，まずは〈世論〉にかかわる基礎的理論を押さえておこう．

2. 〈世論〉とは何か

〈社会〉とコミュニケーション
——オートポイエーシス・システムとしての社会

　〈世論〉を考えようとするならば，まずは，〈世論〉が可視化される〈場〉としての〈社会〉について考えておく必要があるだろう．

　現代社会システム論では，社会はオートポイエーシス・システム（再帰的自己創出システム）として理解される．

　オートポイエーシス・システムとは，生物学者であるマトゥラナ（H. R. Maturana）とヴァレラ（F. J. Varela）が有機体システムを理解するために提示したシステム構造のモデルである（Maturana and Varela 1980＝1991）．要約すれば，オートポイエティックなシステムとは，そのサブシステムがそれぞれに外部とのコミュニケーションによって絶え間なく自己自身や他との関係性を変化させ，同時にサブシステムのネットワークの総体としての全体を絶えず状況適合的に変化させていくような性質を持ったシステムのことである．

　われわれの「社会」がこのような再帰的自己創出性を備えていることは，直感的にも理解できるだろう．社会は，これを構成する個人，グループ，組織などが，それぞれの過去に依拠しつつ，複層的に相互作用し合い，自己変容するとともに，全体を変容させていく．

　ただし，生物学者が対象とする有機体システムと，「社会」というシステムとでは，後者においては，行為主体の意図的なコミュニケーション／行為と「自己意識」が要素間の相互作用に大きな影響を及ぼすという点で大きく異なることに留意しなければならない．そしてこの点において，再帰的自己創出の概念は社会変動論に接続する．すなわち，社会システムにおいては，再帰的な自己創出というプロセスが，行為主体の意図的な行為による変動（政策，企業戦略，社会運動など）と非意図的な変動とによって構成される．前者を「意図的社会変動」（この語は佐藤嘉倫（1998）による），後者を「非意図的社会変動」ととりあえず呼んでおこう．意図的社会変動も非意図的社会変動も，それ自体，再帰的自己創出の性質を持つことは言うまでもない．

〈世論〉と民主主義

　この意図的な社会変動，とくに「政策」とその社会に生きる人びととを接続するのが，「世論」と呼ばれるものであると，とりあえず考えておこう．

「世論」という言葉は，いかにも人口に膾炙している．にもかかわらず，その指し示す対象はあいまいである．ある人は大新聞の見出しやテレビニュースのヘッドラインであると言い，ある人は世論調査の結果だと言い，ある人は選挙結果だと言い，またある人はもっと漠然と世の中の多数派意見だと言う．そうではなく，見識ある人びとの意見であると思う人もいるし，社会の「一般意志」[1]だと考える人もいる．そして政治家たちはしばしば「世論に従う」ことをもって自己の主張を根拠づける．

「世論」をめぐるこのようなあいまいさについて，岡田直之（2001：5）は，「世論」観念が規範概念と記述概念という二重性を負っているためであると説明する．

すなわち，今日では多くの国々の政体が「民主主義」に立脚していると主張している．とくに冷戦終結以降，「パックス・デモクラティア」の可能性を期待する論者（Russett 1993＝1996）もいる．

民主主義（democracy）とは，端的には，demos（民衆）が kratia（権力）を所有し，権力を自ら行使する，すなわち社会的意思決定（合意形成）を行う社会体制を言う．これに加えてアリストテレスは，「人間が何らかの点において平等であるとすれば，絶対的に平等であるとする考え方から生じたのが民主主義である」と言い，リンカーンは「私は奴隷になるつもりはないと同様，主人になるつもりもない．これが私の考える民主主義である」と述べている．つまり，民主主義とは，社会構成員が，全員平等な個人として，その意思を政策決定に反映させる権利を持つことを規範理念とする社会であると言える．したがって，この規範理念に準拠する社会では，「民衆」の意思決定のみが，その政体の正統性の根拠となる．

このような理念は，一点，非の打ちどころがないように考えられる．マルクスも「民主主義は人類の憲法である」と言っている．そして，民主主義政治の正統性を担保する民衆の意思決定もしくは集合的意見が「世論」というわけである．ブルデュー（P. Bourdieu）はこのような了解について（皮肉に），「政治家はかつて『神はわれとともにあり』と言ったものだが，今日の政治家は『世論はわれとともにあり』と公言している」（Bourdieu 1973＝1991：290）と述べている．

しかしながら，このような「世論」観念を規範概念として遠望することが可能であったとしても，それがどこにどのように表出されるのかについては，絶対的な解釈が存在しない．そのため，人によって「世論とは何か」に対する答えが異なる．あるいはブルデューのように「世論は存在しない」（Bourdieu 1973＝1991：290）と断じたりすることになる．

ブルデューのこの言葉は，世論調査が政策決定の根拠とされることについての批判として述べられたものである．シャンパーニュ（P. Champagne）の要約を借りれば，「（引

用者注：ブルデューに）よれば，その意見調査とは，社会的に非常に異質な諸個人からなるサンプルに，政治的必要から世論調査機関が判で押したように同一の質問を発し，得られた回答を足し合わせるということからして，すべての個人は一個の意見をもち，尋ねられた設問をすべてその通りに受け止めるもので（あるいは少なくとも受け止める能力をもち），さらにあらゆる意見は社会的見地から見て価値がある，と想定してしまっている．だが，そうしたことは経験的に検証されることからほど遠い」(Champagne [1990] 2001＝2004: 28) にもかかわらず，世論調査が「世論」として採用されるのは，「世論調査」という形式によって「世論」を導出することが自己の正統性の根拠づけに有利であると考える政治家たちがいるからだ，とブルデューは批判するわけである．

このように，「世論」は，「それは「世論」ではない」というかたちで語られることが多い．記述概念としての「世論」は批判概念であると岡田が言うのは，このような事態を指す．

3. 規範─記述の反響としての「世論」

とはいえ，岡田 (2001: 5) も指摘するように，規範概念としての「世論」と記述概念としての「世論」を峻別して語ることはできない．なぜなら，規範概念としての「世論」が前提とされなければ，批判概念としての「世論」は存在せず，批判概念としての「世論」が存在しなければ，規範概念としての「世論」を検証することはできないからだ．

「世論」をめぐるこのような循環的な事態は，かつてハイデガー (M. Heidegger) が「芸術」について語った次のような言葉と深いところで共振する．

　　芸術とは何であるかということは，作品から取り出されるべきである．作品とは何であるかということを，われわれはただ芸術の本質のみから経験することができる．誰もが容易に気づくことだが，われわれは堂々めぐりをしている．(Heidegger 1960＝2002: 9-10)

ハイデガーに倣って，われわれは次のように言うことができるだろう．「世論」とは何であるかということは，現象（の記述）から取り出されるべきである．現象とは何であるかということを，われわれはただ「世論」という規範からのみ了解することができる．

　　誰もが容易に気づくことだが，われわれは堂々めぐりをしている．だが，われわ

れは堂々めぐりを遂行しなければならない．このことは窮余の措置ではないし，また欠陥でもない．この道に足を踏み入れることは強さなのであり，そして思索が手仕事であるとすれば，この道にとどまることは思索の祝祭なのである．（Heidegger 1960＝2002：10）

本書では，このような動的観念としての「世論」を，以下，〈世論〉と表記することとする．

4. 個人と〈世論〉

「世論」に関する古典的著書である『世論』の中で，リップマン（W. Lippmann）は次のように述べている．

> 外界のさまざまの現象がほかの人間たちの行動に関わりをもたずにはおかない場合，そうしたほかの人間たちの行動がわれわれの行動と交差したり，われわれに依存したり，あるいはわれわれの興味を惹いたりするかぎりそうした外界の現象をわれわれは大まかに公的な事柄と呼ぶ．このような人びとの脳裏にあるもろもろのイメージ，つまり，頭の中に思い描く自分自身，他人，自分自身の要求，目的，関係のイメージが彼らの世論というわけである．人の集団によって，あるいは集団の名のもとに活動する個人が頭の中に描くイメージを大文字の「世論」とする．（Lippmann 1922＝1987：47）

〈世論〉が，特定の争点に関する，少なくとも何らかの可視化された集合的意見であるとするならば，それは個々の人間の意見の集積として現象すると考えられる．その過程はどのようにモデル化されるだろうか．バウアー（J. E. Baur）や竹内郁郎らのモデルを参考にしつつ，以下のようにモデル化できるだろう．

1. メディアや対人コミュニケーションのなかで，さまざまな世界観，価値観，利害，能力などを持った個人は，それら先行する条件のもとで，特定の争点を認知する．
2. 個人は，認知した争点について，メディアや対人コミュニケーションから継続的に得られる情報を参照しつつ，自らの意見を形成する．
3. 当該の争点について意見を形成した個人は，その意見を共有する他者と集団を組む場合もあるし，そうではない場合もある．
4. 集合的意見を形成した集団は，異なる集合的意見を持つ集団と論争したり，まだ

集団に属していない人びとを説得する行動をとる．
5. 何らかの手段（世論調査，選挙，討議など）により，社会全体の「意見」を集計し，その結果を「世論」として採択する．
6. 政策決定者による決定がなされる．

しかし，この過程には，多くの認知的あるいは原理的誤りが混入しうる．

世論調査や選挙の正当性については多くの批判が存在する．また，この過程には，さまざまな事実誤認や戦略的操作の入り込む余地がある．

そして，そのような事実誤認や戦略的操作は，個人的意見の形成から集合的意見の形成に至る際の間主観性形成の問題であり，かつては対人コミュニケーションを通じてなされていた間主観性形成も，今日では，メディアを媒介とした間主観性過程に比重が傾いていることも考慮しなければならないだろう．

クロスリー（N. Crossley）はその著書『間主観性と公共性』において，次のように主張している．

　　間主観性は，それによって我々の社会が可能となるものであり，それによってはじめて我々が我々となるものである．さらに間主観性は，それ以上には還元不可能な一種独特なものであり，我々のアイデンティティの生成原理，我々の主体的行為の生成原理，そして我々が生きる社会の生成原理である．そしてそれは，我々がそこから外に出ることができないものである．［……］我々は間―主体である．我々の行為や思考は，我々にしか還元できない．それらは，多くの参加者をもち，他者のあらゆる身振りのなかで表現される行為に対する呼びかけに応えるゲームの一手である．そしてそれらの意義はまさに，そうしたゲームにおける位置によって構成されるのである．（Crossley 1996＝2003：304）

とすれば，先のモデルで「さまざまな世界観，価値観，利害，能力などを持った個人は，それら先行する条件のもとで」とした先行する条件もまた間主観性の今日的様態にかかわるのであり，現代では，メディア・コミュニケーションの内部でメディア・コミュニケーションを介した間主観性の形成——〈世論〉の発現がなされていると言っても過言ではないかもしれない．

5. 〈世論〉の環境としてのメディア空間

〈世論〉あるいはマスメディアに対する批判理論は，しばしば，それが〈現実〉を正確に映し出していないという点からそれらを批判する．

しかし，〈現実〉とはなんだろう？

われわれは〈現実〉のなかで生きている．けれども，自分にとっては自明と思える〈現実〉が，しばしば，他人にとっての自明の〈現実〉とは異なっていることに気づいて茫然とすることがある．

卑近な例を挙げれば，「空耳」という経験がある．向田邦子が長い間「野中のバラ」を「夜中のバラ」と聞き違えて理解していたというエピソードを書いている．

誰しも似たような体験を持っているだろう[2]．こうした錯覚が，長期にわたって訂正されずにいるのは（おそらく一生訂正されないものも多いだろう），錯覚のまま自分自身の〈現実〉を構成していても，問題が生じない場合が多いからだろう．

むろん，錯覚から重大な事態が生ずることもある．第2次世界大戦後，ブラジル日系移民が「勝ち組」，「負け組」に分かれて対立したという事実も，そもそもは終戦を伝える玉音放送が聞き取りにくかったことによると言われる．ただし，この場合，聞き取りにくい音声をどのように了解するかは，それ以前に各人が持っていた世界観に依存するので，必ずしも単なる錯覚とは言えない．

また，われわれの認知には，明らかに「錯覚」（誤認）と判定しうるものだけではなく，個人または集団がそれ以前に持っていた世界観から再帰的自己創出として構成される認知であるため，他の個人や集団の認知と共通の基準で比較できない場合も多い．いや，むしろそのほうが多いと言える．ブラジルの「勝ち組」，「負け組」の場合にも，その後，さまざまに証拠が提示されても，誤った信念を変更しなかった人びとがいたのである[3]．

〈現実〉とは，多くの人が信じているような〈現実〉ではない．

リップマンは次のように言っている．

> 人の行動はこの擬似環境に対する一つの反応である．［……］社会生活というレベルでは，人の環境適応と呼ばれている現象がたしかに数々の虚構という媒体を通じて起こるものだからである．
>
> 虚構といっても，嘘だといっているわけではない．ここでいう虚構とは，多かれ少なかれ人間自身が作り出した環境を表す用語である．［……］
>
> こうした問題が起こるのも，真の環境があまりに大きく，あまりに複雑で，あまりに移ろいやすいために，直接知ることができないからである．われわれには，こ

れほど精妙で多種多様な組み合わせに満ちた対象を取り扱うだけの能力が備わってはいない．われわれはそうした環境の中で行動しなければならないわけであるが，それをより単純なモデルに基づいて再構成してからでないと，うまく対処していくことができないのだ．世界を横断しようとすれば世界地図が必要だ．だが，自分たちに必要な事項，あるいは他の人が必要とする事項が書き込まれている地図を手に入れるのはつねに困難である．入手できるのは海のない国ボヘミアの海岸に，つまり架空の場所に書き込まれている地図ばかりである．(Lippmann 1922=1987: 29-31)

リップマンの認識は，以下のようなルーマン（N. Luhmann）の理解とも響き合う．

　　世界は過度に複雑である．つまり世界は，システムが獲得しつつ反応しうる可能性より多くの可能性を内に含むのである．システムは，選択的に構成された「周界」に自らを合致させるが，周界と世界との場合によっては起こりうる不一致に自らを疲弊させてしまう．しかしながら，人間にとってのみ世界の複雑性それ自体が，またそれ故に人間の周界の選択性が意識的となり，そして，このことによって，人間の自己維持のための準拠問題となる．人間は，世界を，可能性だけを，自分の不知だけを主題として把握でき，そして決定しなければならない者として自己自身を認識しうる．世界投企と自己の同一性の両者が，人間にとって自分自身のシステム構造の構成要素となり，そして行動の基礎となる．それは，次のようにして行われる．すなわち，人間は，自分にとっては単なる可能性にすぎないものをそのつど実際に体験し，それ故，世界を自分に媒介し同時に自分を客体として同一化する他者を体験することによって，従って自分が他者の視程を受け継ぎ自分自身を同一化することによって行われているのである．(Luhmann 1968=1988: 11-2)

リップマンとルーマンは，われわれの認識する「世界」が，絶対的現実ではなく，擬似的な「現実」でしかあり得ないとの認識を共有している．したがって，人間の社会的行為は「虚構という媒体」(Luhmann 1968=1988)を通してしか行えないのであり，それをリップマンは「ステレオタイプ」と呼び，ルーマンは「コミュニケーション・メディア」[4]と呼ぶ．

　彼らも指摘するように，われわれは〈現実〉を直接了解することができず，あたかも籠のなかに閉じ込められた小鳥のように，フィクショナルな〈現実〉をイメージしつつ，相互に交渉し合って，まさにわれわれの〈現実〉を日々構成しているわけである（図 1-1 を参照）．

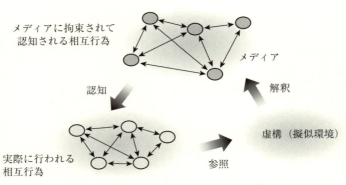

図 1-1 われわれにとっての〈現実〉の構成

しかも，先にも述べたように，〈現実〉のイメージは個人によって異なっており，主体間で執り行われる相互作用自体，その両端においてダブル・コンティンジェンシーを免れない．それでも，われわれがなんとか自己と他者の双方によって構成された〈世界〉というものを仮構することができるのは，どのようなメカニズムによるのだろうか．ルーマンは次のように言う．

> このように世界が開かれているということ，そして意味と自己存在とが世界内で同一化するということは，複雑性に関するまったく新種の次元の助けをもって，すなわち他者の体験された（知覚され，了解された）主観的自我性の助けをもってはじめて可能である．他者は，世界へと独自に接近し，あらゆることを私とは別様に体験し，従って，私を根底から不安にしうる．世界の複雑性は，事物的に様々にわたる膨大な対象の充満を越えて，そしてこの多様なポテンシャルの増大をその対象の時間的変遷によって越え，他者を物としてのみならず他の自我としても意識する社会的次元を介して，もう一度拡張される．それ故，この付随的な複雑化と同時に複雑性縮減の新種のメカニズムが必要となる――無論，一般化と選択性のメカニズムとしての言語と反省的自己意識があらゆるものに先行する．（Luhmann 1968＝1988: 123）

6. メディアと間主観性，そして〈世論〉

このようなメカニズムの作動を理解するために，従来仮構されてきたのが，社会生成の場としての間主観性である．間主観性というプロセスが，現在，クリアに了解されて

いるわけではない．けれども，〈世論〉の形成というプロセスが，この間主観性プロセスと同型のものであることは理解できよう．ルーマンは言う．

> 以前から間主観的に構成されている（そして別様には観念しえない）世界の内部で，他我というこの構成事実を納得のいくように哲学的に把握するということは，今まで成功していない——きわめて原理的にこれを目指したフッサールの超越論的現象学の枠内においてもまた然りである．諸々の実証科学は，様々な種類と様態で，（諸実証科学がこれを単純に無視しないかぎり）他者の原理的計算不可能性から出発する．そして，この点に，一定の秩序活動の機能を説明すべき問題をみるのである．［……］体験可能性を間主観的な一致をもって類型化するというフッサールにより構想されアルフレッド・シュッツにより完成された理論は，計算不可能な複雑性というこの背景を有している．そして，この複雑性は，世界内での他我の現在性においてあてがわれており，そして共通の類型へと縮減されねばならない．パーソンズの社会システム理論も同様に，かの根本思想に基づいており，しかも，あらゆる相互行為の二面的開放性，「ダブル・コンティンジェンシー」というテーゼの形式で構築されている．（Luhmann 1968＝1988: 13）

こうしてルーマンは，「複雑性の縮減のための実効的な形式」すなわち彼の言葉で言

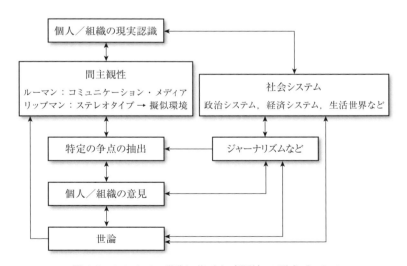

図 1-2　ここまでの議論に基づく〈世論〉の形成プロセス

うなら，実効的な「コミュニケーション・メディア」[5]，あるいは間主観性の構成へと議論を進めていく．

一方，リップマンは，相通ずる認識に立ちつつ，「民主主義的な」〈世論〉形成にジャーナリズムがいかなる役割を果たすべきかを論じるのである．ルーマン，リップマンらの議論に基づく〈世論〉形成プロセスを，図1-2に示す．

7. メディア（テクノロジー）と間主観性

さて，しかしルーマンが「コミュニケーション・メディア」と呼び，リップマンが「擬似環境」，「虚構」，「ステレオタイプ」と呼んだものは，すでに「間主観的に構成されたもの」である．リップマンはこの構成にあたって「メディア」＝「ジャーナリズム」が介在することを論じてもいるわけだが，この「ジャーナリズム」という語は，きわめて規範的な意味で使われることが多い．

これに対して，「メディア」の語は，相対的に記述的に用いられる（ルーマンが，あえて「信頼」，「権力」，「愛」などの概念を「メディア」と呼んだのも，このような事情によるのだろう）．

しかし，こうした議論のなかで，しばしばそのコミュニケーション技術的な（物理的な）特性は無視されることも多い．近年現れてきた「メディア論」の系譜は，あらためてこうした側面に着目したものと言える[6]．この意味で，「ジャーナリズム」と「マスメディア」を混用した議論が存在するのは，「世論」に関する議論と同様に，問題である．

また，「メディア（技術）」が，人間の知覚，認知にバイアスをかけるという理由で，メディアに媒介されたコミュニケーションは（真正の）コミュニケーションではなく，対面的なコミュニケーションだけが人間や社会にとっての（真正の）コミュニケーション行為であるという議論も相変わらず存在する．しかし，人間の身体自体一種の物理的メカニズム（メディア）であり，これが絶対的〈現実〉を必ずしも知覚しうるわけではない．視覚，聴覚，嗅覚，触覚，味覚の五感について，錯覚現象が観察されていることからもそれは明らかである．すなわち，対面的コミュニケーションであれ，マスコミュニケーションであれ，インターネットを介したコミュニケーションであれ，そこにはメカニズムとしてのメディア特性が介在しており，したがって，われわれが間主観性というプロセスを考える場合に，これを外すことはできないのである．言い換えれば，「メディア」によって，間主観性の形成プロセスもその様態も変化する可能性があることを，ここで確認しておきたい．

第2章

インターネットと〈公共圏〉論の系譜

遠藤 薫

1. はじめに

 第1章では,〈世論〉を動的な概念としたうえで,その〈世論〉の運動と既存のマスメディアの関係について,先行するマスコミュニケーション論をベースとして考察した.
 本稿では,既存マスメディアだけではなくインターネットという新たなコミュニケーション媒体,さらにはその上に開かれる多様なソーシャルメディアがわれわれの社会に導入されることによって,人びとの相互作用の形式にどのような影響が現れるのかについて考察する.

2. 〈公共圏〉とネットメディア

 メディアと公共圏の関係についての最もよく知られた議論は,ハーバーマス(J. Habermas)によるものであろう.ハーバーマスは公共圏を「民主主義の基本原理に基づいて,政治的主体としての市民が,社会的諸問題について,マスメディア等のコミュニケーション手段を通じて発言し議論し世論を形成して,議会や行政の政策決定・遂行過程に影響を及ぼす社会的領域」(Habermas 1990=1994)と定義している.そしてこのような公共圏が,近代初頭には市民社会形成の基盤となったが,その後,マスメディ

アの産業化に伴って，次第に，その役割を喪失したと批判している．

　このような状況認識の下で，インターネットというメディアに，その創生期から，「新たな共同体」あるいは「新たな公共圏」を実現するものとして期待する潮流があった．ラインゴールド（H. Rheingold）の「バーチャル・コミュニティ」論はこうした期待を非常によく表現したものであった．実際，初期の草の根 BBS や USENET，WELL などの運用者や参加者には，こうした意識が強く見られた．日本においても，とくに，阪神大震災を契機として，ネットワークが従来の日本社会ではあまり見られなかったような新たな形態の市民活動の場になりうるのではないかとの期待が高まった（遠藤 1999, 2000）．干川剛史（2001）らの議論は，こうした立場を代表するものと言える．

　ネットワーク上のコミュニケーション空間をむしろ〈反〉公共的なものとする議論もある．オンラインでの議論におけるフレーミングや攻撃的発言の頻発から，ネットワークが「理想的な発話状況」と相反するものであるとの非難である．池田謙一（1993）は，BBS や電子会議室のメンバーたちが必ずしも他のメンバーに対して「仲間意識」を感じていないという調査結果から，そこが「コミュニティ」と呼べるような場ではなく，単なる「しゃべりっぱなし」の場ではないかと示唆している．またさらに進んで，インターネット・コミュニケーションを介した悪意の増幅，サイバーテロリズムの危険に対する警戒を呼びかける人びともいる．

3.　近代（マスメディア社会）における〈公衆〉と〈群衆〉

　だが，インターネットをめぐるこうした議論には，どこか既視感が漂う．
　たとえば，かつてマルクスは次のように主張した．

> 　産業の発展とともに，プロレタリアートはその数を増すばかりではない．それはより大きな集団に結集され，その力はますます強まり，ますます自分の力を感じる．［……］大工業によってつくりだされた交通機関の発展は種々の地方の労働者をたがいに結合させ，労働者の団結を促進する．［……］不便な道路をもつ中世の市民が数世紀を要したこの団結を，鉄道をもつ近代プロレタリアはわずかな年月のあいだに達成する．（Marx and Angels 1848 = 1971）

また，ミルズ（C. W. Mills）は次のように述べた．

> 　公衆においては，［……］(1) 意見の受け手とほとんど同程度に多数の意思の送

り手がおり，(2) 公衆に対して表明された意見に，ただちに，また効果的に反応を示す機会を保障する公的コミュニケーションが存在し，(3) そのような討論を通じて形成された意見が，効果的な行動として実現される通路が容易に見出され，(4) 制度化された権威が公衆に浸透しておらず，公衆としての行動に多かれ少なかれ自律性が保たれている．(Mills 1956)

一方，これに対して，「大衆社会論」の文脈がある．たとえば，タルド（G. Tarde）は次のように言う．

> あらゆるコミュニケーションは，必ずしも肉体の接近を必要条件としない．［……］人びとが，体をふれあいもせず，たがいに相手を見も聞きもしない．彼らは広大な地域にばらまかれ，めいめいの家でおなじ新聞を読みながら坐っている．［……］他人を見ずとも，マスとしての他人から影響されるには十分である．身をかくし，無名のまま世の煽動家をつとめ，さらには魅惑者ともなっているジャーナリストからの影響が，同時にはたらくことはいうまでもない．(Tarde 1901 = 1964: 13)

大衆社会論の系譜は，ル・ボン（G. Le Bon），リップマンなど多くの批評家に継承されている．現代では，ラッシュ（C. Lasch）やボードリヤール（J. Baudrillard）の議論もこの系譜に属すだろう．

近代化批判としての大衆社会論を，コーンハウザー（W. Kornhauser）は二つのタイプに分類している（Kornhauser 1959 = [1961] 1986: 23）．

- 貴族主義的批判──接近可能なエリートが大衆の干渉に曝されている．
- 民主主義的批判──原子化された非エリートがエリートの支配に曝されている．

そして，いずれのタイプの批判においても，大衆が，アノミー化（非社会化，個人主義化）しており，社会意識が薄く，享楽的かつ付和雷同的であり，また，大衆とエリートの間をつなぐ中間集団が衰退して相互が影響を強く受けやすくなっているために，「民主主義」が脅威に曝されている，という認識においては共通している，と指摘している．

民主主義（democracy）とは，先にも述べたように，端的には，demos（民衆）がkratia（権力）を所有し，権力を自ら行使する，すなわち社会的意思決定（合意形成）

を行う社会体制を言う．しかしながら，このような社会的意思決定が，安定的な秩序と公正性を確保するには，いくつかの条件が必要であることは経験的にも明らかだろう（ただし，この文中にもすでに「秩序」とか「公正性」とか定義のあいまいな用語が現れている）．

その条件には，少なくとも，(1) 個人の自由な意見の表明，(2) すべての個人の利益の尊重，(3) 個人の自律性，(4) 社会状況に関する正確な知識，(5) 適切なコミュニケーション回路，などが含まれるだろう．

しかしながら，このような条件が満たされているか否かを判断することはきわめて困難である．いや，これらの条件が完全に満たされることは不可能である．なぜなら，とくに，人間が社会化された存在である以上，「完全に自律的な個人」とは不可能概念だからである．また，「社会状況の知識」も，社会状況の認識が人びとの間主観性によって構成されるものであることを考えれば，「正確さ」を云々できるかは疑問である．このほかにも，「民主主義」概念には，いくつものあいまいさあるいは不可能性が含まれている．その結果，「民主主義」は，主張する立場によって，異なる規範／批判を構成してしまうのである．

しかも，「自律的個人」の要件は，しばしば，「自律的ではない（とみなされる）個人／大衆」を社会的意思決定に参加するに値しない人びととして排除しようとする論調を生む．民主主義の源泉とされる古代ギリシア社会においても，「民衆」は一部の階級に限定されていた．大衆文化論のうちの「貴族主義的批判論」ではこの傾向が顕著である．また，「民主主義的批判論」においても，大衆に対する「啓蒙」の必要性がしばしば説かれる．

が，「大衆」の定義が必ずしも明確ではなく（歴史的には，「女子供」とか「教育のないもの」というように，社会的弱者に対して「大衆」の呼称が使われてきた），しかも，「大衆」もまた社会の構成メンバーである以上，こうした排除論が「民主主義」を標榜することに，民主主義に内在するパラドックスが透けて見える．実際，今世紀初頭の大衆論がナチズムの論拠とされたことはよく知られている．

これらの議論を大衆に対する視線（〈公衆〉／〈群衆〉）の軸と，社会変革（変化）に対する視線という二つの軸に沿ってあらためて分類すると，表2-1のようになるだろう．

表2-1　近代化論の分類

		近代社会に対して	
		批判論	推進論
大衆に対する評価	公衆	民主主義的大衆社会論	コミュニズム革命論
	群衆	貴族主義的大衆社会論	啓蒙主義（教育の重視，ジャーナリズムの役割重視）

4.　インターネット社会における〈公衆〉と〈群衆〉

　現代のインターネット〈公共圏〉に関する議論も，かなりの部分，こうした近代化過程における公衆／群衆論とパラレルなものである．先に挙げたマルクスの文中の「プロレタリアート／労働者」を「ネット市民」に，「階級」を「民主化」に，「交通機関／網」を「インターネット」に置き換えてみよう．ミルズの文中の「公衆」を「ネットユーザー」に置き換えてみよう．そこには，理想主義的な（薔薇色のユートピアとしての）インターネット社会論が現れる．

　同様に，タルドの文中，「新聞」を「画面」に，「ジャーナリスト」を「インターネット発信者」に置き換えれば，現代の言説として違和感なく読めてしまう．この分類を今日のインターネット批判に当てはめれば，権力へのアクセシビリティの拡大による脅威論として，ハッカーや逸脱文化の跋扈，情報パニックに対する危惧があり，エリートによる支配の脅威論として，情報格差や情報管理への危惧がある．そしていずれの議論においても，「大衆」の自律性に疑問が投げかけている点，「民主主義」を守られるべき規範としている点では，一致している．

　したがって現在のインターネット社会論についても，その多くは，先に挙げた表2-1と対応するかたちで分類することができる．言い換えれば，現代の公共圏論はメディア変容と社会変化の関係を過去の認識枠組みのままに議論している，つまり「古い皮袋に新しい酒を入れ」ているだけではないか，という疑問も生じる．

5.　「インターネット社会の光と影」論

　こうした疑問を意識してかどうか，これらを包括的に扱おうとする議論もある．表2-2に挙げた四つのタイプの議論（便宜上，批判―公衆論，推進―公衆論，批判―群衆論，推進―群衆論，と呼ぶ）は，相互に状況認識の前提が異なっているわけで，この前提を動的に捉えることによって，「（インターネット）社会には良い面と悪い面がある」ある

第2章 インターネットと〈公共圏〉論の系譜

表 2-2 インターネット社会論の分類

		インターネット社会に対して	
		批判論	推進論
大衆に対する評価	公衆	監視社会論	インターネット革命論（直接民主主義，インターネット・アクティビズム，…）
	群衆	無秩序社会論	啓蒙主義（デジタル・リテラシー，オルタナティブ・ジャーナリズムの役割重視）

いは「（インターネット）社会は良くも悪くもなる」と議論するものである．
　たとえば，吉田純は次のように言う．

　　公共性＝公共圏を取り囲む3つのライン（引用者注：市民社会と政治システム，市民社会と経済システム，市民社会と私的生活圏という三つの対抗関係）に沿った公共性の解体と構築という対抗的なベクトルの布置状況を概観してみると（本書図 2-1，図 2-2），「サイバースペースと公共性」というテーマは，まさに情報ネットワーク社会の問題の中心に位置していることがわかる．サイバースペースの社会的浸透は，一方では公共圏が私的生活圏からの問題提起をくみあげ，システム（国家と市場）に対してオルタナティブを提示していく「コミュニケーションの流れ」を活性化させ，公共性の構築に貢献する．しかし他方では，サイバースペースの浸透とともに私的生活圏の分散化・私事化が進行し，またシステム（国家と市場）による生活世界（私的生活圏と公共圏）への支配が強化されることによって，「コミュニケーションの流れ」は枯渇し，公共性は縮小し，解体していく．情報ネットワーク社会のなかで同時進行しつつある，このアンビヴァレントな方向性の双方を，情報公共圏論は視野に収めなければならないだろう．（吉田 2004: 198-9）

　そして，このような理解に立って，「アクチュアルな課題領域として，運動論と政策論の2つ」を挙げる．「運動論」とは，私的生活圏からいかに公共圏を立ち上げ，公共的合意を形成していくかという問題であり，「政策論」とは，電子自治体や電子政府をどのように公共圏と接続するかという問題であると吉田は言う．だが，結局その問題は，いかに群衆を公衆へと導くかという啓蒙問題に帰着してしまうのではないだろうか？

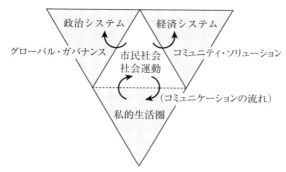

図 2-1　情報ネットワーク社会における公共性の構築（吉田 2004: 198）

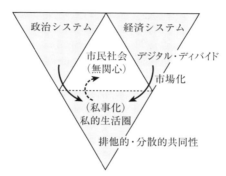

図 2-2　情報ネットワーク社会における公共性の解体（吉田 2004: 198）

6.　〈群衆〉は〈公衆〉となるか？

　私的生活圏からいかに公共圏を立ち上げ，公共的合意を形成していくかという問題は，人びとがいかに政治的関心を持つようになり，その政治的影響力を行使するようになるかという問題である．言い換えれば，公共的な問題に無関心な〈群衆〉を，いかにして社会的問題を他者とともに解決するために政治的影響力を行使する〈公衆〉とするかという問題である．

　ニューマン（R. W. Newman）は，〈公衆〉／〈群衆〉という二元論ではなく，大衆の異質性を考慮に入れた，図 2-3 のような層化多元主義モデルを提案している．

　たしかに，〈公衆〉／〈群衆〉のあまりにも単純な二元論に比べると，さまざまな集団（組織）内部の構造の事例を見ても，彼のモデルのほうが（あるいは一般に「公衆多層構造説」と呼ばれるモデルのほうが）リアリティは増すと考えられる．

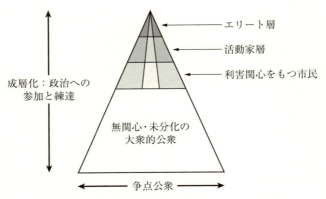

図 2-3 層化多元主義モデル（Newman 1986: 31）

とはいえ，結局は，人びとを政治参加へと動機づけるにはどうすべきかという問題に帰着することに変わりはない．

政治学者のダール（R. A. Dahl）は，人びとが行使する政治的影響力の量の違いは，次の三つの基本的説明要因に起因するとしている．

1. 政治的資源の分布の違い．政治的資源とは，ひとが他者の行為に影響力を行使するときに用いる手段である．したがって，政治的資源には，貨幣，情報，食料，暴力，職，友情，社会的地位，立法権，投票，その他多くの事柄がふくまれる．
2. 政治的資源を使う技術あるいは効率の違い．政治的技術の違いはまた，それを学習し実践する資質，機会，そして意欲の違いから生じている．
3. 政治的目的のために自分の資源を使用する程度の違い．たとえば，同じくらい裕福なふたりの人間がいても，ひとりは影響力を得るために自分の富を使い，他のひとりは仕事で成功を得るために使うかもしれない．この違いは，資質や経験の違いから生まれる動機の違いによるものである．（Dahl 1998＝2001: 49）

この因果関係を図示したのが，図 2-4 である．

図からわかるように，これらの説明要因はフィードバックループを構成している．すなわち，政治的資源を持たないものは，それが原因となって政治的影響力を行使することができず，その結果，ますます政治的資源を持てない状態に追いやられることになる．

この悪循環を断つには，社会システムにおける階層問題の解決を図ると同時に，政治的資源を持たない人びとを政治的無力感から救い出し，エンパワーすることが重要な課

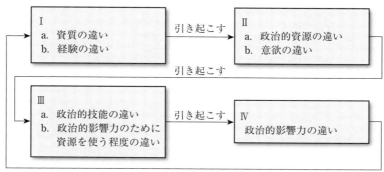

図 2-4　政治的影響力の違いを説明するいくつかの要因（Dahl 1998 = 2001: 50）

題となる．

そして，この大衆のエンパワーメントに，インターネットを介した人びとの討議が有効であるとの議論も多い（たとえばタークル（Turkle 1997））．

7. 討論型世論調査（デリバティブ・ポール）の試み

多層モデルを含むこれら〈公衆〉―〈群衆〉論に対して，高瀬淳一（1999）は，それが情緒的な直接民主制の理想化に陥る可能性があると批判している．そして，大衆の政治的情報能動性と政治家の情報能動性を組み合わせた「世論政治」の類型を提示している（図 2-5 を参照）．

現代の状況は，市民の情報能動性が低く（すなわち市民が〈群衆〉の状態にとどまっているため），世論誘導型あるいはもっと悪い世論隔絶型政治が行われている，というのが高瀬の主張である．

この類型モデルは，プレイヤーとしての政治家を組み込んだ点で興味深いが，しかし，政治家の質を決定するのも〈公衆〉であることを考えれば，実質的には，〈公衆〉―〈群衆〉モデルと変わらないとも考えられる．

それよりも，近年注目を集めている「デリバティブ・ポール」あるいは「デリバティブ・デモクラシー」の概念のほうが，インターネット社会における〈世論〉形成の「政策論」にとって新しいモデルと言える．

現代のデモクラシーにおける世論の重要性を意識すればするほど，従来のマスメディアの世論調査とは違う「世論」の必要性が認識されるだろう．それはつまり，市民が十

		政治家の情報能動性	
		低	高
市民の情報能動性	高	世論追従型	世論尊重型
	低	世論隔絶型	世論誘導型

図 2-5　情報能動性による世論政治の類型モデル（高瀬 1999: 187）

分に情報を与えられ，議論したうえで形成される「公的判断（public judgement）」の必要性である．21世紀の政治の課題の一つは，そうした公的判断をどうすれば政策決定の基礎情報にすることができるのかにある．

　多くの情報と時間のもとに世論を形成し，それを政策決定に反映させようという試みは，欧米諸国ですでにいくつも実施されている．ただし，その多くは理想主義的な市民参加論に支えられており，継続性と有効性の点から見れば，いずれもまだ現在は実験の域を出ていない．しかし，インターネットによる政治参加が模索されるなか，こうした実験はその先駆的試みとして位置づけられるようになってきた．また，政治家やマスメディアなども，こうした実験には相応の関心を寄せている．

　ここで検討するのは，順に「テレヴォート（Televote）」，「市民陪審（citizens jury）」，「討論型世論調査（deliberative poll）」の三つの試みである．最初の二つは，アメリカの研究者によって1970年代に始められたものであり，最後のものは前二者を大規模に行ったものである（高瀬 1999: 191-2）．

　この考え方を，CMC（Computer-Mediated Communication）によって具体化しようとするのが，図2-6に示すような政治的コンファレンスの類型である．インターネット・メディアを利用した，このような公共圏設定の「政策論」は，それなりの重要性を持っている．遠藤（2000, 2003）でも論じたところである．

　ただし，そこにはいくつかの留保がある．この点に関しては，別稿（遠藤 2003）に譲りたい．

　最近，日本でもウェブを利用した本格的な討論型世論調査の実験が行われた．この実験に関しては，第16章を参照していただきたい．

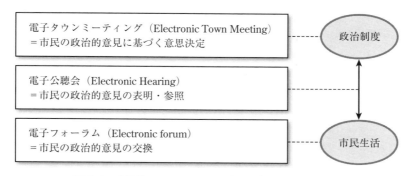

図 2-6 政治的コンファレンスの類型（高瀬 1999: 205）

8. 〈世論〉,〈公衆〉／〈群衆〉概念と象徴闘争

　公衆と群衆とのこのような分別は，その枠組み自体，疑い得ないものなのだろうか？ ある個人なり，ある集団なりを指して，いったい誰が，それを〈公衆〉であるとか〈群衆〉であるとか，判定するのだろうか？　可視化された何らかの集合的意見（行動）があったとして，それが「世論」であるかないかの基準は，どこに存在するのだろうか？
　シャンパーニュは,「世論（オピニオン・ピュブリク）」という言葉の成立を歴史的に考察することによって，次のように指摘する．

　　「世論」なるものは，18世紀を通じて，知的エリートと法服ブルジョアジーが政治の分野でのかれら固有の要求を正当化し，国王の絶対主義を弱めるためにしつらえた「にわかづくりの（ブリコレ）」イデオロギー戦争マシーンの一種だった．ここであえて「ブリコラージュ」という語を使うのは，世論という観念の漸次的な構築およびそれに付与された意味のなかに，著者ごとに，また同一著者のなかでさえ，論理的一貫性がなく，矛盾や後戻りがあるからであり，これを立証するのはたやすい．これらの知的エリートにとっての実際の問題はもっぱら，彼らがまだ大幅に排除されているゲームに加わることを正当化し，可能なあらゆる手段を使って現存政治体制の正統性を弱めることにあった．［……］いいかえると,「世論」とは，職業イデオロギーにほかならない．意見の生産を業とし，その文識エリート的意見を修正し，政治的価値をもつ普遍的な，時間を超えた匿名の意見に変貌させることで政治ゲームに加わろうとする限られた社会集団の戦略がねらいを定めるのが，オピニオンなのだ．文化資本に富んだ層にとっては,「世論」と呼ばれることのメリット

は，政治に関する彼ら固有の意見が，数的には少数であっても普遍的な学者たちのコミュニティの意見として紹介され，いわば「脱個別化」されることにある．(Champagne［1990］2001＝2004：59)

シャンパーニュは，知的エリート，すなわちアカデミズムによる象徴権力をめぐる闘争の具として「世論」という概念が使われた経緯を批判している．
　同様に，産業としてのマスメディアもまた，「世論」という概念を自らの正統性を顕示するためのものとして利用してきたのではないか．
　ブルデューは次のように現代のマスメディアによる「世論調査」を批判する．

　　自らの自律性が保証する批判の自由と権利を用いるのでない限り，報道，とりわけ（商業主義的な）テレビ報道は，世論調査（報道そのものがこれを重視している）と同じ方向に作用する．世論調査は，一方では，政治界の自己閉鎖を強化するデマゴギーを合理化する手段として役立つ．他方では，世論調査は，選挙民との間の媒介なしの直接的な関係を設定する．そしてそのことによって，構築された意見を練り上げ提起するために社会的に委任を受けている，個人的なあるいは集団的なあらゆる行為者をゲームの外に置いてしまうのである．世論調査は，権限委任されたものやスポークスマンたろうとする自負を持つあらゆる人々（かつての大新聞人もそれを共有していた）から，「世論」の正当な表現の独占権を剥奪してしまうのである．したがってそれらの人々が，［スポークスマンたちへの］委任を行っている者たちの現実の意見あるいは想定された意見を（時には，国会においてのように集団的に）批判的に練り上げるよう努める力を，剥奪してしまうのである．(Bourdieu［1994］1997＝2000：137)

このように理解するとき，実は，先に述べた「世論」という語の規範性なるものが，ぐらぐらと揺らぎ始める．「規範概念」とは，そもそも，ある集団（階層）が自らの正統性を仮設するために構成した，象徴闘争のためのツールではないのか？　もしそうであるとすると，さらにさかのぼって，「公共性」もしくは「公共圏」という「規範概念」にも同じことが言えるのではないのか？
　次章では，このような視線から，あらためて「公共性」，「公衆」，「群衆」の概念を検討する．

第3章

〈群衆〉と〈公共〉

遠藤　薫

1.　はじめに

　第2章では，〈公共圏〉─〈公衆〉─〈群衆〉モデル（と仮に呼んでおこう）の現在を検討すると同時に，この規範的モデルの背後に潜む象徴闘争を示唆した．本稿では，それを受けて，従来一般に考えられていた「群衆」とは異なる〈群衆〉像を示し，そこからあらためて，〈公共圏〉と〈世論〉形成の様態を逆照射する．

2.　都市の遊歩者たち

　〈群衆〉という存在が発見されたのは，「近代化」のプロセスにおいてであった．個々の身体が共同体のなかにしっかりと埋め込まれている伝統的社会では，人は自らの身体を〈群衆〉のなかに紛れさせることはできない．近代化に伴う都市への集住が進むなかで，〈群衆〉という存在が立ち現れてきたのである．

　こうした都市〈群衆〉を「遊歩者」として記述したのはベンヤミン（W. Benjamin）である．彼のまなざしはタルドらのそれとは大きく異なっている．

　　　遊歩者はまだ大都市への，そして市民階級への敷居〔過渡期，移行領域〕の上にいる．彼は，そのどちらにもまだ完全には取り込まれていない．そのどちらにも彼

は安住できない．彼は群衆の中に隠れ家を求める．［……］群衆とはヴェールであり，見慣れた都市は幻像（ファンタスマゴリー）と化して，このヴェール越しに遊歩者を招き寄せるのである．幻像のなかで，都市はあるときは風景となり，またあるときは部屋となる（Benjamin 1983＝1993）

　ここでベンヤミンは，遊歩者（都市群衆）を，「市民階級への敷居にいる」と描いている．その図式は，〈公衆〉―〈群衆〉モデルにのっとっているようにも読める．しかし，結局のところ，遊歩者たちは，その後，彼らの「安住の地」を見いだしたのだろうか？ ボルツ（N. Bolz）は，ベンヤミンの描いた遊歩者の像を次のように再記述する．

　　遊歩者（フラヌール）がなにより好む環境が，パサージュである．遊歩者がパサージュをいわば自分の居間にする（屋外を室内に転倒させる）ことによって，社会的関係の転倒があらわになる．遊歩者の姿にこそ，典型的なかたちで近代のアレゴリーが示される．遊歩者は，商品が思いのまま手にはいるという幻想にひたりながら，過剰供給された商品に向き合う．そのとき遊歩者は，自分で自身をあまたの商品のなかの一商品にしていることが意識にのぼらなくなる．遊歩者が市場に赴くのは，自分の思惑とは異なって，けっしてあたりを見て回るためではなく，見つめられるため，つまり「買い手」を見つけるためである．ベンヤミンはこう表現している．「遊歩者は，売買の概念そのものを散歩に連れだす．自分自身が買われるのだ」（V-93）．遊歩者は，一匹の亀をひもにつないで散歩しながら，自分の価値を見せつける．――事実，詩人のジェラール・ド・ネルヴァルが我々に伝えるところによると，彼は一匹のロブスターをひもにつないで散歩に出かけたのである．（Bolz and van Reijen 1991＝2000：67-8）

　遊歩者たちは，必ずしも社会階層の下位に位置してはいない（下位に位置する者もいるが）．彼らは，〈群衆〉から〈公衆〉へと向かういかなる動機を持つだろうか？　彼らはむしろ「遊歩者」のまま，いつまでもパサージュを遊歩し続けるのではないか？　おそらく，いまも……．

3.　〈群衆〉とはいかなる存在か？

　従来の多くの研究では，〈群衆〉は，社会参画意識が薄く，自己中心的でありながら他律的であり，一時的な享楽を追求する人びととして描かれてきた．

このような〈群衆〉は，先にも述べたように，近代の工業化に伴う都市への大量の人口流入によって発見された．彼らは，「顔のない」，「故郷喪失者」（Berger et al. 1973＝1977）であり，「根無し草」の「余所者」（Simmel 1908＝1994）である．彼らは非合理な群集心理に惑わされやすく，不確実な情報に踊らされて，パニック，暴動，不可解な流行に走り，社会秩序を脅かす．

　メディアの発達は，空間的制約を超え，広い範囲に〈群集〉を生み出していく．

　人びとはマスメディアによって提供されるイメージ（Boorstin 1962＝1964）を現実の優位に置くようになり，ハイパーリアル（Baudrillard 1981＝1984）な世界のなかで現実がすでに失われてしまったことにさえ気づかない．

　とは言うものの，"メディア"はそれだけで強大なパワーを社会に与えるものなのだろうか．たとえば，モラン（E. Morin）は，『オルレアンのうわさ』において，大衆行動が結局は彼らを取り巻く（現実の）社会環境の病理を表象するものであると指摘している．メディアも，社会に組み込まれた一つの次元であるにすぎない．したがって，通念的な〈群衆〉のイメージも，その背景にある社会変動によってつむぎ出されてきたものにすぎない．大衆化という用語は，このような変化に対する蔑称にすぎない可能性もある．

4.　〈群衆〉＝遊歩者としてのインターネット住人

　インターネットにおけるCMCについては，しばしば匿名性を隠れみのにした無責任な振る舞い，それが社会秩序を脅かす危険性について語られる．しかし，「匿名性」，「顔のない人間」の脅威は，すでに見てきたように実は古びた言説にすぎない．それは，インターネットによって初めて現れた現象ではない．それは，都市を遊歩する人びとに対して近代の初めから投げかけられた恐れの眼差しだった．

　ルソー（J. J. Rousseau）は次のように書いている．

　　大都会には，悪いことを企らむ，何もしない人間，宗教心もなければ，しっかりした拠りどころももたない人間がいっぱいいて，かれらの想像は，ひまと無為によって，快楽への好みと痛切な必要とによって，そこなわれ，奇怪なことばかり考えつき，悪いことばかり教えています．大都会では，素行とか名誉とかいうものにはなんの意味もありません．人はみな，自分の行動を容易に公衆の目にふれないようにすることができ，もっぱら評判によって知られ，富によって評価されることになるからです．（Rousseau 1758＝1979: 146）

34 第3章 〈群衆〉と〈公共〉

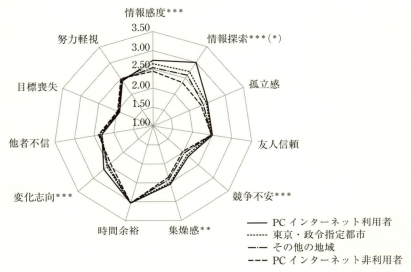

図 3-1 個人的孤立感の比較（***：0.1％有意，**：1％有意，*：5％有意，WIP 日本 2002 年調査）

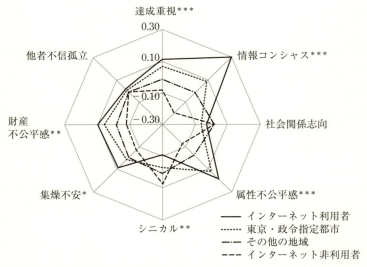

図 3-2 個人的心性の比較（***：0.1％有意，**：1％有意，*：5％有意，WIP 日本 2002 年調査）

実際，フィッシャー（C. S. Fischer）によれば，都市と田園地域を比較した場合，都市的体験が都市に住む人びとに特徴的な感性（都市的感性）を生み出す（Fischer 1984＝1996）．それは，①情報に対する敏感さ（情報コンシャス），②変化志向性，③孤立感，④コミュニティ・オブ・インタレスト（共通の興味／関心に基づく小集団）形成，などとして顕著に現れる．

　これらの感性について遠藤らが行ったWIP日本2002年調査[1]で，ネット利用者，ネット非利用者，大都市居住者，非大都市居住者に分けて集計した結果を図3-1，図3-2に示す．

　ここから都市的感性は，ネット利用者，大都市居住者，非大都市居住者，非ネット利用者の順に強く現れることがわかった．つまり，都市的体験がもたらすと考えられてきた感性は，ネット体験（利用）によってより強力に現れる，あるいはネットの住人たちは（居住地域にかかわらず）こうした感性の強い者たちであると考えることができる．

　これは，ネットが汎空間的〈都市〉を構成している，言い換えれば，ネット空間は〈超都市〉的空間を構成する，ということでもある．すなわち今日では，従来の物理的空間にネットコミュニケーションという次元が追加された〈超都市〉的体験が，人びとの心性に影響を及ぼしているということである．このとき，〈超都市〉的体験における社会的コミュニケーションの濃度は，物理的近接性を超えて，超都市空間的近接性に依存することになる．そして，この超都市空間のなかで，さまざまなコミュニティ・オブ・インタレストが形成されることになるのである．

5.　ハーバーマス「公共性」概念の再検討

　〈群衆〉をこのような存在として見た場合，彼ら「遊歩者」とハーバーマス流の「公共性」概念，あるいは〈公衆（市民）〉概念とはどのように接続するのだろうか？
　バリバール（E. Balibar）は，「市民とは誰か」と問う．

　　その答えは，「市民とはそのあらゆる「本来的な」権利を享受する人間であり，その個人的な人間性を完全に実現し，またひとえに他の誰とも平等であるゆえに自由な人間のことである」というものである．この答え（あるいは答えの形をとった新しい問い）はまた，次の事実に従って述べられるだろう．この市民は主体である．この市民はつねに〈仮定された主体〉（法律上の主体，心理学的主体，超越論的主体）である．（Hall and Gay　1996＝2001：306）

そう，〈公衆〉とは規範概念である．しかし，それはなぜ，そして誰にとって「規範」であり得るのだろう？　それは遊歩者たちにとっても「規範」であり得るのだろうか？　われわれに別様の〈公共性〉はあり得ないのだろうか？

6.　メディアは単一ではない

　ハーバーマスの議論についての疑問は数々ある．その一つは，ハーバーマスが，印刷マスメディアと市民的公共性とをじかに結びつけた記述を行っている点である．

　イギリスの社会学者トンプソン（J. B. Thompson）も指摘するように（Thompson 1995），たしかに近代初頭のカフェやサロンにおいては，印刷マスメディアが人びとの会話（討論）の準拠情報を提供したであろう．しかし，具体的な会話はそこに共在する人びとの間の対面的コミュニケーションとして行われたのである．そしてそのようなおそらくは無数に行われたであろう対面的コミュニケーションの議論のいくばくかは，印刷マスメディア上での議論にも反映されたのであろう．

　とすれば，近代初頭の市民社会形成にあずかった〈公共圏〉の考察は，印刷メディアと対面的コミュニケーションという異なるメディア空間の間の相互参照のダイナミズムのなかでこそ捉えられるべきではないか．ましてや今日のような多メディア環境において，このようなダイナミズム，すなわち「間メディア性」（遠藤 2001）を考慮せずに議論することは難しい．

7.　公共圏から多層化した小公共圏群へ

　同様にハーバーマスの想定する「公共圏」は，その社会全体で一元的（unitary）なものである．しかし，現実には，一つの社会のなかにも，それ自身の論理と力学を持つ多様な「圏」が存在する．ギトリン（T. Gitlin）は，「公共圏」の概念を，細分化された「小公共圏群（public sphericules）」の緩やかな連結として再定式化するべきであると主張している（Gitlin 1998）．

　実際，われわれは必ずしもすべての人にとって同じ〈公共〉空間に生きているとは言えず，個々の立場や価値観に沿った〈公共〉空間を想定して，意見表明はもとより議論の〈場〉を選択している．しかも，われわれは（とくに現代においては）複層的な社会のサブシステムに多元的に帰属している．その結果，意識するとしないとにかかわらず，また匿名であるとないとにかかわらず，複層的な小〈公共〉空間にも多元帰属しているのである．

複層的な小〈公共〉空間は，それが開かれるメディアにも関係する．したがって，小公共圏の連結≒間メディア性でもあるのである．

ハーバーマスの論及する近代初頭，印刷マスメディア上の議論が，どの程度，〈全体〉を映すものであったか？　言い換えれば，全体のなかのどの程度の人びとがこのような議論に参加していたのか？　結局は一部の影響力のある層に限定されたものであったのではないか？　ここにも，〈公共圏〉を社会全体を覆う一体のものとして捉えるハーバーマスのナイーブさが見受けられるのである．少なくとも，ハーバーマスの世界に関する認識枠組みは，社会全体を覆う一元的な権威もしくは規範が存在しうることを想定しており，それは，現代のメディア環境においては無効と言わざるを得ない．

これに対して遠藤（2000）は，先に述べた観点から，ネットワーク上に開かれたコミュニケーションの〈場〉は，「コミュニティ」という強い紐帯をイメージさせるものというよりは，ゴフマン（E. Goffman）の言う集まり（gathering）の場であり（Goffman 1963＝1980），あたかも公共広場のように，そこに集う人びとは集合離散し，つねに流動的である．しかしだからといって，それが公共性を持たないとは言えず，ハーバーマスが論じたかつてのカフェやサロンと同様に，すでに本節で述べてきたような意味での〈小〉公共圏とみなすことは可能である，と論じた．このような小公共圏は，また，その流動性と現代における個人の多重帰属によって，他と連結し，また他に開かれた圏としてあるのである．

もし，ネットワークが市民活動の場となりうるとしても，市民活動がネットワーク上だけで閉じるものではない．しかも，ネットワーク上に市民活動のみが存在するわけではなく，市民活動の間にも大きな差異が存在する．すなわち，〈市民活動〉という言葉が指し示す〈圏〉もまた，社会全体を覆うものではなく，開いた〈小〉公共圏としてしかあり得ないのである．

8. 混沌としてのコミュニケーション行為

さらにもう一つの問題は，「コミュニケーション行為」の概念についてである．

ハーバーマスは，「理想的な発話状況」における「純粋なコミュニケーションのモデル」からの逸脱（「システムによってゆがめられたコミュニケーション」）という観点から，批判理論の枠組みを再定式化する．しかし，振り返ってわれわれの現実の会話や討論は，どれほどまで理想的なコミュニケーション行為でありうるのだろうか．たとえ，コミュニケーション行為がシステムによってゆがめられるとしても，そもそも「実際に交わされる会話が純粋なコミュニケーション行為のモデルと一致する見込みはない」

(Thompson 1995: 197) のである．したがって，われわれはむしろ実際に交わされている〈混沌〉としてのコミュニケーション行為をそのままに受け入れたうえで，状況を定式化すべきなのである．

9. 〈公共性〉のダイナミズム

　一般に使われる「公共 (public)」という言葉には，三つの意味が付託されてきた．第一は "public affairs"，"public bill"，"public official" など，「国家の」，「社会全体の」という意味，第二は "public space"，"public domain" など，「公開されている（誰もがアクセスできる）」という意味，そして第三は "public spirit"，"public morality" など，自己と他者（全体）をつなぐ，規範を示す意味である．"public" の持つこれら三つの意味は，「都市」の三つの相と対応している．

　つまり，われわれは，第一の意味の public によってある秩序空間を外部から仕切るのだが，そこは第二の意味の public 性を持っているがゆえに誰にでも開かれており，秩序はその内部に外部者を招じ入れざるを得ない．ここに生じる可能性のあるコンフリクトを調停するのが，第三の意味の public ――自己と他者をつなぐ公共性であると言える．

　同様に，「都市」（とくに首都）はその集団（国家）の象徴であり，中心機能の集積であるがゆえに，集団（国家）全体の共有物である．同時に，都市には集団の内部，外部から人，財，情報が流入し，無国籍性，匿名性の場となる．すなわち，誰もがアクセス可能であり，集団（国家）内部で閉じない（"開かれた"）場でもある．これが，〈都市〉の公共性のパラドックスである．たとえば，六本木や新宿や渋谷の光景を考えてみればよい．

　言い換えれば，それは，「閉じつつ開き」，「開きつつ閉じる」運動の場であり，秩序の中心であると同時に，混沌への境界（脱出口）でもある〈場〉なのである．

　そして，この〈都市〉のパラドキシカルな性格が，まさに〈公共性〉のそれでもあることを，われわれは認識しなければならない．ことにインターネットを媒介とした人びとの相互作用空間が社会全域に拡大した現在，図 3-1，図 3-2 に挙げたネット利用者に都市的感性が強く見られるという現象は，まさにこの〈公共性〉―〈都市〉―超都市としてのネットワーク空間が，図 3-3 に示すような動的システムとして同型のものであることを示唆している．それは，共同性→制度→公開性（開きつつ閉じ，閉じつつ開く運動の場）→共同性，という三つのフェイズを循環する運動としてのみ，把握できるのである．

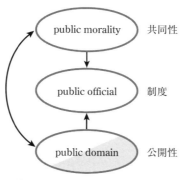

図 3-3　公共性の三つのフェイズ

　言うならば，この循環運動が，〈公共圏〉を再帰的に自己創出するオートポイエーシスとして立ち現せるのである．
　ところが，従来のハーバーマスに代表される公共性論においては，これら三つの public のフェイズを混乱させたまま，静的な規範的概念として公共圏を議論してきた．しかし，〈公共性〉の運動としての〈世論〉を論じようとするなら，むしろ，「開かれた」領域としてのパブリック・ドメインを核として論じる必要があるのである．
　「公開性」は，情報空間における公共性に関する諸議論でとくに重要なアポリアである．たとえば掲示板などの〈場〉で，その場に親しんでいる者たちはおのずと秩序を作り出す．しかしながら，掲示板などは多くの場合公開の〈場〉であるため，その秩序になじまない者，無理解な者が参入してくる．そうした者たちは，単なる無知か，あるいは攻撃的な気分かによって，しばしば〈場〉を荒らす．すなわち，内部の秩序はつねに外部からやってくるものによって危機に曝される．これに対して，監視や規制を強化すべきか，それとも自生的秩序に任せるべきか，という議論が，つねに不毛に戦わされてきた．しかし，そのような二項対立的枠組みによっては問題は解決されない．また，適度な規制と適度な自律性という折衷案も不毛である．本稿での考察を踏まえれば，それは〈公共圏〉のオートポイエーシスをいかに潤滑に作動させるかという視点からのみ，解決可能となるのである．けれども同時に，もし外部からやってくる者がいなければ，その〈場〉はやがて硬直化し，沈滞し，衰退していく．ジンメル（G. Simmel）の「余所者」のように，外部からやってくるものは危機とチャンスを同時にもたらす．そして，このような外部をまさに内部へと進入させる点で，「公開性」はカオスの縁，つまり，絶えざる脱構築の起動力となるのである．

10. 物理的共在からメディアを介した共在へ

しかし，まだ先を急ぐまい．

いずれにせよ近年はネットの利用がさまざまな領域で当たり前になっている．2000年のアメリカ大統領選で，ネットを媒介として激しい選挙戦が繰り広げられたときは衝撃的だった．その動きは，2004年大統領選ではいっそう激しさを増し，インターネットというメディアが，社会全体の意思決定，公共的意思決定に大きな影響を及ぼしつつあることを示した．

その後，2008年の大統領選挙では，当時台頭してきたソーシャルメディアを使いこなした当時は無名のオバマ候補が，あっという間に人びとの支持を集め，史上初めてのアフリカ系大統領に就任したのだった．

さらに，オバマ大統領の任期満了にともなう2016年大統領選挙では，ネットを利用した選挙活動は，あまりにも当たり前のものとなっている．

もちろんこのような状況は，アメリカに限らず，世界中に広がっている．

かつて，民主主義の祖先と言われるギリシアでは，アゴラ（公共広場）という場所で，実際に人びとが集まって公共的議論が行われていた．公共圏（ここでは，公共的意思決定が行われる言説交換の場として「公共圏」という言葉を使う）は，人びとが物理的身体をもって公共的意思決定の場に居合わせる（共在する，co-presence），物理的な場所としてあった．ところが，印刷技術が現れてきた近代には，サロンやカフェという場所で社会的な問題に関する討議が行われたと言われる．このとき，公共的意思決定の場は，人びとと遠く離れた場所にあり，人びとは新聞や雑誌などを介して情報を得ながら議論することになる．これが，トンプソンなどが言うところの「メディアを媒介にした公共圏（Mediated Public Sphere，以下 MPS）」，「メディアを媒介とした共在」という考え方である．マスメディア技術の発達に伴って，印刷媒体だけではなく，映画，ラジオ，テレビなどが，公共圏や共在性に深くかかわってくることになる．そして現在ではさらに進んで，コンピュータ・メディアを介した公共圏（Computer-Mediated Public Sphere，以下 CMPS）というものが生じたと考えられる．

11. 間メディア環境における共在性
── コミュニケーションの擬身体化

では，CMPS は従来の MPS とどのように違うのだろうか？　主な相違点として，マルチメディア化，情報視覚の多元化，間メディア性の緊密化，の三つが挙げられる．

印刷物によって媒介された言説は，主としてテキストベース，つまり文字が中心だった．しかし，現在のメディアは，とくにテレビや映画などでは画像や音楽が非常に重要なメッセージキャリアになっている．この結果，テキスト中心の情報に比べて，人間の身体感覚への直接的な訴えかけが強くなる．

また，MPSでは，送られてくる情報のソースはきわめて限定されていた．出版社や放送局によって編集された情報が，「正しい情報」とみなされたのである．受け手側は，いわば視点を固定された状態で，社会のなかで起こる出来事を目撃するしかなかった．

ところがCMPSでは，ネット上には誰でも情報を発信することができるので，同じ出来事であっても，良かれ悪しかれ多面的な情報が入ってきてしまう．したがってそこで生じる共在性は，あたかもその場所にいてあっちから見たりこっちから見たり，自分自身が動き回っているような居合わせ方になる．そこに居合わせて，同じようにそこでふらふらしている人たちと喋り合えるような共在性である．

さらに，もちろんネット以外のメディアからの情報もそこに流れ込んできて，それらが相互に影響し合うという間メディア性の緊密化も生じている．

これらの諸特性はいずれも擬似的な身体感覚，擬似的な共在感覚を強化する方向に働く．そして，それは，ある種の集合現象を生じさせる大きな契機ともなりうる．たとえば2000年にフィリピンで起こったエストラーダ大統領の追放運動や韓国の落選運動も，新聞，テレビ，ネットがリンクしつつ，大きな社会変動につながったものと言える．

また，2002年秋の「モスクワ劇場占拠事件」もメディア論的な立場から興味深いものであった．まず，犯人グループに対して，アルジャジーラというテレビ局が対面的なコミュニケーションを行う．アルジャジーラはそれをメディアに載せて世界に発信する．一方で犯人側は，あの現場からインターネットで自分たちの主張を全世界に向けて発信する．それに呼応するかたちで，市民たちがネットの情報，テレビの情報を見てデモ行進などを行う．そして最終的に悲劇が起こったわけだが，最終局面では，人質となった被害者から携帯電話を通じてラジオ局に情報が入ってくる．非常にさまざまなメディアが複雑に絡み合い，お互いリンクしながら全体像を作り出し，その全体を新聞やテレビが報道するという状況がまざまざと現れていた．さらに一般の人びとは事件について対面でも話し合うし，ネット上でも話し合った．もちろんこれは「9.11」のときにも生じた．以降，世界で起こるほとんどの大事件でこうした構造が観察されるようになった．

12. グローバリティとローカリティ

人びとがこのような新たな共在感覚を通じて他者とつながる（コミュニケートする）とき，それは，社会全体のグローバリゼーションを促進するのか，それとも新たなローカリゼーションを作動させるのだろうか．

この問題について，近年はグローバリゼーションとローカリゼーションが同時に進行する（グローカリゼーション）というのが一般的な認識である．たしかに，見えている現象についてそれは妥当な認識ではあるが，そのダイナミズムは，単にグローバリゼーション（個人の原子化，共同体の解体，伝統文化の消滅，システムによる抑圧構造）に対する反発として発生してくるものではなく，むしろ，グローバリゼーションに依拠して，現出してくる動きであることには，もっと着目してよい．

たとえば，ベンヤミンは次のように書いている．

> パリの市街地図から一本の刺激的な映画を作り出すことができるのではあるまいか．パリのさまざまな姿をその時間的な順序にしたがって展開していくことによって，街路や目抜き通り（ブールヴァール）やパサージュや広場のここ数世紀における動きを 30 分という時間に凝縮することによってそれができるのではあるまいか．それに，遊歩者が行っていることも，まさにこれ以外のなにものでないのである．(Benjamin 1983 = 1993: 162)

ここに描写されているのは，遊歩者による〈世界〉の再編集であり，〈世界〉は遊歩者の内部に取り込まれていったんバラバラに切断（cut）されたうえで，あらためて（複

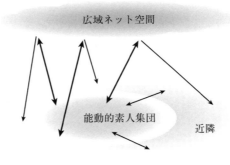

図 3-4　社会的コミュニケーション空間の構造変容（cut & remix）

製技術による）再編成（remix）を受けるのである．それは，〈都市〉という空間において初めて可能になることであり，そして，その可能性が，ローカルな（私的な）小集団の凝集へと接続していくのである（図3-4を参照）．

13. 公共圏・私的生活圏・私事圏

　この構造は，同時に，公共圏と私的生活圏（private sphere）との関係にも現れる．

　従来の議論では，公共圏は私的生活圏における問題意識を基盤として現れるとされてきた．ハーバーマスの議論もそのような構図をとっているし，第2章で挙げた吉田の図もそれにのっとっている．小林宏一[2]によれば，たとえばそれは『サウンド・オブ・ミュージック』の物語によく現れている．トラップ一家は，私的な生活に対する権力の侵入によって公共圏へと自分たちを開いていくのである．

　しかし，（都市遊歩民たちの生活がそれらで満ちているように）人間たちの生活はもっと細々とした由無事で彩られている．それらを花田達朗は「私事圏」と呼ぶ（花田2002）．公共圏に接続しない私事圏のなかに閉じこもり，自らを公共圏へと開こうとしない〈群衆〉，それが現代人の姿であると花田は批判する．

　しかし，前節の考察をもとに考えるなら，もしわれわれの時代に〈公共圏〉という観念が仮構されうるとすれば，それはまさに閉鎖的であるかに見える〈私事圏〉の内部に現れるものなのではないだろうか．

第4章

ソーシャルメディアの浸透と〈社会関係〉

遠藤 薫

1. はじめに

　2000年代以降，インターネットでは，「ソーシャルメディア」と呼ばれるサービスが広く利用されるようになった．

　「ソーシャルメディア」とは，「インターネットを利用して誰でも手軽に情報を発信し，相互のやりとりができる双方向のメディア」[1]と定義され，ブログ，電子掲示板，SNS，動画共有サイトなど多様なサービスが含まれる．

　なかでも，FacebookやTwitterは，2010年代に入って，ユーザー数を大きく伸ばしている（図4-1）．

　また，2011年にサービスを開始し，若年層を中心にユーザーを集めているLINEは，2015年7-9月期の業績報告で，全世界でアクティブユーザー数が約2億1200万人を超えたと発表[2]した．

　このような潮流のなかで，人びとのソーシャルメディア利用が社会関係とどのように関係しているのかについて，筆者は，2015年11月に意識調査を行った（以後「2015年11月調査」と呼ぶ）[3]．

　本稿では，上記調査の結果から，現代日本におけるソーシャルメディア利用と社会関係のかかわりについて，考察するものとする．

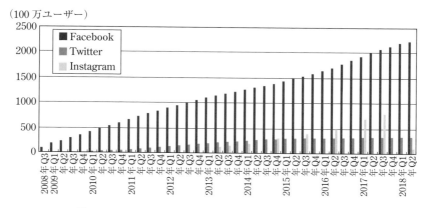

図 4-1 Facebook, Twitter, Instagram の月間利用者数推移（世界）
（データ出所：Statista[4]）

2. ソーシャルメディアの利用状況

主なソーシャルメディアの概要

冒頭にも述べたように，ソーシャルメディアとはきわめて広義の概念であり，UGM（User-Generated Media）とも重なり合う幅広いサービスを包含する．

代表的なジャンルとしては，電子掲示板，ブログ，SNS，メッセージ・アプリ，動画共有サイト，画像共有サイト，情報共有サイト，ソーシャルニュース[5]，ソーシャルブックマーク[6]などがある．

また代表的なサービスとしては，2ちゃんねる，各種ブログサイト，Facebook，Twitter，LINE，Instagram，YouTube，Wikipedia などがある．代表的なサービスの概要を表 4-1 に示す．

本稿では，とくに現時点の日本で人気の高い Facebook, Twitter, LINE, Instagram を中心に分析を行う．

表 4-1　主なソーシャルメディアの概要

サービス	サービス開始	サービス概要	利用者数[7]
2ちゃんねる（5ちゃんねる）	1999年5月（2017年10月改称）	多数のスレッドフロート型電子掲示板の集合体	1日の発言数：2,586,209（2018.7平均）
Facebook	2004年2月4日	登録制のソーシャルネットワーキングサービス	国内月間アクティブユーザー数：2800万人（2017.9），月間アクティブ率：56.1%（2015.6）
Twitter	2006年3月21日	「ツイート」と呼ばれる140文字以内の投稿を共有する情報サービス	国内月間アクティブユーザー数：4500万人（2017.10），月間アクティブ率：70.2%（2015.6）
LINE	2011年6月23日	通信端末やキャリアにかかわらず，複数人のグループ通話を含む音声通話やチャットを可能とする	国内月間アクティブユーザー数：7600万人（2018.Q2決算書），月間アクティブ率：77%（同上）
Instagram	2010年10月6日	無料の画像共有アプリ	国内月間アクティブユーザー数：2000万人（2017.10），月間アクティブ率：84.7%（2015.6）
YouTube	2005年2月14日	動画共有サービス	ログインして利用する視聴者数：世界で月間15億人超（2017.6）
Wikipedia	2001年1月15日	コピーレフトなライセンスのもと，誰もが無料で自由に編集に参加できるインターネット百科事典	日本語版記事数：1,082,002（2017.11.1）

ソーシャルメディアの利用率

　「2015年11月調査」の結果から，各サービスの閲読率と投稿率（頻度にはかかわらず，読んだり，書いたりしたことがある人の割合）を集計したのが表 4-2 である．

　閲読率の全体平均は，Facebook と Twitter がほぼ同じ5割強で，他のサービスに比べて高い．ただし，投稿率はいずれも3分の1程度である．これに対して LINE は，閲読率と投稿率の両方とも5割弱である．LINE が双方向のメッセージング・サービスである特性が明確に表れている．Instagram はまだ閲覧率も3割弱であり，投稿率はその半分程度である．ただし，注目すべきは，女性の利用率が男性のそれを大きく上回っている点である．それは，LINE にもあてはまる．かつて，インターネットの利用率は，

表4-2 各ソーシャルメディアの閲読率と投稿率
(「2015年11月調査」, 母数は2,665 (サンプル全体))

	Facebook		Twitter		LINE		Instagram	
	読んだこ とはある	書いたこ とはある	読んだこ とはある	書いたこ とはある	読んだこ とはある	書いたこ とはある	閲覧した ことはあ る	投稿した ことがあ る
男性 全体	57.2	38.4	52.7	35.4	45.6	41.0	20.8	10.1
女性 全体	56.1	37.1	55.9	34.0	54.2	46.7	34.0	14.6
全体	56.7	37.8	54.2	34.7	49.7	43.8	27.1	12.2

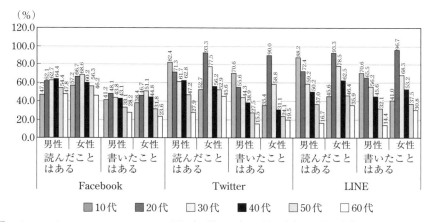

図4-2 Facebook, Twitter, LINEの利用率 (「2015年11月調査」, 母数は各年代のサンプル数)

男性が女性を大きく上回っていたが, 近年のサービスでは, それが逆転しているようである[8].

図4-2は, Facebook, Twitter, LINEの閲覧率 (見たことがある人の割合) と投稿率 (書き込みをしたことがある人の割合) を, 年代別, 性別に集計した結果を示したものである.

これによれば, Facebookと, TwitterおよびLINEの間には, やや違いが見られる.

Facebookでは, 読み書きいずれも, 男女とも, 20代～40代が高い台形の分布を示している. これに対して, TwitterやLINEは, (10代女性のLINE利用を除いて[9]), 若年層ほど圧倒的に利用率が高い.

また, Facebookでは, どの世代でも男女の利用率はほぼ同程度だが, Twitterと

LINEでは，10代を除いて，圧倒的に女性が高くなっている．

図4-3は，動画共有サイトのYouTubeと写真共有サイトのInstagramの閲覧率（見たことがある人の割合）と投稿率（自作をアップロードしたことがある人の割合）を，年代別，性別に集計した結果を示したものである．

まず，YouTubeは閲覧率がきわめて高く，若年層では90％を超えている．60代でも60％前後に達しており，テレビに匹敵するとさえ見える．「動画」ということもあって，投稿率は当然低いが，それでも10代男性と20代男性では20％を超えている．

これに対してInstagramは，男女で大きな差がある．男女とも閲覧率はほぼ年齢と負

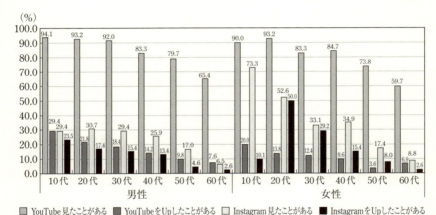

図4-3 YouTubeとInstagramの利用率（「2015年11月調査」，母数は各年代のサンプル数）

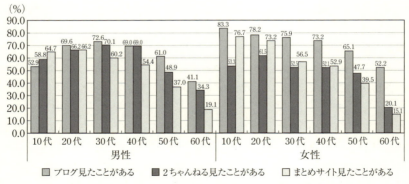

図4-4 ブログ，2ちゃんねる，まとめサイトの閲覧率
（「2015年11月調査」，母数は各年代のサンプル数）

の相関関係にあるが，女性の閲覧率は男性に比べて圧倒的に高い．また，男性では，投稿率は，いずれの年代でも 30%に満たないが，20 代女性では 50%にまで達しており，10 代と 60 代を除くすべての年代で，女性のほうが男性よりも投稿率が高い．とくに 20 代，30 代の女性にとっては，閲覧することと投稿することがほぼ同じ程度行われている．

次に，図 4-4 は，ブログ，2 ちゃんねる，まとめサイトの閲覧率（見たことがある人の割合）を，年代別，性別に集計した結果を示したものである．

これによれば，男性ユーザーの利用率は，ブログ，2 ちゃんねるでは，20 代，30 代をピークとする山形となっており，まとめサイトは，若年層ほど利用率が高くなっている．一方，女性の利用率は，ブログ，まとめサイトが若年層ほど高く，2 ちゃんねるは 20 代をピークとする山形をなしている．

また，一部を除いて全般に，ブログ，まとめサイトは女性の利用率が男性を大きく超えている．反対に，2 ちゃんねるでは，とくに若年層で，女性の利用率は男性を大きく下回っている．

Facebook，Twitter，LINE のアクティブユーザー

ここまでは，各サービスを「使ったことがある人」について見てきた．しかし，ソーシャルメディア上で活発に活動しているのは，利用頻度の高い（アクティブ）ユーザーである．そこで，各サービスのアクティブユーザーの割合を見たのが，図 4-5 である．

いずれのサービスについても，若年層ほど顕著にヘビーユーザーの割合が高い．

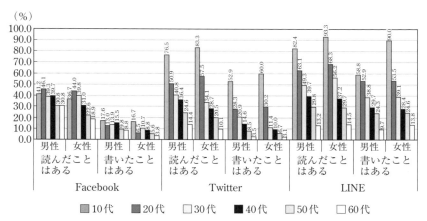

図 4-5　Facebook，Twitter，LINE のアクティブユーザー（週に数度以上読み書きしている人）の割合（「2015 年 11 月調査」，母数は各年代のサンプル数）

3. ソーシャルメディアの利用内容

ソーシャルメディアで読む内容

では，ユーザーたちはソーシャルメディアでどのような内容について読んでいるのだろうか？

図4-6は，Facebook，Twitter，LINE，Instagramで，それぞれのジャンルをよく読んでいると答えた人の割合を示している．いずれのソーシャルメディアでも，「日常の出来事」が突出して高く，ソーシャルメディアが日常性をベースにしていることがわかる．

とはいえ，ほとんどのジャンルで，FacebookとTwitterが，LINEとInstgramより高くなっており，前二者が後二者に比べて，「情報源」としての性格が強いことがわかる．

芸能，政治，スポーツ，文化などの分野では，FacebookよりもTwitterの割合が同じか，高くなっている．日常的なつきあいを超えた領域の情報は，FacebookよりTwitterということかもしれない．

また，芸能分野では，InstagramがTwitterに迫るほど高い割合を示している．Instagramが，芸能人たちによる個人情報発信（セルフブランディング）の舞台となっていることをうかがわせる結果である．

次に，それぞれのサービスで書く（投稿する）内容を見てみよう（図4-7）．

いずれのサービスにおいても，書く内容は，「日常の出来事」が突出して多い．続いて，「生活情報」「面白い情報」「社会に関する情報」「芸能情報」などが続く．

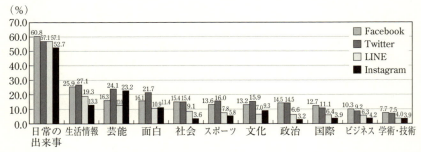

図4-6 ソーシャルメディアで読む内容（各ソーシャルメディアを読んだことがあると答えた人のなかでの割合）（「2015年11月調査」，母数は，Facebook：1,511，Twitter：1,445，LINE：1,324，Instagram：721）

3. ソーシャルメディアの利用内容　51

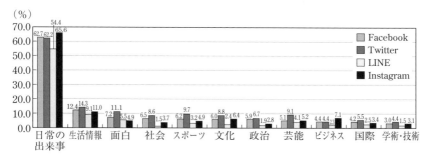

図 4-7　各ソーシャルメディアで書く内容（各ソーシャルメディアを読んだことがあると答えた人のなかでの割合）（「2015 年 11 月調査」，母数は，Facebook：1,511，Twitter：1,445，LINE：1,324，Instagram：721）

Facebook，Twitter，LINE で読む内容（性別，年代別）

次に，個別のサービスで読まれている情報のジャンルを，性別，年代別に集計してみたのが，図 4-8 から図 4-10 である．サービスごとに大きな違いはなく，世代や性別による違いもそれほどはっきりしたものではないことがわかった．

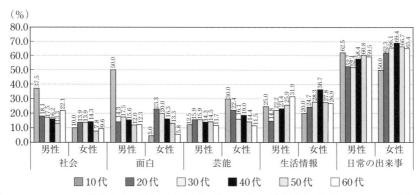

図 4-8　Facebook で読む内容（性別，年代別）（「2015 年 11 月調査」，母数は Facebook 利用者）

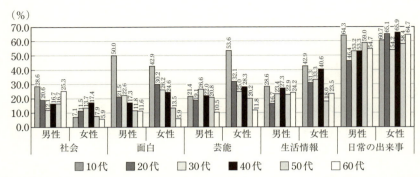

図 4-9 Twitter で読む内容（性別，年代別）（「2015 年 11 月調査」，母数は Twitter 利用者）

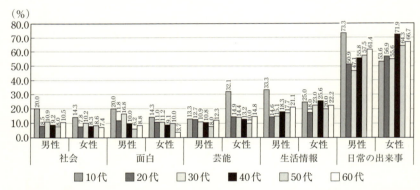

図 4-10 LINE で読む内容（性別，年代別）（「2015 年 11 月調査」，母数は LINE 利用者）

4. ソーシャルメディアと社会関係

ソーシャルメディアに対する評価

　ソーシャルメディアのユーザーたちは，これらのサービスについて，どのように考えているだろうか．

　図 4-11 は，各ソーシャルメディアについて人びとが認識しているメリットを示している．四つのソーシャルメディアに共通して高いのは，「気軽に見られる」「暇つぶしによい」「友人と情報を共有することができる」である．ソーシャルメディアが，日常的な楽しみとして消費されていることがうかがえる．ただし，相対的には，Twitter と Instagram は「暇つぶしによい」が多く，Facebook と LINE は「友人と情報を共有でき

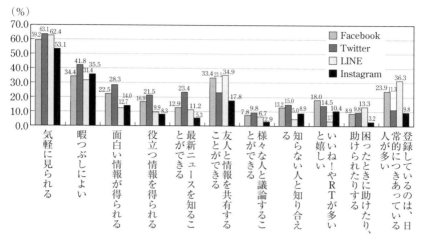

図 4-11　各ソーシャルメディアのメリット（%）
（「2015 年 11 月調査」，母数は各サービスを利用している人数）

る」「登録しているのは，日常的につきあっている人が多い」が多い．

　また，Facebook と Twitter がほかより高い回答率を得ているのは，「面白い情報が得られる」「役立つ情報を得られる」「知らない人と知り合える」などである．

　「最新ニュースを知ることができる」は Twitter が突出しており，Instagram 以外は，それほど高くはないものの，「困ったときに助けたり，助けられたりする」共同体性を有しているようである．

ソーシャルメディアを媒介とした社会関係

　前項で抽出された各サービスの特性から，「人間関係」軸と「情報共有 vs. 新知識の獲得」軸によって各サービスを配置したイメージを図 4-12 に示す．

　LINE は人間関係の緊密な共同体的空間であり，Facebook は人間関係を近くとも遠くとも結ぶ汎用的な空間，Twitter は情報型空間，Instgram は劇場型空間とまとめることができよう．

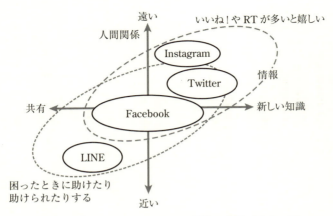

図 4-12　各ソーシャルメディアの特性の布置（イメージ）

ソーシャルメディアのデメリット

　これらメリットを裏返しにしたともいえるのが各サービスのデメリットである（図 4-13）．
　Twitter では，新しい情報や知識の獲得ができるかわりに，「軽率な投稿」「誤った情報」「偏った意見」「誹謗中傷」「情報操作」などが多いと感じられており，また「炎上」に対する危惧も強い．一方で，「ネット依存になりがち」との答えも他のサービスに比べて多い．
　Twitter に比べて共同体性の強い Facebook では，「友人登録を迫られるのがわずらわしい」「返信を促されるのがわずらわしい」と，関係性の強化に困惑すると同時に，「自慢するような投稿が多くていらいらする」など，いわゆる「Facebook 疲れ」を示唆する回答が多い．とはいうものの，「ネット依存になりがち」という回答も多い．
　Facebook よりもさらに共同体性の強い LINE では，「友達登録リクエストのわずらわしさ」よりも「返信を促されるわずらわしさ」のほうが強く意識されている．また，「仲間外れにされるのが怖い」という回答の割合も，他のサービスに比べて高くなっている．日常的に緊密な関係性を担保するという LINE の性格によるものと考えられる．
　反対に，共同体性が相対的に薄い「情報型」の Twitter では，「炎上が多い」「軽率な投稿が多い」「誹謗中傷や陰口が多い」「偏った意見が多い」「間違った情報が多い」「情報操作が多い」などの回答率が，他のサービスと比べて突出して高い．また，「ネット依存になりがち」の回答率も突出している．

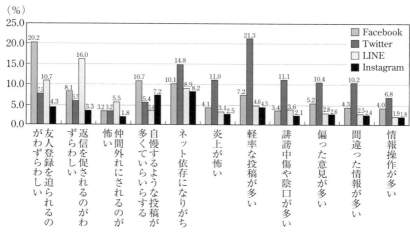

図 4-13　各ソーシャルメディアのデメリット (%)
(「2015 年 11 月調査」，母数は各サービスを利用している人数)

5.　20 代にとってのソーシャルメディア

　では，ソーシャルメディアの最も活発な利用者層である 20 代[10]に限定した場合，全体として違いは見られるだろうか．

　図 4-14 は，20 代が感じる各ソーシャルメディアのメリットである．傾向としては全体とほぼ同じであるが，回答の割合が全体に高くなっている．

　図 4-15 は，20 代が感じる各ソーシャルメディアのデメリットである．こちらも傾向としては全体とほぼ同じであるが，特性がより明確に現れている．たとえば，LINE については「返信を促されるのがわずらわしい」「仲間外れにされるのが怖い」が全体より高くなっている．Twitter では「ネット依存になりがち」「軽率な投稿が多い」「誹謗中傷や陰口が多い」「偏った意見が多い」「間違った情報が多い」などが，全体より顕著に高くなっている．Facebook では，「自慢するような投稿が多くていらいらする」が，全体より 5% 近く高くなっている一方で，「友人登録を迫られるのがわずらわしい」は全体より低い．若い層のほうが，他者とのかかわりを強く求める傾向が強いせいだろうか．

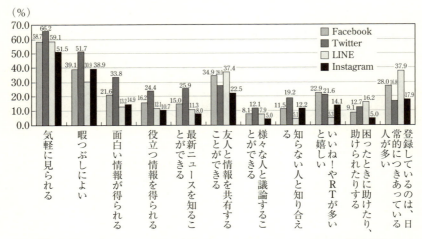

図 4-14 各ソーシャルメディアのメリット（20代）（「2015年11月調査」）

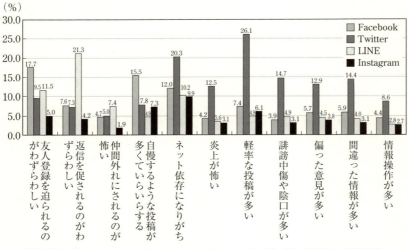

図 4-15 各ソーシャルメディアのデメリット（20代）（「2015年11月調査」）

6. アメリカのソーシャルメディア利用状況との比較

　こうした日本のソーシャルメディア状況は，海外と比べてどうなのだろう．
　本稿では，アメリカの Pew Research Center の行ったソーシャルメディアに関する調査結果[11,12]と比較する．

ソーシャルメディアの利用率比較

図4-16は，ソーシャルメディアのネットユーザーにおける利用率（％）推移である．調査方法が異なるので厳密には言えないが，表4-2に示した日本の状況と比べると，Facebookの利用率が高い一方で，Twitterは2分の1程度である．Instagramはほぼ同程度である．

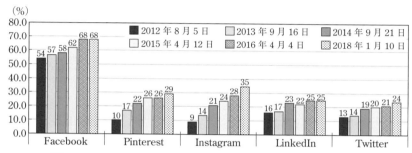

図4-16 アメリカにおけるソーシャルメディアの利用率推移（％）
（データ出所：Pew Research Center[11]）

メッセージ・アプリの利用率比較

図4-17はアメリカにおけるメッセージ・アプリの属性別利用率である．日本の代表的なメッセージ・アプリであるLINEの利用率（表4-2参照）に比べて，全体利用率は36％とかなり低い．若年層ほど利用率が高いことは日本と同じであるが，LINEでは女性のほうが利用率が高いのに対して，アメリカではほぼ同じ利用率である．

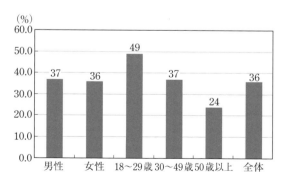

図4-17 スマートホン所有者におけるメッセージ・アプリ利用率（％）
（データ出所：Pew Research Center[12], N = 1,612）

各サービス利用者における利用頻度

では、利用者たちの利用頻度はどのようになっているだろう。

図 4-18 は、Pew Research Center による、アメリカの各サービス利用者の利用頻度の分布である。アメリカでは、Facebook の利用率が高い。それだけでなく、一般に利用頻度の高いユーザーが多い。Facebook 利用者の 70％以上が毎日利用しており、週に一度程度の利用者と合わせると 90％を超える。これに対して日本では（図 4-19）、そもそも Facebook の利用率が低いだけでなく、毎日利用するのはその 35.7％にすぎない。月に数回利用する人まで入れても 8 割に満たない。

Instagram については、利用率は日本とアメリカで大きな差はない。しかし利用頻度では、アメリカでは毎日利用する人が 60％であるのに対して、日本では 24.7％にすぎない。

反対に、Twitter については、日本のほうが高い。しかし、毎日利用するのは、アメリカの方が多い。

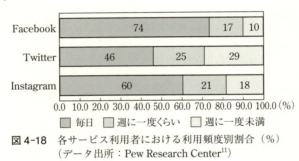

図 4-18　各サービス利用者における利用頻度別割合（％）
（データ出所：Pew Research Center[11]）

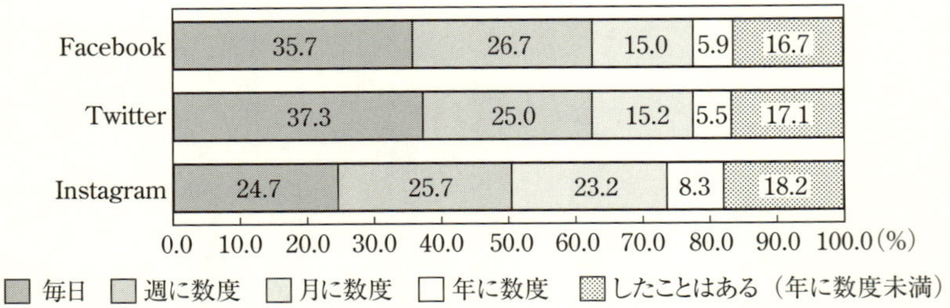

図 4-19　日本での各サービス利用者における利用頻度別割合（％）（「2015 年 11 月調査」）

7. おわりに

以上，本稿では，四つのソーシャルメディアについて，それらの利用の様相を検討してきた．

その結果，同じように「ソーシャルメディア」と括られていても，それらが生成するコミュニケーション空間（社会関係）は大きく異なっていることがわかった．その意味では，「ソーシャルメディア」と一括してその性格を語ることには問題がある．

それぞれのサービスの特性を知り，それを活かして利用することによって，ソーシャルメディアは，社会に望ましい効果をもたらすだろう．

付記

本稿は，遠藤薫，2016，「ソーシャルメディア利用の現在」『学習院法学会雑誌』（51 巻 2 号所収）に加筆修正を行ったものである．

謝辞

本研究は，2015 年度学習院大学計算機センター特別プロジェクトの助成を受けて行われたものである．

第5章

ソーシャルメディアの変容と〈社会意識〉
―― LINE と Instagram の世界

遠藤　薫

1.　はじめに

　Facebook と Twitter が大きな影響力を誇っていたソーシャルメディアの空間に，現在，日本で新興勢力としてユーザーを増やしているのが，LINE と Instagram である．
　LINE は，2011年6月にサービスを開始したモバイル・メッセージ・アプリである．LINE 社が2015年10月29日に発表した資料によれば「LINE の月間アクティブユーザー数（MAU：Monthly Active User）は，グローバルで約2億1200万人，トップ4か国（日本，タイ，台湾，インドネシア）では，さらなる成長を続け，約1億3700万人（2015年9月実績）」[1]に達したという．若い層を中心に，グループで気軽に無料メッセージングができること，スタンプなどを使った表現ができることなどから，広く使われている．
　一方の Instagram は，2010年10月にサービスを開始した無料のモバイル画像共有アプリである．サービス開始直後から人気を集め，2015年9月22日の発表によれば，ユーザー数は4億人を超えた[2]．Facebook, Twitter, Foursquare, Tumblr, Flickr などのソーシャル・ネットワーキング・サービス（SNS）で共有できる．
　本稿では，とくに新興の LINE と Instagram に焦点を当てて，新しいコミュニケーション空間が創り出す社会関係について分析するものとする．

2. 日本におけるソーシャルメディアの状況

ソーシャルメディアの利用状況

まずは，前章とやや重なるが，代表的なソーシャルメディアである Facebook, Twitter と，近年サービスを開始した LINE, Instagram の利用状況を概観しておこう（「2015 年 11 月調査」[3] による）．

図 5-1 は，各ソーシャルメディアの性別閲覧率・投稿率である．Facebook と Twitter では男女差はあまり見られない．これに対して，LINE と Instagram では女性の閲覧率・投稿率が男性よりはっきりと高くなっている．

また，閲覧率と投稿率の差を見ると，Facebook, Twitter では閲覧率が投稿率より高くなっているが，LINE ではその差はかなり小さい．各ソーシャルメディアにおける閲覧率と投稿率の関係を図化したのが，図 5-2 である．

図 5-3 は，各ソーシャルメディアの年代別閲覧率である．Facebook では，年代による差は相対的に小さい．Facebook 以外のソーシャルメディアでは，年代による差がきわめてはっきりしている．

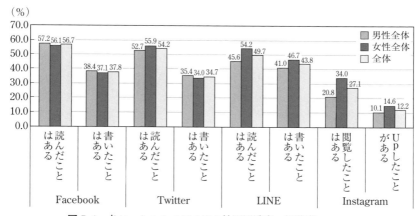

図 5-1　各ソーシャルメディアの性別閲覧率・投稿率
（「2015 年 11 月調査」，母数は 2,665（サンプル全体））

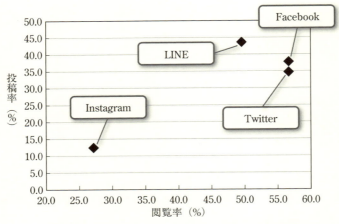

図 5-2　各ソーシャルメディアの閲読率と投稿率の関係

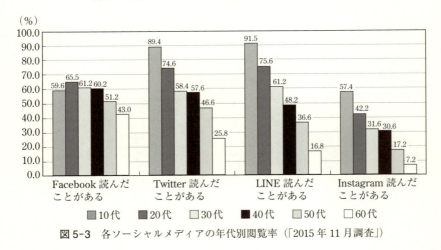

図 5-3　各ソーシャルメディアの年代別閲読率（「2015 年 11 月調査」）

3.　LINE

メッセージ・アプリとは

　第 4 章でソーシャルメディア全体の利用状況を見た．そのうえで，あらためて LINE について詳しく検討しよう．
　先にも簡単に触れたように，LINE は，2011 年 6 月にサービスを開始したサービスで，

表 5-1 世界の主なメッセージ・アプリ

サービス名	開始	運営会社	ユーザー数	対応言語
LINE	2011年6月23日	LINE 株式会社	MAU グローバルで約2億1200万人,トップ4か国(日本,タイ,台湾,インドネシア)では,約1億3700万人(2015年9月実績)[4]	15言語
WhatsApp Messenger	2009年5月4日	WhatsApp Inc.(米)	9億人[5] 2014年初め Facebook が買収	31言語
カカオトーク	2010年3月	カカオコーポレーション(韓)	MAU 4846万4000人[6]	13言語
Viber		Viber Media Inc.(キプロス)	MAU 2億4千万人[7] 2014年2月14日楽天が買収	30言語
微信(WeChat)	2011年1月	騰訊控股(テンセント)(中)	MAU 4億3800万人[8] MAU 6億4950万人[9]	18言語

主としてスマートホンなどのモバイル端末で1対1やグループトークで無料メールを交換したり,無料ビデオ通話,無料音声通話を楽しむことができる「メッセージ・アプリ」に分類される.メッセージ・アプリは,日本では LINE が圧倒的なシェアを誇っているが,海外ではさまざまなメッセージ・アプリが利用されている.主なメッセージ・アプリを表 5-1 に示す.

LINE の概要と特性

　LINE のサービスは,他の多くのメッセージ・アプリと共通しているが,とくに 10,000 種類以上のスタンプと絵文字などを特徴としている.また,画像,動画の共有や,音声メッセージや位置情報の送信も可能である.アーティスト,ブランドの公式アカウントに登録すると,最新ニュースやクーポンが送られてくるようなサービスもある.
　また,LINE は表 5-2 に示すようなサービスも提供しており,元来のメッセージ・アプリというだけにとどまらない情報プラットフォームへと展開しつつある.この傾向は,主流となる情報端末が PC からモバイルへとシフトするなかで,世界的な潮流でもある.

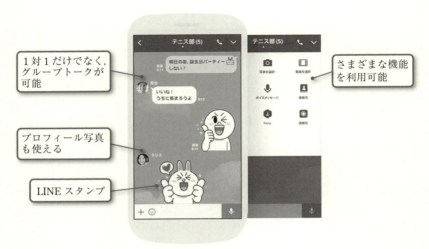

図 5-4　LINE のイメージ[10]

表 5-2　LINE の提供する代表的なサービス

サービス名	開始日	内容
LINE Game	2012 年 11 月	ゲームサービス　「LINE：ディズニーツムツム」など
LINE マンガ	2013 年 4 月	スマートフォン向け電子コミック販売サービス
LINE NEWS	2013 年 7 月	ニュース配信
LINE HERE	2015 年 8 月	位置情報をリアルタイムで共有
LINE LIVE	2015 年 12 月	ライブ配信アプリ

　LINE Game　　LINE マンガ　　LINE NEWS　　LINE HERE　　LINE LIVE

図 5-5　LINE の各サービスの画面イメージ[11]

日本における利用状況——2015年11月調査から

LINEの利用状況について,「2015年11月調査」から,より詳しく見てみよう.

図5-6は,LINEの閲覧の頻度を,性別,年代別に集計したものである.

すでに見たように,閲覧している人の割合は,若いほど高く,女性のほうが高い.また,閲覧の頻度の高いものが多いのもLINEの特徴である.とくに10代では,女性の83.3%,男性の64.7%が毎日LINEを読んでいる.週に数度以上閲覧しているのは,10代女性の93.3%,10代男性の82.3%に達している.

また,図5-7は,LINEの投稿の頻度を,性別,年代別に集計したものである.

これも同じく,投稿している人の割合は,若いほど高く,女性のほうが高い.また,投稿の頻度が高く,閲覧頻度に近いのもLINEの特徴である.とくに10代では,女性の63.3%,男性の29.4%が毎日LINEに投稿している.週に数度以上投稿しているのは,10代女性の90.0%,10代男性の59.8%である.とくに女性の投稿率はおどろくほどである.

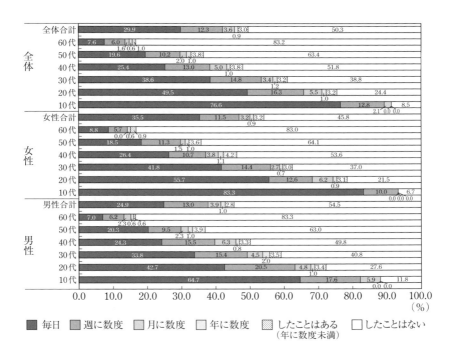

図5-6 LINEの閲覧率(「2015年11月調査」)

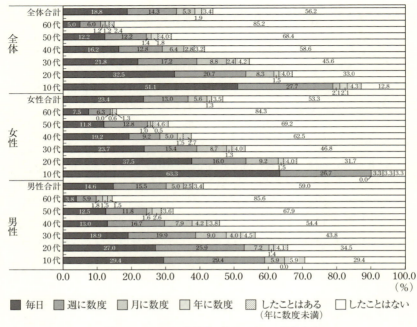

図 5-7　LINE の投稿率（「2015 年 11 月調査」）

アメリカのメッセージ・アプリとの比較

こうした日本の LINE 利用状況は，海外と比べてどうなのだろう．

アメリカの Pew Research Center の行ったソーシャルメディアに関する調査結果[12]と比較してみよう．図 5-8 は，アメリカにおけるメッセージ・アプリの属性別利用率である．日本の代表的なメッセージ・アプリである LINE の利用率（図 5-1 参照）に比べて，全体利用率は 36％とかなり低い．若年層ほど利用率が高いことは日本と同じであるが，LINE では女性のほうが利用率が高いのに対して，アメリカではほぼ同じ利用率である．

日米の差が興味深い．

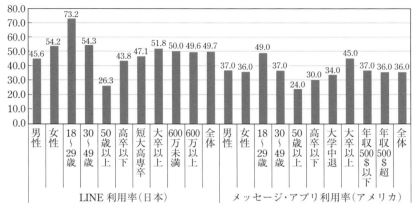

図 5-8 スマートホン所有者におけるメッセージ・アプリ利用率（%）
（データ出所：Pew Research Center, N = 1,612）

LINE で読む内容

また，図 5-9 は，LINE で読む内容を尋ねた結果を示している．「読む内容」として挙げたのは，「政治」「社会」「国際」「ビジネス」「学術・技術」「芸能」「文化」「スポーツ」「面白い話題」「生活情報」「日常の出来事」である．上位 5 項目を図 5-9 に示した．これによれば，「日常の出来事」が突出しており，かなり離れて「生活情報」「芸能」「政治」「社会」が並んでいる．LINE がもっぱら日常的なコミュニケーションのツールであることが表れている．

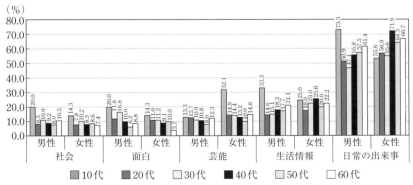

図 5-9 LINE で読む内容（性別，年代別，複数回答）（「2015 年 11 月調査」）

LINE と社会関係資本（共同性）

　前章でも見たように，LINE では，他のソーシャルメディアに比べて，①登録しているのは日常的につきあっている人が多い，②友人と情報を共有できる，③困ったときに助けたり，助けられたりする，などのメリットが強く意識されている．その一方で，❶返信を促されるのがわずらわしい，❷仲間外れにされるのが怖い，などネガティブな感覚もある．

　LINE では，LINE 特有（他のソーシャルメディアでも使われないわけではないが）の言葉が多くやりとりされる（表 5-3）．

表 5-3　LINE 用語[13]

分類	用語	意味
画像関連	トプ画	トップ画像
	カバー画像	LINE におけるプロフィール全体を覆う画像
	HPG	「ホームペア画像」の略．ホーム画像を仲の良い人とお揃いにすること
	PG なう	ペア画像にしていること
	WPG	アイコンとホーム画面，両方でペア画
スタンプ関連	スタンプ	コミュニケーションツールとして使われる画像
	スタレン	スタンプ連打の略
	スタ爆	スタンプ爆撃の略で，スタンプを連投すること
	スタプレ	スタンププレゼントの略
	すたいち	タイムライン上のコメントなどに一番乗りでスタンプを押すこと
コミュニケーション	個チャとグルチャ	「個チャ」とは「個人チャット」の略で，1 対 1 でチャットを行うこと．「グルチャ」とは「グループチャット」の略で，複数人がグループとなってチャットを行うこと
	既読ぶっち	メッセージを読み，既読が付いているがそのまま返信をしないこと
	未読スルー	既読をつけずに返事をしないこと
	TL 民	タイムラインを毎日数十〜数百件単位で投稿する人
	ぐりん	LINE 上の bot
登録・削除	無言追加	とくに連絡をせずに無言で相手を友人リストなどに登録をすること
	ブロッコリー	LINE 上で指定した友達からの連絡を拒否すること（ブロック）
	離脱	LINE でのコミュニケーションを休止すること
	浮上	LINE でのコミュニケーションを再開すること
表現	OC です	「おいしいです」の略
	かまちょ	「かまってちょうだい」の略

このように，LINE によるコミュニケーションは，相対的に小さいグループの結束を高める効果を持つようである．それは，結束型の社会関係資本，いわば，強い凝集性を持つ「村社会」を構成すると言える．

ネット用語の系譜

ちなみに，日本におけるネット用語の系譜を表にしたのが表 5-4 である．この表からは，マクロな動向として，ネット上で多くの人を集めるコミュニケーション空間が，グローバルに開かれた空間から，国内の匿名コミュニケーション共同体，さらに，日常的なつきあいをベースにした実名共同体へと変化していっていることがうかがわれる．

表 5-4　日本におけるネット用語の系譜

	1990 年代～ ネット草創期からのネット語	2000 年代～ 2 ちゃんねる周辺の日本化されたネット語	2010 年代～ Twitter 周辺の日本的ネット語	2010 年代半ば～ LINE 周辺の日本的ネット語
ネットスラング	FAQ F2F LOL　など	おつ Kwsk 厨房　など	tsuda る なう 捨てアカ	既読スルー 未読無視
Emoticon アスキーアート 絵文字	:-)　:)　:D :-‖　:@　>:(	(>_<)　^^;　(＿) ∧＿∧ (;´Д`)	😊 😠 😢 😊 😊	スタンプ
特徴	グローバル空間での流通（アルファベットの略語）←無線用語，簡略化，開かれた共同性	匿名空間での共同性 誤変換，代替語「殺伐」	匿名空間での共同性	実名空間での共同性

4.　Instagram

Instagram の概要と特性

Instagram とは，無料の画像共有（英語版）アプリで，2010 年 10 月 6 日にサービスが開始された．Instagram にアップされた画像は，Facebook, Twitter, Foursquare, Tumblr, Flickr などで共有可能である．英語，中国語，フランス語，ドイツ語，イタリア語，日本語，韓国語，ポルトガル語，スペイン語に対応（2016 年 1 月現在）している．また，画像を加工するフィルターの提供も Instagram の特徴である．

表 5-5 Instagram に関するデータ[15]

月間アクティブユーザー	4億人超
合衆国以外の利用者	75％超
共有画像	400億枚超
1日あたりの「いいね！」	35億
1日あたりの平均アップロード枚数	8000万枚

図 5-10　Instagram（左：NASA，中：Kensington Palace，右：渡辺直美）[16]

2012年4月，FacebookがInstagramを10億ドルで買収した．

Instagramの提供しているデータ[14]によれば，ユーザー数などは表5-5に示すとおりである．

Instagramの閲覧率・投稿率

「2015年11月調査」による，Instagramの性別・年代別の閲覧率と投稿率を，図5-11と図5-12に示す．

図からわかるように，Instagram利用の特徴は，若年層ほど利用度が高いこと，男性に比べて女性の利用が大きく上回っていることである．とくに10代，20代の女性の利用率はきわめて高く，かつ，閲覧率と投稿率が近接しているという，LINE的な特性を示している．

4. Instagram　71

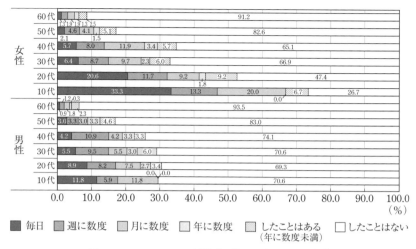

図 5-11　Instagram の閲覧率（「2015 年 11 月調査」）

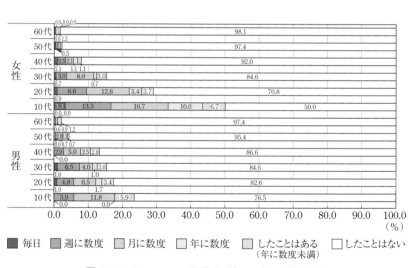

図 5-12　Instagram の投稿率（「2015 年 11 月調査」）

Instagram とハッシュタグ

Instagram の利用において，ハッシュタグはきわめて重要な役割を果たしている．
2011 年 1 月，Instagram にハッシュタグが導入された．

『オックスフォード英語辞典』によれば（2016.1.5），「hashtag」（ハッシュタグ）とは，"A word or phrase preceded by a hash sign（#），used on social media sites such as Twitter to identify messages on a specific topic"（Twitter などのソーシャルメディアで，先頭にハッシュ記号（#）をつけた語句．そのメッセージが特定のテーマに関連したものであることを示す）である．

「hashtag」はもちろんソーシャルメディアの一般化にともなって知られるようになった言葉で，2014 年 6 月に『オックスフォード英語辞典』に収載された．

ハッシュタグは，Instagram だけでなく，Facebook や Twitter などさまざまなソーシャルメディアで利用されている．ハッシュタグを使える主なソーシャルメディアを表 5-6 に示す．

表 5-6 ハッシュタグを使える主なソーシャルメディア

App.net	Facebook	Flickr	FriendFeed	GNU Social	Google+		Instagram
Kickstarter	Orkut	新浪微博	SoundCloud		Tumblr	Twitter	
Vine（ショート形式の動画共有サービス，2013.1.24）							
VK（ロシア最大の SNS，2006）							

ハッシュタグの利用

ハッシュタグの最も大きい用途は，メッセージのカテゴライズ（索引付け）である．これによって，知りたい情報（メッセージ）を容易に検索することができるし，また，（ソーシャルメディアの）世界で注目されている事柄や，感情や思いを共有することもできる．

その特性からハッシュタグは，テレビ局による視聴者からの投稿（反応）受信に使われたり，ハッシュタグの定量化によって視聴率に代替させることも試みられている．企業が宣伝媒体として利用することもある．#OccupyWallStreet や #LibyaFeb17，#TimeToAct などのハッシュタグは運動の呼びかけや個人の意思表示にも使われた．

ハッシュタグはまた，自己表現，感情表現，自己記録のためにも利用され，他者からの承認の獲得のための呼びかけにも使われる．そこから，見知らぬもの同士のコミュニケーション（出会い）の媒介ともなる．

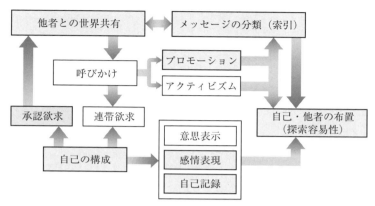

図 5-13　ハッシュタグ利用の相互関係

ただし，ハッシュタグの用法は，ソーシャルメディアによって微妙な違いも見られる．

図 5-13 は，ハッシュタグ一般の利用法の相互関係を図化したものである．どのソーシャルメディアでも，これらの用法は使われるが，たとえば Twitter では白色で示した用法が目立ち，Instagram ではグレーで示した用法が特徴的である．

ハッシュタグ利用の具体例

では具体的に，Instagram で，人気のあるハッシュタグ（情報のカテゴリー）は，どんなものだろうか．

ferret 編集部による「インスタグラム（Instagram）のジャンル別人気ハッシュタグ」（グローバル）を表 5-7 に示す．感情や気分を表現したり，あるいは「フォロー」や「like（いいね！）」を求めるハッシュタグに人気が集まっていることがわかる．

一方，日本においては，たとえば，Fashion Marketing Journal というサイトが発表している「2015 年トレンドハッシュタグランキング」がある（表 5-8）．

これによれば，日本では，イベントや，グルメや流行語，ファッションなどがハッシュタグとしてよく使われていることがわかる．第 6 章でも取り上げる「ハロウィン」が 2 位に入っているのも注目される．

表 5-7　一瞬で世界と繋がるインスタグラム（Instagram）の
　　　　ジャンル別人気ハッシュタグまとめ[17]

1. #love	19. #friends
2. #tbt ("Throwback Thursday")	20. #BFF ("Best Friend Forever")
3. #YOLO ("You Only Live Once.")	21. #me
4. #follow	22. #selfie #selfies #selfietime
5. #like4like	#selfienation #selfies
6. #l4l	23. #SS ("Selfie Sunday")
7. #follow4follow	24. #fashion
8. #f4f	25. #coordinate
9. #tagsforlikes	26. #wcw ("Woman crush Wednesday")
10. #tflers	27. #ootd ("Outfit Of The Day")
11. #instagood #instadiary #instalike	28. #outfit
#instamood #instalove #instafollow	29. #makeup
#instapic #instaphoto	30. #hairstyle #hair
12. #cute #pretty	31. #nail #footnail
13. #happy #fun #funny	32. #baglover
14. #smile	33. #kicks #ladyupshoes
15. #beautiful	34. #accessorize
16. #lol	35. #jj（NYの写真家 "Josh Johnson" の愛称.
17. #swag	彼が撮影するような挑戦的で綺麗な写
18. #girl #girls	真に）

表 5-8　インスタグラム「2015年トレンドハッシュタグランキング」発表[18]

1位	#おうちごはん	219,862 件	12位	#チアシード	24,657 件
2位	#ハロウィン(ハロウィーン)	208,376 件	13位	#おにぎらず	24,574 件
3位	#プチプラ	123,480 件	14位	#あったかいんだからぁ	
4位	#自撮り	107,107 件		（あったかいんだからあ，	
5位	#メイソンジャー	44,632 件		あったかいんだから）	24,071 件
6位	#おフェロ	41,913 件	15位	#沼サン	21,664 件
7位	#ココナッツオイル	29,852 件	16位	#セルフィー	21,290 件
8位	#ユニジョ	28,994 件	17位	#安心してください	18,844 件
9位	#リンクコーデ	27,199 件	18位	#ジャーサラダ	17,809 件
10位	#朝活	26,639 件	19位	#飯テロ	14,384 件
11位	#ラッスンゴレライ	24,891 件	20位	#スーパームーン	14,010 件

※計測期間：2015年1月1日（木）〜10月31日（土）
※計測ツール：Social Insight

図 5-14　人気のあるハッシュタグのついた Instagram 画像（左上：#おうちごはん，右上：#love，左下：#おそろコーデ，右下：#おひとりさま）[19]

Instagram と〈世論〉

とはいえ，Twitter のように，Instagram もソーシャル・アクティビズム（社会運動）の媒介としても使われる．

Instagram を通じて呼びかけの行われるソーシャル・アクティビズムはさまざまであり，東日本大震災のときには日本への支援が訴えられたし，Occupy Wall Street も Instagram を通じて参加が呼びかけられた（図 5-15）．地球温暖化問題や，紛争地域に

図 5-15　ハッシュタグとソーシャル・アクティビズム（左上：#timetoact，右上：#TimeToAct photo compaign，左下：#thegreateastjapanearthquake，右下：#occupywallstreet）[20]

図 5-16 アメリカ大統領候補たちの Instagram（左：Barack Obama, 中：Hillary Clinton, 右：Donald J. Trump）[21]

おける性犯罪問題についての問題提起もある．第 8 章でも論じる 2015 年パリ同時多発テロの際にも，関連した多くのハッシュタグが使われた．

また，アメリカでは，2008 年の大統領選挙から選挙運動にいかにソーシャルメディアを活用するかに関心が集まっている．

とくに 2016 年大統領選挙戦では，各候補の Instagram 利用が注目されているようである（図 5-16）．

Instagram と社会関係資本（劇場性）

このような Instagram の最も重要な特性は，第 2 節でも考察したように「劇場性」と言えよう．たしかに，Instagram も，友人や恋人同士の親しさを表示し，連帯性を仲間同士で確認しあうような投稿も多々見られる．それらは，Instagram が共同性の空間（社会関係資本の枠組みでいうなら結束型社会資本）を構成する．しかし，Instagram では，むしろ，自己ブランディング（集団的自己ブランディングを含む）の性格のほうが強いといえる．その意味では，社会的距離の遠い個人（集団）間を結びつける（引き合わせる），橋渡し型社会関係資本を構成するところに，とくに重きが置かれていると言える．

5. ソーシャルメディアと社会意識

本稿では，とくに LINE と Instagram に着目して考察してきたが，最後に再度，Facebook や Twitter との関係（違い）を見てみよう．

図 5-17 は，ソーシャルメディア同士の閲覧率間，および投稿率間の関係を図化したものである．

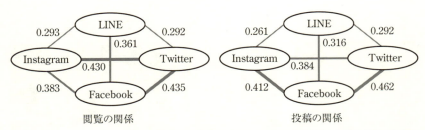

図 5-17 ソーシャルメディア利用の相互関係（数値は偏相関係数．年代，性，学歴，年収をコントロール．いずれも 0.1％水準で有意）

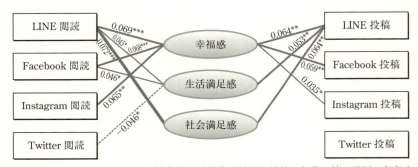

図 5-18 ソーシャルメディアと社会意識（数値は偏相関係数．年代，性，学歴，年収をコントロール．＊＊＊：0.1％水準で有意，＊＊：1％水準で有意，＊：5％水準で有意）

　これによれば，Instagram，Twitter，Facebook の三つのサービスは，閲覧率においても投稿率においてもかなり密接な関係を持っている．しかし，LINE は，Facebook とはどちらかといえば強い相関を持っているが，Instagram や Twitter とはそれほどではない．

　また，図 5-18 は，各ソーシャルメディアの閲読頻度，投稿頻度と，幸福感，生活満足感，社会満足感との偏相関を図示したものである．

　これによれば，LINE は閲読頻度，投稿頻度とも，幸福感，生活満足感，社会満足感のすべてと正の相関関係を持っている．すなわち，LINE を高い頻度で利用している人ほど，幸福感や生活満足感，社会満足感が高いということになる．

　Facebook は，閲読頻度が幸福感，生活満足感と正の相関を持ち，投稿頻度は幸福感と正の相関関係にある．

　Instagram は，閲覧頻度，投稿頻度とも，幸福感とのみ正の相関関係にある．

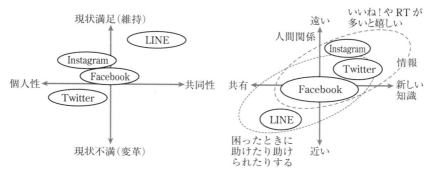

図 5-19 ソーシャルメディアと現状認識　　**図 5-20** ソーシャルメディアの特性（再掲）

　これに対して，Twitter は，閲読頻度が生活満足感と負の相関関係を持ち，その他については有意な相関関係を持たない．

　言葉を換えれば，LINE の利用頻度は自らの現状についての強い満足と結びついており，それは LINE が共同性と結びついたメディアであり，いわば「居場所」を担保しているメディアであるということを表している．

　一方，Facebook や Instagram は，共同性と劇場性／情報探索性を兼備している．Facebook では相対的に前者が強く（よって閲読率と生活満足感も相関している），Instagram は相対的に後者が強い．

　Twitter は，上記三者に比べて，情報探索性が強い．それは，現状変革への志向（言い換えれば現状に対する不満感）と結びついていると考えられる．

　図 5-19 は，これらの関係を図化したものである．この図 5-19 を，第 4 章で考察した図 4-12（図 5-20 として再掲）と合わせてみると，各ソーシャルメディアの創り出す空間の性格が，よりはっきりと理解されるだろう．

謝辞

　本調査は，2015 年度学習院大学計算機センター特別プロジェクトの助成を受けて行われたものである．

第6章

ソーシャルメディアと世界の劇場化
—— ハロウィンはなぜ〈マツリ〉化したか

遠藤　薫

1.　はじめに

　2015年10月31日午後6時頃，私は仕事帰りで山手線に乗っていた．土曜の夕刻なのに，車内はラッシュアワーのように混雑していた．「どこかで電車が遅延していたりするのかしら」といぶかしく思ったが，一緒にいた人は「ハロウィンじゃないのかな」と言った．乗客たちの服装は普通のものだったが，ほかに理由も考えられず，半信半疑で帰宅した．
　居間のテレビをつけると，画面にはハロウィンの仮装をした人びとでごった返す渋谷の街が映し出されていた．
　たしかに，この数年，日本におけるハロウィンの盛り上がりが目立つようになっている．しかし，明らかなように，ハロウィンは西欧の伝統的祭りではあっても，日本の風土に根付いた祭りではない．なぜそれが近年やたらと目立つようになっているのか．本稿では，最近のメディア環境の変化と，そこに潜む長期にわたる歴史文化的変容の層とを重ね合わせつつ考察するものとする．

2.　ハロウィンの盛り上がり

ハロウィンで盛り上がる街

　ハロウィンは，日本ではあまり広く知られているとは言えない「外国の行事」だった．たしかに，外国の推理小説などを読んでいると，「復活祭」などと同じくらいよく使われる舞台装置であるが，日本ではそれ以上のものではなかった．

　ハロウィンを日本に導入した例として，1970年代の原宿キデイランドがある．キデイランド社の広報[1]によれば，「ハロウィーンは日本ではまだ馴染みのない1970年代より関連商品を取り扱い，1980年代には日本で初めてのハロウィーン・パレードを実施」したとある．とはいうものの，この文書にも書かれているように，戦後の原宿は米軍将校たちの居住区となっており，キデイランドのハロウィン・イベントも，原宿に住む外国人顧客や，アメリカ趣味を求める人びとに向けたものだった．

　しかし，その後，ハロウィン・イベントは徐々に大きく展開していった．数年前から，たとえば六本木のスーパーで買い物をしていると，トイレから突然スパイダーマンが走り出てきてびっくりするようなことが多くなった．よく見ると，子どもの仮装だったりして，「ああ，ハロウィンで何かしているのかな」と気づいたりするようになった．

　さらに2, 3年前になると，渋谷や新宿，池袋などでも，ぎょっとするような怪奇な扮装で歩いている若い人びとを頻繁に見かけるようになった．日頃接している学生さんたちも，この時期になると「やりたい」「やってみたい」という人が増えてきた．

　そして2015年には，冒頭に述べたように，誰の目にもはっきりとわかる盛り上がりを見せるようになったのである．

　2015年，10月になると街のあちこちにハロウィン関連のウィンドウ・デコレーションが見られるようになった．たとえば，銀座ソニービル前には，ハロウィンのディスプレイが飾られたし，Amazonは，ハロウィン期間限定のリアル店舗を開いた．六本木などでは街を挙げてのイベントを開催した（図6-1）．

　とくに10月31日の夜には，渋谷などに膨大な数の若者たちが集まったと報道された（図6-2）．

2015.10.18 銀座ソニービル

2015.10.25 六本木

図 6-1　ハロウィン 2015（左上：銀座ソニービル（2015 年 10 月 18 日，遠藤撮影），
　　　　右上：六本木（2015 年 10 月 25 日，遠藤撮影），左下：Amazon リアル店舗[2]，
　　　　右下：六本木（2015 年 10 月 25 日，遠藤撮影））

毎日新聞

朝日新聞

図 6-2　報道されたハロウィン 2015（左：毎日新聞（2015 年 10 月 31 日）[3]，
　　　　右：朝日新聞（2015 年 10 月 31 日）[4]）

ハロウィンは本当に浸透しているのか

とはいうものの,実際にどの程度,ハロウィンは現代日本に浸透しているのだろうか? 筆者が2015年11月に,東京都に住む18歳から69歳の男女に対して行った「ソーシャルメディアに関する意識調査」[5](以下,「2015年11月調査」と呼ぶ)で,年中行事について尋ねた結果を図6-3に示す.

これによれば,現代日本の年中行事のうち,最も行為率(それぞれの行事を行う人の割合)が高いのは「お正月」であり,平均でほぼ8割の人が何らかの祝い事を行っている.一方,外国由来の行事のなかで最も行為率の高いのはクリスマスである.7割弱の人がクリスマスを祝っている.日本にかなり浸透しているバレンタインデー[6]の行事は,女性を中心に5割程度の人が何らかの行事をしている.これらに対して,ハロウィンは,年齢によって大きく異なっており,ハロウィンの浸透が,きわめて最近,若年層から起こっていることを示している.また,いずれの行事でも同様の傾向が見られるが,とくにハロウィンでは,女性の行為率が男性を圧倒している.

また,「ハロウィンの楽しみ方」について尋ねた結果が,図6-4である.これによれば,30代では男女とも「家族と楽しむ」が多く,「トリック・オア・トリート」に象徴される「子どものまつり」としてのハロウィンを楽しんでいるということだろう.これに対して,10代,20代では,「恋人や友人などと楽しむ」が多くなっており,仲間同士で街に繰り出して楽しんでいるのだろうと推測される.

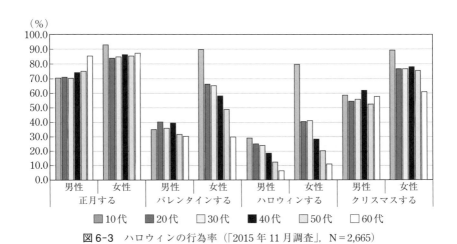

図6-3 ハロウィンの行為率(「2015年11月調査」,N=2,665)

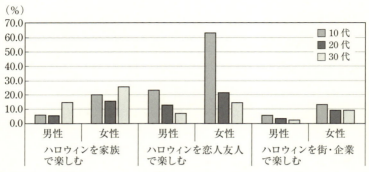

図6-4　ハロウィンを誰と楽しむか(「2015年11月調査」)

ハロウィンとテーマパーク

　ハロウィンが日本に浸透してきた径路として，まずは，「テーマパーク」と「地域」という二つの媒介が考えられる．

　テーマパークとして初めてハロウィンを取り上げたのは，二子玉川にあった「ナムコ・ワンダーエッグ」だったという[7]．「ナムコ・ワンダーエッグ」のハロウィン・イベントは，1992年に始まり，同園が閉園した2000年まで行われた．

　その後，1997年に東京ディズニーランドが10月31日限りのハロウィン・イベントを行い，1999年まで続いた．2000年からは開催期間が10月1日から31日までに延長され，2005年からは9月12日からの開催になった．2009年からは東京ディズニー・シーでもイベントが行われるようになった．2009年からはさらに開始が早められ，さまざまなイベントが行われるようになった[8]．

　関西では，2001年に開園したUSJ（ユニバーサル・スタジオ・ジャパン）が，2002年からハロウィン・イベントの開催を始めた．東京ディズニー・リゾートのハロウィン・イベントが「明るく楽しい」イメージを前面に出しているのに対して，USJ は「ホラー」を前面に打ち出している．2014年には「スペシャル・ゾンビ・モブ」という，コスプレをした2,000人が，マイケル・ジャクソンの「スリラー」を踊るというイベントも行われた．このイベントは2015年には3,000人規模に拡大された．

　そのほかにも，としまえん，ハウステンボス，ひらかたパーク，ルスツリゾートなど多くのテーマパークや遊園地で，2000年代半ば頃から，コスプレを中心としたハロウィン・イベントが開催されるようになっている．

東京ディズニーランドスペシャルイベント　　夜は「ホラー」で大絶叫！
「ディズニー・ハロウィーン」　　　　　　【ハロウィーン・ホラーナイト】USJ

図 6-5　ハロウィン・イベント（左：東京ディズニーランド，右：USJ）[9]

ハロウィンと地域

　先にも述べたように，原宿のキデイランドは 1970 年代にハロウィンを紹介し，1983 年にはハロウィン・パレードを開催した．当初は参加者 100 人程度の小規模なものだったが，その後，商店街振興組合原宿表参道欅会が主催するようになり，毎年 1,000 人を超える参加者を集める仮装パレードに発展した．2015 年には第 33 回を迎えた[10]．

　1990 年代以降，原宿以外にも，地域のイベントとしてハロウィン・パレードを行う例が増えていった．

　たとえば，「カワサキハロウィン」は，「1997 年，映画館チネチッタ（川崎区）の経営会社などでつくるチネチッタ通り商店街振興組合が始めた．夏休みと正月の間で，映画の話題作が少ない秋にも地域に人を呼び込もうと，日本ではなじみの薄いハロウィーンに着目した．パレード参加者は当初数百人だったが，口コミで評判を呼び，川崎市や駅周辺の大型商業施設も主催者として参加するようになって規模が拡大．インターネット交流サイトでコスプレを披露する若者にも人気となり，パレードには毎年十万人以上が見物に訪れるようになった」[11]という．カワサキハロウィンは川崎市が主催者として積極的にかかわっており，地域振興の重要なプロジェクトとなっている．

　そのほかにも，渋谷，恵比寿，池袋，下北沢，中野，多摩センター，南町田，新木場などさまざまな地域で，ハロウィン・イベントが行われるようになっている．

ラ チッタデッラ | KAWASAKI Halloween 2015 の公式サイト

六本木ハロウィン 2015 の公式サイト

池袋ハロウィンコスプレフェス
公式サイト 2015

たまプラ中部ハロウィン実行委員会 2015
の Facebook

図 6-6　地域イベントとしてのハロウィン[12]

3. ソーシャルメディア上のハロウィン

Google Trends で見る「ハロウィン」

　ここまで，テーマパークにせよ地域にせよ，リアルな物理空間におけるハロウィン・イベントについて見てきた．

　しかし，最近の急速なハロウィン人気の立ち上がりには，ソーシャルメディアも大きく影響しているのではないか．あるいは，ソーシャルメディア上でもハロウィン人気は観察されるのではないか．

　そこで，「Google Trends」で，ネット上での「ハロウィン」という語の現れ方を調べてみた．比較のために，ハロウィンと同様に海外起源の行事である「バレンタイン」「クリスマス」についても検索した．結果を図 6-7 に示した．これによれば，この三つの行事のうち，突出しているのは，「クリスマス」である．とはいえ，「クリスマス」の現

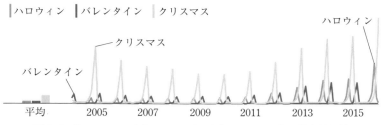

図6-7 「ハロウィン」「バレンタイン」「クリスマス」の検索量比較（Google Trends で測定）[13]

表6-1 ハロウィンと関連の高い言葉[14, 15]

仮装 100	仮装ハロウィン 100	ハロウィン仮装 100
ハロウィンディズニー 85	ディズニー 85	ディズニーハロウィン 85
ハロウィン衣装 65		

れ方にも波がある．2004年から2009年頃までは年々検索回数は減少したが，その後，増加に転じ，2015年には最大となっている．クリスマスとは段違いだが，バレンタインも同じ傾向を示している．一方，ハロウィンは，2011年頃までは，バレンタインに比べても毎年わずかな波が見られるだけだった．ところが，2013年からぐんぐん伸び始め，2013年にはバレンタインを追い抜いた．

この観察から二つのことが発見される．一つは，ハロウィン人気が近年非常に盛り上がっており，すでに一般化しているバレンタインを超える勢いを見せているということ．もう一つは，2010年代に入って，三つの行事すべてが拡大傾向にあるということである．前者については，すでに前の節でリアル空間において観察したことと一致する．後者については，この事実だけで確定的な解釈をするのは難しいが，ソーシャルメディアの利用率がこの頃ある閾値を超えたことと関係があるのではないか．この仮説については，後でまた検討する．

Twitter と Instagram 上のハロウィン

ネットユーザーたちは，「ハロウィン」を単にネット上で検索するだけでなく，「ハロウィン」をネット上に展示する．

たとえば「#ハロウィン」というハッシュタグ[16]で Twitter を検索すると，図6-8のようなさまざまなツイートがヒットする．それらのツイートの多くは，自分や仲間たちのハロウィン・コスプレであり，街をハロウィン・コスプレで練り歩く人びとを写した

図 6-8　Twitter 上の＃ハロウィン[17]　　図 6-9　Instagram 上の＃ハロウィン[18]

画像である．

　同じく，「＃ハロウィン」というハッシュタグで Instagram を検索すると，図 6-9 のような画像が「人気投稿」として表示される（第 5 章で見たように，日本語ハッシュタグのなかで，「＃ハロウィン」はきわめて人気の高いものである）．こちらの画像も，多くは，コスプレを楽しむ自撮り画像である．また，仮装のテーマは，日本のアニメやゲーム，ディズニー作品のキャラクターであり，日本的な妖怪（化け猫など）も混ざっている．「ハロウィン」というよりむしろ，コスプレ・イベントと言ったほうがよい感じさえある．

世界のなかのハロウィン——伝統行事の「異文化習合」

　このような日本におけるハロウィンの流行を，世界の状況と比較してみよう．

　図 6-10 は，前節と同じく，「Google Trends」で，「Halloween」「Valentine」「ハロウィン」「バレンタイン」の検索量を見たものである．

　世界のなかで比較すると，日本語の「ハロウィン」「バレンタイン」の情報量は微々たるものにすぎない．一方，「Haloween」「Valentine」は，アメリカ，カナダ，アイルランドなどでの情報量が多く，ヨーロッパ大陸よりも南北アメリカ大陸などのほうで情報量が多いという結果が出ている．

　また，日本人にとってもっと興味深いのは，日本では長く，バレンタインがハロウィンよりもずっと認知度が高かったが，海外では，バレンタインはハロウィンと比較すると足下にも及ばない情報量しかなかったという点である．すなわち，ハロウィンのほう

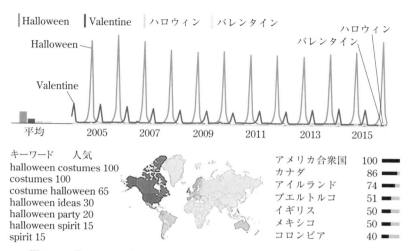

図 6-10 「Halloween」「Valentine」「ハロウィン」「バレンタイン」の検索量（Google Trends で測定）[19]

がずっと生活に根付いた行事であったということである．

日本におけるバレンタインデーの定着過程については必ずしも詳細な実証研究があるわけではないが，山田晴通（2007）などによれば，日本型バレンタインデーは「チョコレートメーカーによる販促戦略によって成立した」という通説がほぼ認められるようである．それを反映して，日本ではバレンタインデーは「(1) 贈答品としてはチョコレートに執着，(2) 女性から男性への一方通行的贈答，(3) 職場でのさかんな贈答行為，の三点」（小笠原 1998: 94）を特徴とし，「「配偶者や恋人に愛を表す日」と答える」（小笠原 1998: 95-6）米国人とは，異なる文脈に移植されたものと言えよう．

これに対して，「ハロウィン」は長いことこのような「移植」（あるいは習合）がなされていなかったが，近年，「移植」が急速に進みつつあると考えることができる．

ちなみに，グローバル世界において，「Christmas」「Halloween」「Valentine」の関係を見たのが，図 6-11 である．この図と，先に挙げた日本における比較（図 6-7）とを比べると，以下のような事実が観察される．

(1) クリスマスとハロウィンの人気差は日本に比べるとかなり近い（ハロウィンの年中行事としての位置が高い）．

(2) バレンタインは，他の二者に比べて人気が低く，2004 年から現在まで大きな変化は見られない．

(3) クリスマスは，日本ほど大きな落差ではないが，日本と同様に，2011 年頃最小

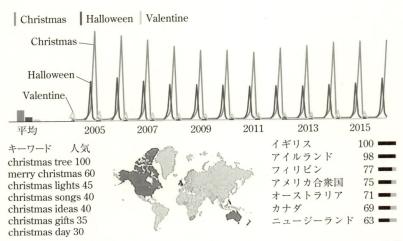

図 6-11 「Christmas」「Halloween」「Valentine」の検索量（Google Trends で測定）[20]

値となり，その後増加に転じている．
(4) ハロウィンは，日本では増加する一方だが，世界では，クリスマスと同じように，2013 年頃最小となり，その後増加に転じている．

世界における Twitter と Instagram 上のハロウィン

では，世界における「ハロウィン」は，どのように楽しまれているのだろうか．よく，「欧米諸国では，ハロウィンは子どもの祭りなので，日本のように大人たちが仮装したりすることはない」といった評論を見かける．本当にそうなのだろうか？

答えのヒントを得るために，Twitter と Instagram を #halloween で検索した結果の一部が図 6-12，図 6-13 である．これらを見れば，欧米でもやはり，非日常的なコスプレで楽しんでいる若者たちの様子が見えてくる（たしかに，コスプレの題材や，テイストに，欧米と日本の文化的差異が観察されはするものの）．

すなわち，少なくともネット上で展示される「ハロウィン」とは，若者たちのコスプレ・イベントあるいはコスプレ・パーティと言ったほうが似つかわしい．そして，コスプレの題材は，欧米のホラーストーリー，あるいはスター・ウォーズなどの SF 映画，その他のサブカルチャーである．ハロウィンのカボチャは，むろんあるにはあるが，存在感としてはかなり薄くなっている．

3. ソーシャルメディア上のハロウィン　　91

図 6-12　Twitter 上の #halloween[21]

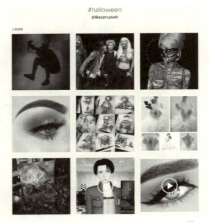

図 6-13　Instagram 上の #halloween[22]

4.　アニメカルチャーとの関係

ハロウィン，コスプレ，コミケ——若年サブカルチャーの「意味付与変容」

　ハロウィンの関連語として，コスプレ（仮装）は頻出する．

　しかし，これまで，コスプレといえば，コミケや秋葉原のメイド喫茶などのオタク文化を連想するのが普通だったように思われる．

　そこで，また Google Trends を用いて，「ハロウィン」「コスプレ」「コミケ」の検索量の推移を見てみる．結果を図 6-14 に示す．

　ここから，興味深いことが浮かび上がる．すなわち，コスプレの検索量は，2012 年まではコミケの開催時期（とくに 8 月）に年間のピークを迎えていた．しかし，2013 年以降，「コスプレ」の年間のピークは，10 月に移行する．

　この事実は，日本の社会において，これまでの若年サブカルチャーが，いわゆる「コミケ」文化から変化しようとしている現れとも考えられる．

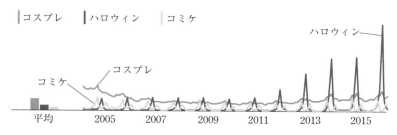

図 6-14 「コスプレ」「ハロウィン」「コミケ」の検索量（Google Trends で測定）

Halloween, Cosplay, Comic con

このような現象は，世界でも見られるのだろうか．

図 6-15 は，Google Trends で「costume」「Halloween」「Comic con」の Google における検索量推移を見たものである．海外では，ハロウィンが日本とは比較にならぬほど社会に浸透しているため，検索量も非常に多い．そのため，「コミケ」に対応する「Comic con」，「コスプレ」に対応する「Cosplay」は相対的に非常に小さい．そこで，「Cosplay」の代わりに「costume」「Comic con」と合わせて「Anime」の検索量を調べた．その結果，少なくとも「costume」と「Halloween」は毎年 10 月に集中していることがわかる．

さらに，図 6-15 では相対的に小さすぎる「cosplay」と「Comic con」だけを取り出してみると，「cosplay」は 2000 年代前半には Comic con の開催される 8 月（または 7 月）がピークとなっているが，次第に 8 月と 10 月の 2 回ピークとなってきて，2015 年には 10 月のほうが圧倒的に高くなっている（図 6-16）．

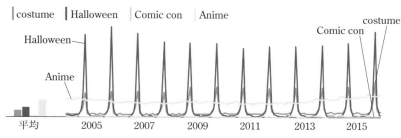

図 6-15 「costume」「Halloween」「Comic con」の検索量推移（Google Trends で測定）

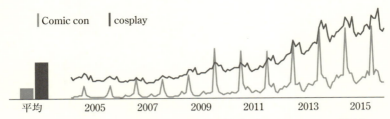

図 6-16　「cosplay」「Comic con」の検索量推移（Google Trends で測定）

その理由として，
(1) 「cosplay（コスプレ）」という若者言葉が，次第に一般化して，「costume」という一般的な言葉と同義に使われることが多くなってきた．そのため，ハロウィン時の仮装も「cosplay（コスプレ）」と呼ばれるようになった
(2) ハロウィン時の仮装として，伝統的なものだけでなく，SF やコミック，アニメなどの扮装が増え，「costume」という言葉より「cosplay」のほうがふさわしくなってきた
(3) 「Comic con」の人気が高まりつつある一方，（ソーシャルメディアによる街示効果に後押しされて）Halloween への注目も復活し，Halloween がコスプレ大会としての Comic con 的意味を持つようになってきた

などの仮説が考えられる．
　こうした仮説の正当性についてはさらに詳細な検証が必要であるが，日本の状況と地域文化的な差異と，同時代的な共通性の双方を含みつつ，海外においても，ハロウィンとネットカルチャーとが相互作用的に変容しつつあるとは言えるだろう．

5.　日本における「ハロウィン」の受容と流行の背景を考える

異文化の受容——グローバル文化の進入

　ここで改めて，なぜ日本で「ハロウィン」が流行しつつあるのか考えよう．
　誰でも容易に考えつく理由は，海外の文化に対する好奇心であろう．日本人は古くから海外文化の受容には柔軟である．鎖国の状態から開国して，それまで邪教と呼ばれていたキリスト教のイベントであるクリスマスをただちに日本社会の行事として積極的に取り入れていった（この過程について，詳しくは遠藤（2009a）参照）．
　とはいえ，海外ではクリスマスに準ずる行事であるハロウィンは，知識としては早く

から知られていたものの，これを季節の行事として享受するようになったのは，すでに見たように，かなり最近のことである．

なぜハロウィンはなかなか日本の社会に入ってこなかったのか．

遠藤（2009a）で論じたように，「クリスマス」は，現在キリスト教の聖誕祭とラベル付けされているものの，実際には「サンタクロース」が象徴する「年神」「冬至神」信仰であり，世界にかなり普遍的に分布するものである．したがって，日本社会は，それ以前の伝統的冬至（歳末）行事と重ね合わせるかたちでクリスマスを受け入れることができた．しかもクリスマスの民俗信仰性は，キリスト教化されることによって，西欧社会における正統性（ハイカルチャー）を背負って導入されたのである．

これに対して，西欧社会でハロウィンは異教的な祭りとみなされてきた．モートン（L. Morton）によれば，「ハロウィーンはもっとも悪魔に取り憑かれた日というありがたくないレッテルを貼られ，キリスト教団体からは「悪魔の誕生日」呼ばわりされ，当局からは一般市民への安全にかかわるものとして危惧され」（Morton 2012＝2014：7）てきた祭りだった．海外文化を導入する際，非正統的な文化をあえて受け入れようとすることは少ない．その結果，「世界中の愛国的指導者からは自国固有の伝統に相反するものとしてその伝播を糾弾され」（同：7）ることもあっただろうし，日本においてはほとんどその存在を認められてこなかったのである．

流行の契機
——コマーシャリズムによるサブカルチャーとハイカルチャーの逆転

それがなぜ，最近になって，状況が変化してきたのか．

モートンは，ハロウィンが「近年では強力なコマーシャリズムに後押しされて合衆国から全世界に送り出される輸出品」（Morton 2012＝2014：7）としての役割を担うようになって，イベントが活発化してきたと指摘する．

たしかに，すでに見たように，日本にハロウィンを紹介するうえで大きな影響力を持ったのは，戦後多くの外国人が住んだ原宿で，外国人および外国文化に強く惹かれる若者たち向けの輸入玩具店であり，また，東京ディズニーランドやUSJといった，まさにアメリカのエンターテインメント産業のトップ企業であった．

そして，現代社会のなかで，年中行事の宗教的意味が薄らいでいくとき，エンターテインメントやコマーシャリズムの視点からは，新奇さ，キッチュさ，賑やかさ，気楽さ，大衆性，参与性などが何より重要である．かつて重要視された「正統性」よりもむしろ「非正統性」のほうがおもしろいと感じられる．こうして，娯楽商業主義の拡大は，ハイカルチャーとサブカルチャーの位置を逆転させるのである．

この逆転の結果，かつては文化受容の障壁となった「自国固有の伝統との相克」という問題も意味をなさなくなる．それはたかが「誰もが乗ることのできる流行のイベント」であり，深刻に扱うべきものではないのである．

ハロウィンにおける民俗学的古層との接続
── 多くの「流行論」が見逃してきたこと

さてしかし，先にいったん捨てた要因を，流行の潜在的因子として再びここで検討したい．

それはすなわち，人類に普遍的でありつつ，それぞれの社会においてローカル化されてきた，しかし現代では一見忘れられたかに見える「民俗的行事」の古層である．

すでにクリスマスについて簡単に触れた[23]ように，現代では（宗教さえ超えて）世界中に広まっている「クリスマス」行事は，その出自をたどれば，必ずしもキリスト教に固有の行事ではなく，世界のほとんどの地域でローカルな「民俗行事」として営まれてきた「冬至祭」「越年祭」の，現代化・商業化されたバージョンにすぎない．だからこそ，クリスマスは，潜在的にはそれぞれの個別社会の「冬至祭」「越年祭」のモダンなリニューアルとして，受容されたのである[24]．

そこであらためて，「民俗行事」としての「ハロウィン」について概観してみよう[25]．

ハロウィンの起源などは（古い風習の多くがそうであるように）必ずしも十分に解明されていない．キリスト教が浸透する以前のヨーロッパにおけるケルト人の祭礼が，キリスト教と習合し，さらにその後さまざまな伝説と結びついて今日に至ったものと考えられている．モートン（Morton 2012＝2014: 14）によれば，ハロウィンは四つの特徴を持っている．第一に異教徒的歴史とキリスト教的歴史を併せ持っていること，第二に，秋の終わりで冬の始まりに位置づけられ，収穫祭の性格を持つこと．第三に，死者（祖先）の祭りであること．第四に，新年祝祭の意味も持ち，祝祭的な乱痴気騒ぎを伴うこと，である．

このような特徴は，本来的にはクリスマスと類似であり，行儀の悪い（制度化されていない）クリスマスと言えなくもない．そして，収穫祭，新年祝祭，あるいは死者（祖先）の祭りは，（その表現はさまざまであるにせよ）世界中に普遍的に分布しているものである．

たとえば日本では，盆の行事は，ハロウィンに相当する性格を持つと考えられる．柳田國男によれば，盆は，その起源を仏教伝来以前に遡る祖霊信仰の祭りであり，死者たちがこの世に戻ってくるときでもある．筆者は1990年代半ばの一時期，長野県松本市の大学に勤めていたが，ある盆の宵，数人の子どもたちが提灯を持って隊列をつくり，

家々を訪ねてはお菓子をねだっている情景を見た．まるでハロウィンのトリック・オア・トリートのようだと，深く印象づけられた．盆の行事には，仮装や踊りも付きものであり，そうした面からも盆とハロウィンが通じ合う行事であるといえる[26]．

このような行事は，都市化の進んだ今日の日本においては，古くさい迷妄のようにも感じられ，またそもそもその存在自体が忘れ去られようとしている．とはいうものの，近年，盆踊りなどの行事が復活の兆しを見せ始め，またその現代的リニューアルとしてのYOSAKOIが各地で開催されるなどの動きもある．

サブカルチャーの領域では，精霊や妖怪を主要なキャラクターとしたマンガやアニメが人気作品の多数を占め，サブカルチャーの祝祭地であるコミケや秋葉原などには，そうした作品群のキャラクターに扮したコスプレイヤーたちが闊歩している（コミケは，まさに，盆と年末に開催される）．

このとき，仮装／コスプレという特性が橋渡しとなって，潜在的［ハロウィン＝盆］の祝祭が，日本において盆／コミケから，ハロウィンへと拡大したと考えられるのではないか．前節で見たように，「コスプレ」検索量のピークが，8月から10月へ移動しているのは，まさにこのようなハロウィンの受容過程を端的に表しているのではないか，とも考えられるのである．

このような構図を図化したのが，図6-17である．

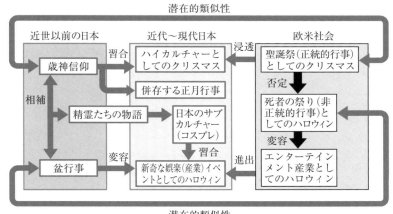

図6-17 ハロウィンの日本化過程と普遍的潜在的民俗信仰の関連

ソーシャルメディアを介した世界の劇場化

　そして，さらにもう一つ，古層とは真逆の，現代今まさに起こりつつある情報環境の転換についても考慮する必要がある．

　流行というものは，ヴェブレン（T. B. Veblen）の「衒示的消費」概念を借りるまでもなく，〈流行を身にまとっている私〉を外部に展示し，他者と共有しえることが前提となる．

　祝祭もまた，個々人の変身を周囲に顕示し，かつ共有しえる空間を必要とする．

　古い社会であれば，それは村落の教会や寺社などに設けられた聖なる空間であったろう．

　近代になって，社会の都市化が進んだとき，聖なる空間は都会の「盛り場」と呼ばれる空間へと移行した．そこには，それ以前とは比較にならないほど多くの，多種多様な人びとがいた．その見知らぬ他者たちが，都市という空間を劇場として行う孤独な祝祭が，あるいは他者への無言の呼びかけが，〈流行〉と呼ばれるスタイルの共有なのかもしれない．

　20世紀になって，人びとは物理的な劇場としての都市空間以外に，もう一つ別の次元の劇場空間を獲得した．それが，マスメディアと呼ばれる空間である．新聞，雑誌，ラジオそしてテレビなどは，普通の人びとがそこに関与することはまずできなかったが，彼らは観客席を提供され，眼前で，非日常的なスペクタクルが展開するのを鑑賞することができるようになった．

　さらに20世紀後半，ソーシャルメディアの世界的普及は，世界に新しい劇場空間をもたらした．Twitter, Facebook, YouTube, Instagramといった，とくに2000年代半ば以降に普及したソーシャルメディアは，自分の意見を表明するだけでなく，むしろ自分の姿を展示する空間として，その範囲を拡張しているように観察される．もはや人びとはマスメディア空間の観客席に縛り付けられている必要はなくなった．人びとは都市の盛り場に出て行く必要もなくなった．人びとは自分の変身（コスプレ）を見てくれる他者さえ必要としなくなった．人びとは，自らの俳優となり観客となることが可能になった．まさしく「自撮り（セルフィー）」したフォトジェニックな自己像を，ソーシャルメディアに自在に展示することによって，それは自己完結した営みのようでありながら，「いいね！（like）」や「RT（リツイート）」というかたちで，他者の承認を獲得することまで可能にするのである．

　古い異教徒の祝祭であったハロウィンが，近年，日本だけでなく世界規模で新しいかたちの祝祭となりつつあるのは，人びとの生きる空間のこのような変容によるところも

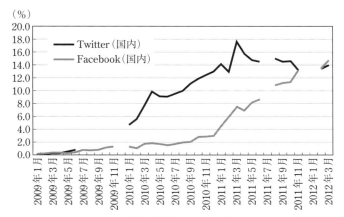

図 6-18 ソーシャルメディアの国内利用率推移（データ出所：『平成 24 年版情報通信白書』[27]）

大きい．このことを裏付けるように，ハロウィン人気がとくに高まったのは，図 6-18 に示したような，ソーシャルメディアの普及が一気に立ち上がった時期と一致しているのである．

6. おわりに——グローバル間メディア社会における文化習合と劇場としてのソーシャルメディア

　結局，われわれの社会が，原初的村落共同体から，世界宗教の世界観をベースとした社会へ，さらには，資本主義化・都市化の進んだ社会へと変容していくなかで，個々に異なる径路をたどりつつも，社会の「死と再生」の祝祭（端的には，新年祝祭／祖霊祀り）は，変化を遂げてきた（図 6-19）．

　20 世紀以降の世界においては，個別の国や地域におけるローカルな祝祭は，グローバル資本主義の重要な核となる娯楽産業として市場化され，国や地域ごとの差異はそのなかに回収されていくかに見えた．

　そして，20 世紀末以降，ソーシャルメディアの世界的普及は，グローバル空間とローカル空間を自在に往復する，あるいはそれらを融合する，仮想的グローバル空間を生み出した（かつて，マクルーハンが「グローバル・ビレッジ」と呼んだように）．この仮想的グローバル空間は，ただし，決して，ソーシャルメディア上にのみ存在するものではなく，実体的な仲間同士の協調行動，都市空間における群衆行動，それらを映し出すマスメディア空間，そしてソーシャルメディア空間が，相互に反射し合いつつ，全体と

100　第6章　ソーシャルメディアと世界の劇場化

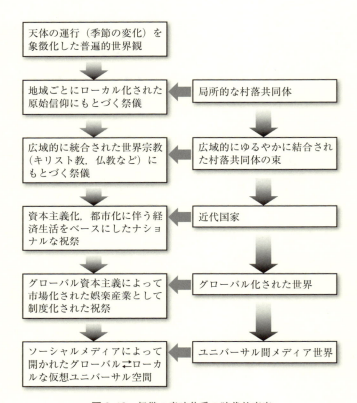

図6-19　祭儀の意味体系の時代的変容

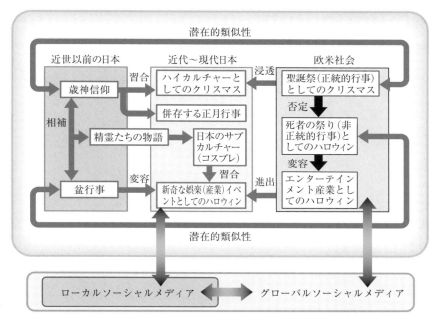

図 6-20　グローバル間メディア社会におけるグローバル文化と
　　　　　ローカル文化の習合と劇場としてのソーシャルメディア

してダイナミックなコミュニケーション空間を構成する，「間メディア」空間であることに留意しなければならない（図 6-20）．

　近年の，新たな形式のハロウィンの世界的流行は，まさにこの，グローバル間メディア空間を，広大な劇場として展開されているのである．それが，私たちの未来をどのような方向へ向かわせようとしているのか．今後さらに検討を加えていく必要がある．

第7章

間メディア社会におけるフラッシュモブ：「バルス祭り」と「バルス離れ」
―― メタ複製技術時代の〈アウラ〉は市場化できるのか

遠藤　薫

1.　はじめに

　ハロウィンから約2か月後，ネットは一つの言葉で賑わっていた．「バルス」あるいは「バルス祭り」という言葉である．ナンセンスな行動を呼びかける「バルス祭り」とは何か．その結果はどうなったのか．

　前章で検討した現代のハロウィンには，もう一つの特性がある．フラッシュモブとしての特性である．

　フラッシュモブとは，本来は，「ネットを介した呼びかけによって，まったく知らぬもの同士がほとんどナンセンスな行動をとることを楽しむ」ものであった．2000年前後から盛んになり，当初は「無意味な群衆（モブ）」プロジェクトとも呼ばれた．日本では，フラッシュモブというよりも「祭り」あるいは「ネタ（大規模）オフ」と呼ばれ，2ちゃんねるを媒介にさまざまなパフォーマンスが行われた．

　ハロウィンのフラッシュモブ的性格とは何か．

　本稿では，遠藤（2004）でも検討したフラッシュモブ／ネタオフが，その後10年以上の時を経て，どのように変容してきたか，あるいは変容しなかったかについて，2016年1月15日に行われた「バルス祭り」の経緯をベースに，考察を加えるものとする．

　それは単に一時的で気まぐれな集合行動のプロセスを記録するという目的のためではなく，ネット社会（間メディア社会）に特徴的な文化的実践を通じて，むしろ，その背

2. 「バルス祭り」と『天空の城ラピュタ』

2016年の「バルス祭り」

　2016年1月5日，日本テレビ系列の『金曜ロードSHOW！』で1月15日に宮崎駿監督の傑作アニメ映画『天空の城ラピュタ』（1986年公開）のノーカット版が放送されることが発表された．これを受けて，図7-1のようなツイートが続々と投稿されるようになった．図7-1のツイートでもそうであるように，こうしたネットユーザーの間では，『天空の城ラピュタ』と「バルス祭り」とが一体のものとして了解されている感すらある．

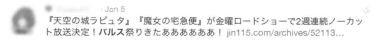

図7-1　ラピュタ放送発表を受けてのツイートの例

「バルス祭り」とは何か

　「バルス祭り」とは，宮崎駿監督の傑作アニメ映画『天空の城ラピュタ』（1986年公開）のテレビ放映に合わせて行われる，ネットを介したナンセンスな集合行動である．

　アニメ映画『天空の城ラピュタ』は，19世紀初頭の世界を舞台として，空中王宮を支える飛行石のかけらを手に入れようとする国防軍と政府調査機関の特務将校ムスカの野望に，ラピュタ王族の血を引き，飛行石をペンダントとして持っている少女シータが，少年パズーとともに立ち向かうという物語である．1986年の劇場公開時の観客動員数は77万人，配給収入は5.8億円で，ジブリ作品のなかでは最低の記録であった．1988年4月に日本テレビ系列の『金曜ロードショー』枠で初めて放送されたときも，12.2%と高い数字ではなかった（図7-2）．しかし，その後，（ネットで人気のある作品のよくたどる道[1]だが）人気に火がつき，1989年以降，2年に1度くらいの割合で再放送が行われ，ジブリ作品のなかでも人気の高い作品となった．

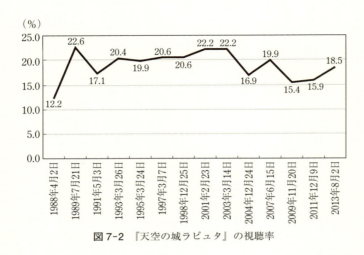

図7-2 『天空の城ラピュタ』の視聴率

　このアニメのなかでも，とくに人気の高い場面が，ムスカに奪われた飛行石を取り返したシータが，昔教わった「滅びの言葉（バルス）」をパズーと唱えるシーンである．ファンたちは，主人公たちが「バルス」と唱えるのに合わせて，ネットに「バルス！」と打ち込む．その瞬間，ネット（に接続した端末画面）上に，無数の「バルス！」が流れる（このとき，大量の「バルス！」によって，ソーシャルメディアのサーバーがダウンすることもある）．これがバルス祭りである．それは，物理的には一人一人の無言の行為でありつつ，日本中（海外からもアクセスはある）のテレビの前のファンたちと，（擬似的に）声を合わせて「バルス！」と叫ぶという熱狂的一体感を味わえる瞬間でもある．

バルス祭りの発生と拡大――擬似イベントの増殖

　バルス祭りがいつから始まったのか，はっきりした記録はないようである．
　当事者的な記述としては，Takaという人が，『ガジェット通信』に次のような記事を載せている．

　　ネットユーザーのみんなで一緒になって大量に滅びの呪文「バルス」を同時に書き込んで，どこかしらのサーバを滅ぼす（落とす）のが「バルス祭り」というのであれば，筆者が最初に記憶しているのは2001年2月23日の放映のもの．場所は『2ちゃんねる』であった．
　　［……］
　　（引用者注：当時）『2ちゃんねる』の『ニュース速報板』（当時は『時事ニュース板』

だったか）には，なにかあるとすぐスレッドがたっていて，テレビで放映されている番組についてのリアルタイムでの書き込みなどもなされていたように記憶している．そして2001年の2月23日，ラピュタの放映がはじまるとスレッドがいくつかたち，主人公たちがムスカと対峙する「バルス」のシーンではそのセリフを言う前から異様な盛り上がりをみせ，「バルス」というタイトルのスレッドが乱立しついには『2ちゃんねる』のサーバが落ちるという結果となった（呪文を唱える前から，もうつながらなくなったような……）．『ニュース速報板』以外のアニメ板などでも同様にスレッド乱立していかかもしれないが未確認である．いずれにせよ滅びの呪文「バルス」で『2ちゃんねる』のサーバ全体が落ちるという，いかにも『2ちゃんねる』らしいおバカな展開に「流石だなあ」と感銘を受けたのを記憶している．[2]

「バルス祭り」はその後ますます盛んになっていった．やがてその主たる舞台は，Twitterなどに移行していった．図7-3はGoogle Trendsで，2004年以降の「バルス」「ラピュタ」の「人気度」の推移を見たものであるが，いずれのキーワードも，『天空の城ラピュタ』のテレビ放映があったときにピークを示している．早い時期には，当然のことながら，「ラピュタ」のほうが「バルス」よりもずっと多いが，次第にその差は縮まっていき，2013年には，ほぼ同じレベルになっている（表7-1も参照）．

いわば，『天空の城ラピュタ』という作品から生じた派生現象が，本体と同等の存在感を獲得したともいえる．アメリカの社会学者ブーアスティン（Boorstin 1962 = 1974）は，幻影（模造）が実体を意味づける「擬似イベント」を現代の特徴として論じたが，バルス祭りはまさにその例と言えるだろう．

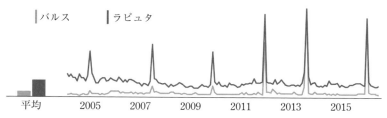

図7-3 「バルス」「ラピュタ」の人気度推移（Google Trendsで2016年7月30日に検索）

表 7-1 「バルス」「ラピュタ」の人気度の推移[3]（Google Trends で 2016 年 7 月 31 日に測定）

	2004年12月	2007年6月	2009年11月	2011年12月	2013年8月	2016年1月	平均
バルス	6	9	10	46	100	69	5
ラピュタ	54	51	39	68	98	85	16
視聴率（％）	16.9	19.9	15.4	15.9	18.5	17.9	
最大秒間ツイート数[4]（TPS）				25,088	143,199	約5万5000	
放送日のバルス関連ツイート数[5]		106	32,140	1,066,990	4,314,588	1,885,599	

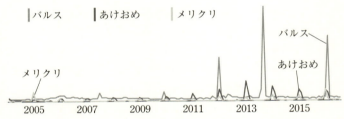

図 7-4 「バルス」「あけおめ」「メリクリ」の人気度推移
（Google Trends で 2016 年 7 月 31 日に検索）

しかもこの擬似イベントは，もっと生活に根ざした行事であり，以前から通信量の爆発的増大が問題視されている「あけおめ」（あけましておめでとう）メッセージや「メリクリ」（メリークリスマス）メッセージを越える，膨大な通信量が観察されているのである（図7-4）．ネット上で「バルス祭り」が無視できない共感を集めていることがわかるだろう．

バルス祭りの変容――「バルス離れ」は起こったのか？

このように，時が経つにつれて，「バルス祭り」は右肩上がりに拡大してきた．

やがて，その動きには，擬似イベントへの直接の参与者だけでなく，多様なアクターたちからさまざまな期待が寄せられるようになった．

それは 2011 年頃から次第に目につくようになった（このあたりから，バルス祭りの舞台が Twitter に移行したことと関係があるかもしれない）．

とくに 2016 年には，さまざまな業界が，バルス祭りをプッシュする動きを見せた．
主なものを挙げれば，
① 『金曜ロードSHOW！』自ら，特設サイトで「バルス！みんなの時刻予想」といった企画を同時開催し，テレビでのバルス放送時間を秒単位まで当てた人にはプレゼントを提供するなどした
② NTT データは，「バルス」のツイート量をリアルタイム計測する実況中継を行った
③ タニタは，「バルス」の代わりに「タニタ」とツイートしてほしい，とツイートし，もし「タニタ」のツイート数が「バルス」に負けたら，1日だけ社名を「バルス」に変更すると宣言した（「タニタ」は負け，社名は1日だけ「バルス」になった）
④ Twitter 社も，「今日の夜の「金曜ロードショー」を心待ちにされている皆さん，ぜひ Twitter を片手にお楽しみください」などとツイートした
⑤ ニコニコ生放送では，「バルス祭り」の実況生放送を行った
などである．

また NHK さえもが，深夜に放送している『NEWS WEB』で，バルス祭りの状況を報じた．

しかしながら，これらのアクターたちの期待は必ずしも実現しなかった．

あるオンラインの IT ニュースサイトは 2016 年のバルス祭り後直ちに，「Twitter ユーザーの"バルス離れ"か？ 秒間バルスツイート数の記録更新ならず，前回から半減」という見出しの記事[6]を出した．

3. 〈祭り〉とフラッシュモブ——バルス祭りと「ハロウィン」

2 ちゃんねるのネタオフ

先にも見たように，「バルス祭り」は，2000 年頃，少なくとも 2 ちゃんねるで行われていた[7]．当時，2 ちゃんねるではこの類のネタが盛んに遊ばれていた．それらはしばしば〈マツリ〉と呼ばれた．たとえば，「田代祭」[8]「川崎祭」[9] などはその初期の例である．

その後，〈ネタ（大規模）オフ〉などと呼ばれるマツリの一種が盛んになった．

詳しくは遠藤（2004, 2007）などを参照していただきたいが，主なマツリ／ネタオフを表 7-2 に示す．

これらに共通する特性として，
(1) イベントを呼びかけるものも，参加するものも基本的に匿名
(2) イベントは基本的に無目的，無意味

表7-2 主なマツリ／ネタオフ

名称 （正式なものはない）	時期	内容
吉野屋オフ	2001年〜	2001年12月24日に「明日（24日）暇だから吉野家にでも集まろうよ」というスレッドが2ちゃんねるに立ったことから始まる．最初はあいまいな呼びかけにすぎなかったが，次第に具体的な計画となり，しかも，全国各地で同時に行われた．
ムネオハウス	2002年	2ちゃんねるのテクノ板で，「ムネオハウス—アシッドハウス」というスレッドが立ち，1週間後に本当に「ムネオハウス」という楽曲が作られた．その後次々とムネオハウスの楽曲がネット上で公表され，数百曲にまで達した．さらに各地のクラブで，ムネオハウスのイベントが行われた．
マトリックスオフ	2003年〜	映画『MATRIX RELOADED』の一場面を模して，公共の場所で，ネオに扮した一人を多数のエージェントスミスが追いかける，というイベント．日本全国で行われ，多くのネットユーザーが参加した．
折鶴運動	2003年	2003年8月1日に広島市平和記念公園の折鶴が放火により焼失したことが報道された直後に，2ちゃんねる掲示板の大規模オフ板に「われわれが14万羽の埋め合わせをしよう」との呼びかけが投稿され，多くの人びとがこれに応じたもの．

（3）その場限りで終了することが基本
（4）瞬間的でバーチャルな連帯の感覚を味わうことが主たる動機
などが挙げられる．

また，多くはフラッシュ動画として記録され，ネットにアップされ，ユーザーたちの共有記憶となった．

フラッシュ・モブの系譜

海外でも，「ネタオフ」と類似の，ネットを媒介としたナンセンスな集合的パフォーマンスが1990年代から目立つようになった．2003年に「ビル」と名乗る男性が，マンハッタンのメーシーデパートでのモブ・プロジェクトを企画して話題を呼んだ．彼は，電子メールを使って人びとを集め，存在しない商品について店員にあれこれ尋ねたあげく，ぱっと解散するというナンセンスなプロジェクトを企画した．その後，ネットなどを通じて不特定多数に対して呼びかけを行い，それに応じて特定の場所（公共空間）に集まった人びとが，突然，パフォーマンスやダンスを行う「フラッシュモブ」が，世界

表7-3 代表的なフラッシュモブ

名称 （正式なものはない）	時期	内容
クリティカル・マス運動	1992年頃～	自動車による環境破壊に対する抗議や，反戦運動を諧謔でくるみ，誰でも参加しやすいかたちをとったもの
ゲリラギグ	2003年～	メッセンジャーを利用して人を呼び集め，地下鉄内で音楽演奏を行う
フラッシュモブ・コンピューティング	2004年～	コンピュータ科学者のチームが数百台のパソコンをつないで即席のスーパーコンピュータを構築する
セブ刑務所の「スリラー」	2007年～	フィリピンのセブ刑務所で，囚人の訓育のために，およそ1,500人の囚人たちが「スリラー」を踊るモブ画像が人気を呼んだ
Isaac's Live Lip-Dub Proposal[10]	2012年	家族や友人によるサプライズ・プロポーズ

各地で行われるようになった．

これも詳しくは遠藤（2004, 2007）などを参照していただきたいが，代表的なフラッシュモブを表7-3に示す．これらは，一種の集合的パフォーマンス・アートを目指しており，互いに見知らぬ人びとが，端的に，一瞬の「おもしろさ」を追求するために集まり，またちまたの喧噪のなかに散っていくのを特徴とする．

また，フラッシュモブは2005年頃からYouTubeにアップされ，おもしろければ世界中から大量のアクセスを集めるようになった．これにより，無名の個人のパフォーマンスでも，おもしろければ一躍世界的に有名になることが可能であることが知られるようになった．したがって，YouTubeを自己顕示の舞台として利用しようとするユーザーも多くなったのである．

4. 間メディア社会における〈マツリ〉の特性と遷移

フラッシュモブの変化

このような現象が目につくようになると，有名人たちも，自己プロモーションの一環として，YouTubeやフラッシュモブを使うようになり，やがてそれが当たり前の光景になっていった．

たとえば，アメリカでもっとも有名なテレビ司会者であるオプラ・ウィンフリーは，2010年，自身のテレビ番組が24シーズン目に入ったことを記念して，Black Eyed Peas

の「I Gotta Feeling」を20,000人で踊るというフラッシュモブを行い，その様子をYouTubeにアップしている[11]．

またT-mobile社はヒースロー空港を舞台に行った大がかりなフラッシュモブをCMとして用い，その動画はYouTubeでも人気を呼んで，膨大なアクセスを集めた．

いまや，「フラッシュモブ」は，無名の個人の思いもかけないようなアイデアやパフォーマンスの舞台というよりも，優れた企画力を持つ組織が仕掛ける大がかりな「サプライズ」に，ユーザーたちが喝采するという，ブーアスティンが「擬似イベント」と呼んだようなものへと変化していったのかもしれない．

ブーアスティンの言う「擬似イベント」とは次のような性格を持つものである（Boorstin 1962=1974：19-20，遠藤による抄録）．

1) 擬似イベントは自然発生的でなく，誰かがそれを計画し，たくらみ，あるいは扇動したために起こるものである
2) 擬似イベントは，いつでもそうとは限らないが，本来，報道され，再現されるという直接の目的のために仕組まれたものである．それゆえ，擬似イベントの発生は，報道あるいは再現メディアのつごうのよいように準備される．擬似イベントの成功は，それがどれくらい広く報道されたかということによって測られる．

表7-4　代表的なフラッシュモブ

名称 （正式なものはない）	時期	内容
マイケル・ジャクソン追悼フラッシュモブ	2009年 7月〜	スウェーデンのストックホルムでマイケルのファンが追悼のフラッシュモブを行う．その動画がYouTubeにアップされ，世界に広がる https://www.youtube.com/watch?v=lVJVRywgmYM （YouTube再生回数13,743,387，2016.2.12時点）
オプラ・ウィンフリー・ショウの24シーズン突入を記念した20,000人フラッシュモブ	2009年 12月	オプラ・ウィンフリー・ショウの24シーズン突入を記念して開催 https://www.youtube.com/watch?v=1aSbKvm_mKA （YouTube再生回数10,092,014，2016.2.12時点）
The T-Mobile Welcome Back	2010年 10月〜	通信企業T-mobileのCM https://www.youtube.com/watch?v=NB3NPNM4xgo （YouTube再生回数15,204,189，2016.2.12時点）
A DRAMATIC SURPRISE ON A QUIET SQUARE	2012年〜	ベルギーのTNTというテレビ局のCM https://www.youtube.com/watch?v=316AzLYfAzw （YouTube再生回数53,967,662，2016.2.12時点）

3) 擬似イベントの現実に対する関係はあいまいである．しかも擬似イベントに対する興味というものは，主としてこのあいまいさに由来している．
　　4) 擬似イベントは自己実現の予言としてくわだてられるのがつねである．
　ブーアスティンは，「マスコミが製造する事実」として「擬似イベント」概念を提示したのだが，今日では，ソーシャルメディアもまた「擬似イベント」の創出に大きく貢献していると言えよう．ソーシャルメディアのマスメディア化が現在進行しているとも言える．

マーケティング戦略としての〈マツリ〉

　〈マツリ〉はそれ自体がコンサマトリー（自己目的的）な現象である．人びとは，何らかの外的な目的のために〈マツリ〉を行うのではない．無目的な熱狂のなかに，まさに生の根源を体感するのである．しかしながら，このような〈マツリ〉は，参加者たちは意図しない影響を他に及ぼす場合がある．これを，意図的に流行化し，何らかの購買行動へ結びつけることができれば，マーケティングに利用することができると期待される．
　上記のようなフラッシュモブの流行も，当初は，無名の個人たちによるコンサマトリーなパフォーマンスであったが，次第に「擬似イベント化」し，そのことによって，消費資本主義の新たな武器とみなされるようになりつつある．
　口コミ・マーケティング，バイラル・マーケティング，参与型マーケティングなどと呼ばれるマーケティング戦略は，インターネットの初期から関心を集めていたが，いまや，その戦略は，洗練され，ネットユーザーの支持も得つつあるように見える．

日本におけるネタオフ／フラッシュモブの変容
── AKB とサプライズ・プロポーズ

　このように，世界においても日本においても，ネタオフやフラッシュモブの性格は2010 年前後から徐々に変容していった．
　日本におけるマツリ／ネタオフは，2 ちゃんねるから始まり，2010 年前後から，Twitter や Instagram に主たる舞台を移した．
　2 ちゃんねるでは，マツリやネタオフはインターネットで緩やかにつながった「孤立した個人」たちによる無目的な（あるいは偽悪的な）集合的行為の創発を追求するものであり，「なれ合い」（他者との安易なつながり）を拒絶する姿勢に特徴があった．
　しかし，2 ちゃんねるよりも，海外の「フラッシュモブ」に影響を受けたパフォーマンスとしての「フラッシュモブ」は，「リア充」（実生活が充実していること．端的に，

恋人を持ち，たくさんの友人と密なコミュニケーションをとっており，お洒落で活動的な生活スタイルをとっていること）の証しとして，「フラッシュモブ」に参加したり，これを干渉したりすることに興味を持つような対象となっているように思われる．

たとえば，先に挙げた Isaac's Live Lip-Dub Proposal は世界中の感動を呼んだが，その後，これを真似した多くのフラッシュモブが YouTube にアップされた．さらにそれにとどまらず，ちょっとお洒落なプロポーズをしたい人のために，多数の「サプライズ・プロポーズ」代行業者までできている．実際，筆者のゼミにいた学生の結婚式（2014年）でも，広告代理店に勤める友人が企画したサプライズ・プロポーズが行われたが，列席者たちもたいして驚かなかったところを見ると，かなり一般化しているのだろう．

また，2010年代に爆発的な人気を獲得した AKB48 と関連グループのプロモーション

表 7-5　AKB グループの経緯

2005 年 12 月 8 日	AKB48 劇場で初公演
2006 年 2 月 1 日	シングル『桜の花びらたち』でインディーズデビュー
2006 年 10 月 25 日	シングル『会いたかった』でメジャーデビュー
2007 年	「アキバ枠」で『第 58 回 NHK 紅白歌合戦』に出場
2009 年 6 月〜7 月	『第 1 回選抜総選挙』（以後，毎年開催）
2009 年	14th シングル『RIVER』で初のオリコンウィークリーチャート 1 位を獲得
2010 年〜	次々と大ヒット曲
2011 年	22nd シングル『フライングゲット』で日本レコード大賞を受賞
2012 年	『恋するフォーチュン・クッキー』
2014 年 3 月	35th シングル『前しか向かねえ』で 3000 万枚突破を記録

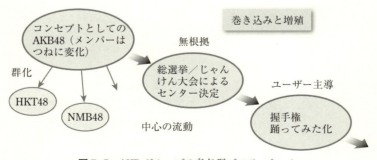

図 7-5　AKB グループの参与型プロモーション

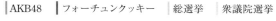
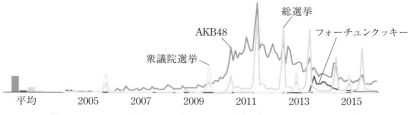

図 7-6 AKB に関連したキーワードの動向（Google Trend で測定）

も，参与型プロモーションの代表例として挙げられるだろう（図 7-5）．

当初（2000 年代），AKB のファンたちの参与行動は，「オタ芸」とよばれる 2 ちゃんねる的（オタク的）なパフォーマンスだったが，2012 年に発売された「恋するフォーチュン・クッキー」では，ファンたちによるフラッシュモブ的なダンス動画が次々と YouTube にアップされ，大きな話題を呼んだ．

これらの動画では，「オタク」的な雰囲気は払拭され，「かわいさ」「関係性」が強調され，地域自治体，企業，学校などの組織的な参加が目立った．フラッシュモブが，市場化されるとともに，社会化されたとも言えるだろう．

図 7-6 は，AKB に関連したキーワードの動向を，Google Trend で測定した結果である．このグラフから，「総選挙」という言葉の検索動向は，「衆議院選挙」のそれと連動しているよりは，「AKB48」の動向と連動していることが見てとれる．すなわち，AKB 人気が，「AKB 総選挙」という参与型マーケティングと大きくかかわっていることがわかるだろう．

ハロウィンとゾンビ・モブ

このような文脈からするならば，前章で考察した「ハロウィン」の流行と「フラッシュモブ」とのかかわりを見逃すわけにはいかないだろう．それを具体的に表しているものとして，ハロウィンにおけるゾンビ・モブを挙げることができる．

前章にも述べたように，USJ では 2015 年 10 月 31 日夜，『スペシャル・ゾンビ・モブ 2015』と称するイベントを開催した（図 7-7）．これは，「多種多様に進化したストリート・ゾンビ軍団とゾンビの仮装をしたゲスト約 3,000 人が集結，この日限りの特別な振り付けで」[12]，マイケル・ジャクソンの「スリラー」を集団で踊るものである．USJ はこのイベントを 2014 年にも 2,000 人で開催したが，好評だったため，規模を拡大したという．

114　第7章　間メディア社会におけるフラッシュモブ：「バルス祭り」と「バルス離れ」

図7-7　USJの『スペシャル・ゾンビ・モブ 2015』[13]

図7-8　フィリピン刑務所における「スリラー」フラッシュモブ[14]

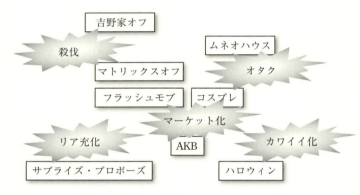

図7-9　日本におけるフラッシュモブの変容

　USJの「ゾンビ・モブ」は，「モブ」という言葉を使っていることからも察せられるように，「フラッシュモブ」を下敷きにしたイベントである．

　有名な「フラッシュモブ」の一つとして，すでに言及したフィリピンのセブ島刑務所における「スリラー」の集団ダンスがある（図7-8）．そもそもは囚人たちの更正プログラムの一つとして行われるようになったものだが，その動画が2007年7月17日にYouTubeにアップロード[15]されると大きな反響を呼び，2016年1月24日時点で5600万を超えるアクセス数を誇っている．この刑務所ではその後，「スリラー」だけでなく，「涼宮ハルヒの憂鬱」や「アルゴリズム体操」「GANGNAM STYLE」などネットで人気のさまざまなダンスをモブ・ダンスとしてプログラムにいれ，観光客に公開もしている．

　また，マイケル・ジャクソンの追悼フラッシュモブも，世界中に伝染，拡大していることもすでに述べたとおりである．

すなわち,「ハロウィン」は,かつては「真性のイベント」であったが,社会の近代化につれて民俗的な信仰が失われ,古びた子どもの行事へと後退しつつあった(日本など,欧米以外の国では関心も薄かった).しかし,フラッシュモブのグローバルな流行は,「ハロウィン」を「フラッシュモブ」として再定義することにより,欧米はもとより,欧米以外の国々でも,(「ハロウィン」に相当する各地の伝統的な行事(日本ならお盆など)の再想起を下敷きとしつつ)浸透させつつある,と考えられるのではないだろうか.

マーケット化された〈マツリ〉のダークサイド

一方,このような戦略,期待,あるいはその隠された市場戦略性への疑惑が,ソーシャルメディアが一般に浸透し,〈マツリ〉が頻繁に目につくようになるにつれて,人びとの意識にのぼるようになってきた.それは,ユーザーの参与が大きくなると同時に,その「真正性」に対する疑念も大きくする.

図7-10は,〈マツリ〉に関連した(どちらかといえばネガティブな意味合いの)用語の動向をGoogle Trendsで調べた結果である.このグラフには,以下のような,社会的出来事の流れが,如実に表れている.

2004年には,イラク人質事件をめぐって「自作自演」という言葉が使われた.

2005年には,「バイラル」という言葉が流行語の一つとなった.「バイラル(Viral)」とは,「ウィルス性の」という本義から「爆発的な感染力をもつ」という意味に使われ,「バイラルCM」「バイラル・マーケティング」などの言葉も一般化した.前者は,「ソーシャルメディアを介した口コミを通じて爆発的な人気を獲得するCM」あるいは「そのような人気を得ることを当て込んでつくられるCM」の意味であり,後者は,「ソーシャルメディアの口コミを通じて,特定の商品に対する高評価や好意的な感情が爆発的に広まるよう,働きかけるマーケティング手法」を指す.

さらにその後,「炎上」という言葉が流行語化する.「炎上」は「フレーミング」という,1990年代から日本に限らずネットコミュニケーションで問題化していた現象を日本語化した言葉で,本来は「ネット上でのコミュニケーションの齟齬が過剰な相互批判の応酬になること」を意味していたが,現在ではむしろ,ネット上での不用意な発言や投稿が大きな批判が巻き起こって社会現象化するような状況を指す.しかし,「炎上」によって知名度をアップさせる「炎上マーケティング」といった手法も注目されている.

2012年には,「ステマ」が大きくクローズアップされた.「ステマ」とは「ステルスマーケティング(Stealth Marketing)」の略称で,「宣伝とわからないように宣伝行為をすること」を意味する.「アンダーカバー・マーケティング(Undercover Marketing)」ともいう.日本では昔から「サクラ」と呼ばれるような販売手法が知られているが,近年は,

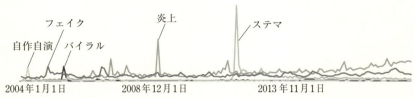

図 7-10　「ステマ」「バイラル」「炎上」「自作自演」「フェイク」の検索量（Google Tends で測定）[16]

ネットを介してこのような手法が用いられることがある．日本で問題化した例として，2012年に発覚した「ペニーオークション詐欺事件」（ペニオク事件）が有名である．これは，オークションサイトと言いながら，参加者が入札しても落札できず，手数料をだまし取られる「ワールドオークション」の詐欺事件であったが，多数の芸能人が自身のブログで，高額商品を格安で落札できると経験談を語っており，一部の芸能人はそれが「ステマ」であったことを認めた．ステマは世界的に広がっており，Twitter やFacebook でもステマ行為はしばしば観察される．

2016年の米大統領選以降とくに，「フェイク（偽）」という言葉もバズワードとなった．

こうした動向もまた，〈マツリ〉がマーケティング戦略として有効であるとの認識が拡大していることの裏返しであるといえるが，同時に，ネット上のコミュニケーションについて，ユーザーたちは，それがユーザーたちによるユーザーたちのための〈マツリ〉であることに魅力を感じているのであって，そこに何らかの外部的な作為が感じられると，ユーザーたちを惹きつける魅力は一気に縮小する．AKB の握手券商法に対する批判や，サプライズ・プロポーズに対する苦手感はその現れだろう．こうした批判は，一気に，「悪意」に反転していく可能性すらある．

5.　おわりに——「バルス祭り」は終わるのか

では，マツリ〜フラッシュモブのこのような変容と今後についてどのように考えられるのか．

遠藤（2009a）は，文化的価値の構成要素を「アウラ的価値」（コンサマトリーな体験性．無目的であるが，それゆえに社会の変革の契機ともなる，真性的イベントとしての価値），「社会的価値」（制度化され，社会に組み込まれることによって，社会関係の安定化に寄与する価値），「経済的価値」（擬似イベントとして構成され，大衆の消費の誘

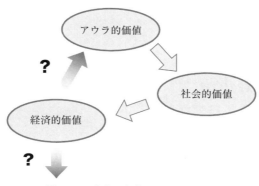

図7-11 文化の価値の遷移プロセス

因となるような価値）に分類して考察を行った．またこれらの価値は，特定の文化的価値（イベント）に関して同じ時期でも複数の価値を共存させ，また，時間が経つにつれてそれらの価値は増減し，配分を変化させる．

　一般には，主たる価値は，図7-11に示すような遷移プロセスを経ると考えられる．すなわち，新しく登場した文化的価値は，一部の人に熱狂的に受容され，それが広がっていくと一般化する．一般化すると，「共有」されることの意味，言い換えれば社会的価値が重要になり，さらに，それが擬似化され，マーケティング的に応用されるようになると，経済的価値がメインに浮上してくる．

　この段階になると，「商品」として消費されるものとなり，初期にあったはずの「アウラ的価値」は見られなくなってしまう．

　この遷移モデルを，「バルス祭り」に適用すれば，最初期には，一部の人の「アウラ的価値」であったものが，次第に多くの人びとを巻き込み，顕在化するようになったのが2009年頃までであった．しかし，顕在化することによって「経済的価値」が見いだされ，企業や組織による「推し（利用）」が目立つようになった．すると，「バルス祭り」を「アウラ的価値」あるいは「社会的価値」の源泉として魅力を感じていた人たちはそこから離脱していく（あるいは，離脱者よりも参与者が多ければ，「経済的価値」を持ったエンターテインメントとして継続していく）．

　この最後の段階について，先にも挙げたブーアスティンなど批判があるわけだが，ただし，ベンヤミンは，規格化により容易になる資本権力や政治権力による大衆操作の危険には，厳しく警鐘を鳴らすものの，「気晴らし」「気散じ」を肯定的に捉え，本節の冒頭にも述べた「アウラの凋落」による大衆のエンパワーメントに期待している．

　現代の間メディア社会はどこに向かうのだろうか．

第8章

ソーシャルメディアとグローバル〈世論〉
―― パリ同時多発テロをめぐって

遠藤 薫

1. はじめに

　2015年11月14日（日本時間），朝のNHKニュースのトップは，直前に起こった九州の地震だった．津波注意報が発令され，1mの津浪がすでに到達しているとの報道だった．川内原発の近くであることが心配された．
　しかしそこに突然，さらに悲劇的なニュースが入ってきた．
　パリの中心部で，大規模なテロが発生し，多数の市民が犠牲となったというのだ．
　「信じたくない．きっとなにかの間違いだ」というのが，最初の感覚だった．しかし残念ながら，それは事実で，しかも，事件は1か所だけではなく，パリ市内の数か所で同時に起こった．そして，9.11のときも3.11のときもそうであったように，死者の数は時間とともに増えていった．
　悲劇を目の当たりにしつつ，われわれにはなすすべもなかった．
　ただ，このパリで起こったテロ事件のニュースの直後に，その前日，アメリカの空爆によって，ISIL[1]の広告塔的役割を果たしていた「ジハーディ・ジョン」と呼ばれる人物が殺害されたというニュースが流れたことが，奇妙にざらつくような感覚を遺した．ジハーディ・ジョンは，2015年1月，前年からISILに拘束されていた湯川遥菜氏と後藤健二氏の殺害に直接かかわった人物でもあった．
　この二つの出来事は関係があるのか，関係がないのか．いずれにせよ，それらの血な

1. はじめに

図 8-1　NHK『おはよう日本』の画面（2015 年 11 月 14 日）

図 8-2　NHK『おはよう日本』の画面（2015 年 11 月 14 日）

図 8-3　NHK『おはよう日本』の画面（2015 年 11 月 14 日）

まぐさい動きは，平和な生活を謳歌しているように見える日本社会にとっても，無関係ではいられないことなのだった．

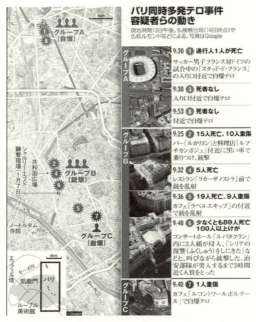

図 8-4　朝日新聞（2015 年 11 月 16 日）[2]

2.　パリ同時多発テロはどのように報じられたか

テレビ報道とネット上の情報

　パリ同時多発テロ事件について，日本のテレビ各局も続報を流した．しかし，この日は土曜日ということもあり，ニュース番組は少なく，視聴者にとって情報は十分とは言えなかった．

　テレビなどのマスメディア媒体自身も，本来の放送によって情報を伝えるよりも，むしろ，ネット上の公式サイトで，迅速な報道を行っているように感じられた（図 8-5，図 8-6）．逐次報道を追っていたわけではないので，確実なことは言えないが，いずれにせよ，放送媒体では，見たい情報を視聴者が選択することはできない．ネットからの情報発信がきわめて有効であることがあらためて感じられたのだった．

図 8-5　NHK『ニュース 7』でのパリ同時多発テロに関する報道（2015 年 11 月 14 日）

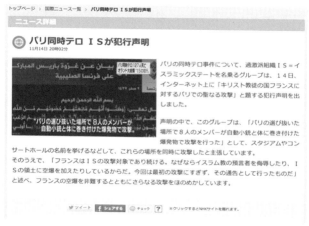

図 8-6　NHK『NEWS WEB』（2015 年 11 月 14 日）[3]

首脳たちの動き

　一方，世界の首脳たちは迅速な動きを開始した（図 8-7）．

　彼らは自分たちのメッセージを，マスメディアよりもネット上の公式サイトから，素早く，効果的に発信した．

第 8 章　ソーシャルメディアとグローバル〈世論〉

図 8-7　テロ事件を受けての主な首脳の発言（日本経済新聞，2015 年 1 月 15 日朝刊）

図 8-8　各国首脳のサイト

　とくにアメリカのオバマ大統領は，直ちにこの問題に関してビデオで声明を発表し，ネット上にアップした．

　　"Once again we've seen an outrageous attempt to terrorize innocent civilians. This is an attack not just on Paris, it's an attack not just on the people of France, but this is an attack on all of humanity and the universal values that we share." [4]

　オバマ大統領は，世界で何か大きな事件が起こると，あたかも自国の事件のように，強いメッセージや対策をビデオで訴えるのを常としている．それは，何よりもグローバル世論におけるアメリカの存在感を示すプレゼンテーションともなっている．

3. 事件の背景

関連するテロ事件と対テロ戦争

　こうした大規模なテロ事件が近年頻発していることは周知である．
　とくに，2001年9月11日に起きた9.11アメリカ同時多発テロは，その後の世界情勢に大きな影響を遺した．9.11アメリカ同時多発テロは1万人近い死傷者を出し，全世界に衝撃を与えた．この事件の影響で，アメリカではイスラム教徒に敵対的な風潮が生まれた．当時のブッシュ大統領は，低い支持率に悩んでいたが，この事件に関連して「テロとの戦争」を訴えたことで，一気に高支持率を獲得した．
　ブッシュ政権は，このテロ事件を契機にアフガニスタン侵攻を行い，さらに2002年に国際テロ組織とならず者国家と断じた悪の枢軸（イラク，イラン，北朝鮮）との戦いを国家戦略とし，「アメリカの防衛のためには，予防的な措置と時には先制攻撃が必要」として推進する方針を決めた．これをもとに，アメリカ合衆国はイラクに対して大量破壊兵器を隠し持っているという疑惑を理由に，イラク戦争に踏み切った．
　2003年4月9日にバグダードが陥落し，5月1日にブッシュ大統領は「戦闘終結宣言」を出した．行方不明になっていたサダーム・フセインは，12月13日にアメリカ軍によって逮捕され，2006年12月30日に処刑された．
　しかし，イラク戦争の理由とされた「大量秘密兵器」は遂に発見されず，戦闘状態は2011年12月にオバマ大統領がアメリカ軍の完全撤収を行うまで続いた．中東の民族・宗派による対立はむしろ激化し，治安は悪化したのだった．
　パリ同時多発テロ事件を起こしたISILは，こうした情勢のなかから生まれた，イラク・シリア間にまたがって活動するイスラム過激派組織である．

表 8-1 9.11 以降の主なテロ事件とアメリカの「対テロ戦争」

年月日	事件	テロ組織	死者	負傷者
2001 年 9 月 11 日	9.11 アメリカ同時多発テロ	アルカイーダ	3,025 人	6,291 人以上
2001 年 10 月 20 日	有志連合によるアフガニスタン侵攻			
2012 年 1 月 29 日	大統領一般教書演説でイラク,イラン,北朝鮮を「悪の枢軸国」と批判			
2002 年 10 月 12 日	バリ島爆弾テロ事件（2005 年にも）	ジェマ・イスラミア	202 人	209 人
2003 年 3 月 19 日	イラク戦争開始⇒フセイン政権打倒⇒イラクの治安悪化			
2004 年 3 月 11 日	マドリード列車爆破テロ事件	アルカイーダ	191 人	2,050 人
2005 年 7 月 7 日	ロンドン同時爆破事件	非組織？	56 人	700 人弱
2006 年 7 月 11 日	ムンバイ列車爆破事件（2008 年にもムンバイでテロ）	未特定	200 人	714 人
2011 年 5 月 2 日	アメリカ軍によるアルカイーダ指導者ウサーマ・ビン・ラーディン射殺			
2011 年 12 月	アメリカ軍のイラク撤退			
2013 年 4 月 15 日	ボストンマラソン爆弾テロ事件	非組織？	5 人	299 人
2014 年 12 月 16 日	ペシャーワル学校襲撃事件	ターリバーン	154 人	114 人
2015 年 1 月 7 日	シャルリー・エブド襲撃事件	イスラム過激派	12 人	11 人
2015 年 10 月 10 日	アンカラ爆破テロ事件	未特定	102 人	400 人超
2015 年 10 月 31 日	コガリムアビア航空 9268 便	ISIL	224 人	
2015 年 11 月 13 日	アメリカ軍による ISIL メンバーのジハーディ・ジョンの空爆・殺害			
2015 年 11 月 13 日	パリ同時多発テロ事件	ISIL	130 人超	300 人超

発端としてのシャルリー・エブド事件

　しかし，2015 年のパリ同時多発テロ事件の報道を受けて，人びとが反射的に思い出したのは，同年 1 月に発生したシャルリー・エブド襲撃事件であったろう．

　シャルリー・エブド襲撃事件とは，2015 年 1 月 7 日，イスラム過激派の思想に共感していたとみられる兄弟が，イスラム教の預言者ムハンマドの風刺画を掲載したフランスの週刊新聞『シャルリー・エブド』の記者ら 12 人を殺害し，翌 8 日には，仲間の男も警察官を殺害して逃走した．9 日，パリ市内のスーパーに立てこもった兄弟と男が射殺され，その際に人質 4 人が犠牲になった事件である．

　フランスでは 370 万人とも言われる多くの人がテロを非難してデモを行った．また，『シャルリー・エブド』紙を支援する意思を表す「Je Suis Sharlie（私はシャルリー）」

と書いた札をもっていた．Twitterなどでも，#CharlieEbdoや#JeSuisCharlieなどのハッシュタグを付したツイートが大量に流れた．『シャルリー・エブド』紙はムハンマドが涙する風刺画を表紙にした特別号を刊行した．

　しかしこの事件は，単純に，「宗教的な対立の問題」とか「表現の自由に対する攻撃」とかいった問題だけに限定することはできない．その背後には，世界的な格差の拡大（貧困の拡大）や，そこからくる漠然としたいらだちや閉塞感，そして排外的ナショナリズム，人種・宗教・性別などによる差別意識などが渦巻いている．

　それらすべてが，シャルリー・エブド事件からパリ同時多発事件へと流れ込んでいるのである．

図 8-9　デモをする人びと[5]

図 8-10　Twitter の #JeSuisCharlie ハッシュタグ[6]

4.　パリ同時多発テロをめぐるマスメディア報道の形式変化

新聞報道

　先にテレビ報道について少し見た．新聞についても見てみよう．

　翌日朝の世界の新聞各紙は，当然のことながら，一面で大々的にこの事件を報じた（図8-11）．

　また，日本でも，その日の夕刊から，事件を一面トップで報じた（図8-12）．

126　第8章　ソーシャルメディアとグローバル〈世論〉

図8-11　世界の朝刊（2015年12月14日）（Le Monde（フランス），The Washington Post（アメリカ），The Times（イギリス），Haaretz（イスラエル），Zaman（トルコ），Bild（ドイツ））

図8-12　2015年11月14日夕刊と11月15日朝刊（左：朝日新聞，右：読売新聞）

4. パリ同時多発テロをめぐるマスメディア報道の形式変化　　127

　しかしながら，新聞はテレビ以上に，発行の時間が制約されている．また，メディアとしても，素早い対応には向いていない．取材，編集，印刷，配達のいずれの段階も時間がかかり，それらを順序立てて実行するのはさらに多くの時間を要するのである．

　この制約を踏まえて，（少し前からそうした動きは始まっていたが）パリ同時多発テロでは，新聞各社（マスメディア各社）は，「タイムライン」という手法をネット上で活用した．

　「タイムライン」とは，時間順に，起こった出来事や，記者の書いた記事や，一般人のツイートなどが次々と書き込まれていくようなオンライン報道の形式である．写真や動画なども随時アップロードされていく．

図 8-13　Le Monde
　　　　（2015 年 11 月 18 日　11:12）[7]

図 8-14　New York Times
　　　　（2015 年 11 月 18 日　09:41）[8]

128　第 8 章　ソーシャルメディアとグローバル〈世論〉

図 8-15　Aljazeera Live
　　　　（2015 年 11 月 16 日 08:40）[9]

図 8-16　朝日新聞タイムライン
　　　　パリ同時多発テロ事件
　　　　（2015 年 11 月 16 日 08:50）[10]

　事態の進展状況がリアルタイムでわかるし，これまでの経緯なども記録される．報道側も，紙面や番組としての構成などに時間をとられることなく，取材や解説や分析に注力することができる．Twitter や Facebook などに掲載された一般人や専門家の意見とリンクさせることもできる．

　今後，デジタル化が進むなかで，こうしたタイムライン式の報道が拡大してくると予想される．ただし，それはもしかしたら，ジャーナリズムの根本的な変容をもたらす可能性もある．その変容が，「改悪」とならないよう，われわれは十分考えておく必要がある．

5.　パリ同時多発テロをめぐるソーシャルメディアからの発信

ソーシャルメディアに集積される情報

　テレビ局や新聞社は，基本的には専門家による情報の収集，選別，構成，編集によって，起こった事態に対応する．

図 8-17　YouTube「Paris」で検索（2015 年 11 月 16 日　07:32）

しかし，かつてであれば，情報の収集の段階から，コストの面でも技能の面でも専門家に委任するしかなかったが，今日では，少なくとも，事件を知ってからやって来る記者たちよりも，その場に居合わせた人びとが，即時に記録した情報のほうが有用である場合が多い．

事件が起こると，ソーシャルメディアには，たまたまその場にいた人たちの撮った写真や動画があふれかえることになる．パリ同時多発テロのときもそうだった．

図 8-17 は，事件から 2 日後の 2015 年 11 月 16 日（日本時間）に，YouTube を，「Paris」というキーワードで検索した結果のほんの一部である．遠藤（2008），遠藤（2014）などでも論じた，「リトル・ビッグブラザー」たちの時代，「誰でもジャーナリスト」の時代には，あらゆる出来事が全方位から記録されることになる．

ハッシュタグ

膨大な目撃情報やコメントは，ハッシュタグなどでカテゴライズされなければ，情報として使いものにならない．

Twitter や Facebook，Instagram などのソーシャルメディアでは，この事件でも，ハッシュタグが情報を伝えるのに大きな役割を果たした．図 8-18 の左側に示したのは，#porteouvert（ドアは開いています）というハッシュタグつきのツイートで，それ自体が，被害者を受け入れる意思表明となっている．また右側は，中東語によるハッシュタグで，テロリスト側に立ったツイートと，テロリズム批判のツイートが併存している．

また図 8-19 は，#prayforparis（パリのために祈りを）というハッシュタグのついたツイートや Instagram 記事である．

図 8-18　パリ同時多発テロに関するハッシュタグつきのツイート

図 8-19　#prayforparis（2015 年 11 月 16 日）

主張するソーシャルメディア

　パリ同時多発テロに際しては，既存のマスメディアがジャーナリズムを名乗るのに対して，単なる通信サービス提供者の立場に甘んじてきたかに見える（実際はさまざまに自己主張を行ってきたが）ソーシャルメディア運営会社が，事件に対して強いメッセージを発したのが新しい動きだった。

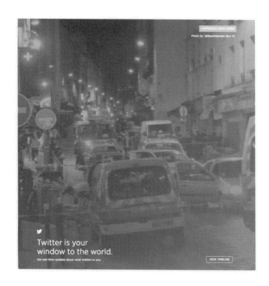

図 8-20　Twitter 社のブログページ[11]

図 8-21　#parisattack のハッシュタグ

図 8-22　Facebook のプロフィールをトリコロールカラー化する機能[12]

図 8-23　YouTube の企業ロゴも三色化された[13]

　たとえば Twitter 社は，自社のブログにパリ同時多発テロ事件の写真を大きく掲載した．また，#parisattack のハッシュタグを付した，さまざまな主体からの情報がそこに集積された．

企業も主張する

いくつかの企業（とくにコンピュータ関連企業）もまた，即日，自社公式サイトのトップページに，パリ同時多発テロの犠牲者に対する哀悼の意を表明した．

図 8-24 Apple 社のトップページ[14]

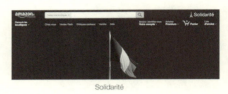

図 8-25 Amazon 社のトップページ[15]

第三のグループも主張する

まったく別のグループもまた，ソーシャルメディアを通じて自分たちの意見を主張する．

たとえば，近年しばしばメディアを賑わす「アノニマス」というグループがいる．「アノニマス」は自分たちを「「集団」というよりネット上の集まり」であり，「きわめて緩く，分散的な指令系統で，指示よりもアイディアにしたがって動くもの」であると称している（Kelly 2012）．

彼らは，パリ同時多発テロについても，ただちに YouTube の専用チャンネルに声明動画をアップロードした（図 8-26）．

そのなかで，仮面を被った人物は次のように呼びかけている．

> 世界のみなさん，こんにちは．アノニマスです．
> 2015 年 11 月 13 日の事件についてです．
> 首都で起こったテロ事件によってフランスはショックを受けています．
> 私たちはまず最初に，この事件の犠牲者，傷ついた方々，またその家族のみなさんに，悲しみと連帯の気持ちを伝えたいと思います．
> 私たちの大切なものと自由を守るために，私たちはパリ同時テロに責任のあるテロリスト集団のメンバーを追い詰めています．私たちは諦めない．許さない．彼らのテロを終わらせるために必要なあらゆることを行うつもりです．
> シャルリ・エブド事件の時も，私たちはすでに，私たちの自由に攻撃を仕掛ける者たちを制圧する意思を明らかにしました．

図 8-26 アノニマスによるパリ同時テロに関する声明[16]

　私たちは今，再び同じ宣言をします．
　そして，私たちの理想を守るため，みなさんにも集まっていただきたいと思います．

ソーシャルメディアとリアル世界

　メディアを介した情報発信が，グローバルなコミュニケーション空間で共振することは，いまでは当たり前になった．

　それにくわえて，2016 年パリ同時多発テロでは，新しい発信の形式が目についた．世界各地のランドマーク的場所に，テロに対する抗議（犠牲者に対する追悼）の意が表示されたのだ．

　たとえば，アメリカならゴールデンゲイトブリッジ，イギリスならビッグベン，日本なら東京タワーといった建築物が，赤白青のトリコロールにライトアップされたのだ．

　このような情報（メッセージ）の流通は，対話型コミュニケーション—マスコミュニケーション—ネットコミュニケーションの創り出す重層的かつ相互浸透的メディア環境としての間メディア環境に，物質的な（人間の生活）環境さえも接続する，いわば「超間メディア環境」というべき状況を創り出す．

　それは新たなメディアコミュニケーションの可能性を拓くものであると同時に，場合によっては，特定の主張のみでわれわれの認知空間を充満してしまう，危険なプロパガンダ環境ともなりかねない．

134　第 8 章　ソーシャルメディアとグローバル〈世論〉

図 8-27　世界の街で（2015 年 11 月 15 日）[17]

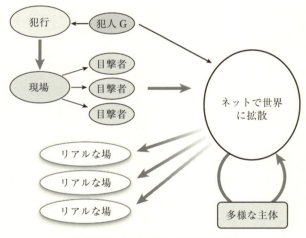

図 8-28　超間メディア社会の到来

6.　国際政治抗争の場としてのソーシャルメディア
　　――超間メディア社会の問題

多元的な視座と議論の重要性

　このような危険を避けるには，いかに自明の正義と見える主張についても，常に多元

的な視点から評価し，また異なる立場からの意見に耳を傾ける必要がある．

パリ同時多発テロについても，テロ行為は，むろん，フランスだけを対象としたものではない．

パリ同時多発テロの直前にも，立て続けに悲惨な自爆テロは起こっていた（表 8-1）．

2015 年 10 月 10 日にトルコのアンカラで起こった爆破事件，また 10 月 31 日に起こったロシア航空機の墜落なども，多数の犠牲者を出している．にもかかわらず，報道量は大きく異なっている．

国際政治抗争と間メディア環境

また，テロだけでなく，現代世界で日々起こっているさまざまな事件についても，ソーシャルメディアに意見を表明するのは，個人ばかりではない．多くのフォロワーを持ち，影響力の大きい芸能人たちも意見を表明する．先にも見たように，各国首脳もまた，現代ではマスメディアよりも先に，ソーシャルメディアを介して自由に意見表明するのが当たり前になっている．さらに，国家のトップともなればある程度発言に慎重にならざるを得ないが，副首相などの立場であれば，かなり過激な発言をすることもしばしば見られる．

たとえば，2015 年 8 月 24 日，ロシアのロゴージン副首相は，メドベージェフ首相が北方領土の択捉島を訪問したことに日本側が抗議したことをツイッターで揶揄し，「本物の男なら，伝統にしたがってハラキリせよ」などと書いた（図 8-29）．こうした発言が，〈世論〉に必要以上の影響を与えてしまうのも，今日ではよくある現象となっている．

図 8-29 ロゴージン副首相のツイート[18]

ISIL のプロパガンダ発信

　ソーシャルメディアを利用してもっともうまくグローバル世論に影響を与えているのは，実は ISIL かもしれない．

　彼らは，世界のさまざまな地域で，閉塞感や不公平感を抱いて悶々としている人びとに向かって，あたかもテロが，正義の英雄的行為であるかのようにメッセージを送っている．また，そうした英雄的行為にあこがれる青年たちを慕う女性たちにも，メッセージを送る．さらには，まだ年端もいかぬ子どもたちに，残虐な行為を行わせ，「未来の戦士」を育成しようとする．

　こうしたメッセージは，ソーシャルメディアを介して流されることにより，かつての「宣伝放送」よりも少ないコストで，小さな集団でも，大きな効果を上げることができる．

7. その後の展開——テロの激化と難民，ナショナリズム問題

難民問題

　中東における不安定な状況は，生命さえ保証されない自国から，安全な国（とくに欧州）に逃れようとする膨大な数の難民[19]たちを生んでいる（図 8-30，図 8-31）．

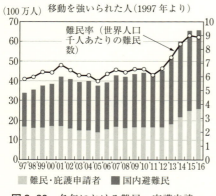

図 8-30　各年における難民・庇護申請者・国内避難民の総数[20]

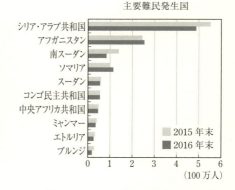

図 8-31　世界の難民の主な発生国[21]

ソーシャルメディアでも「難民」問題に対する関心は高い．なかでも大きな注目を集めたのが，2015年9月3日に世界中のメディアで報じられた1枚の写真だった．それは，トルコの海岸に打ち上げられた3歳の男の子の写真だった．男の子は，ギリシャのコス（Kos）島に向かう途中の2日にトルコ海域で沈没した移民船2隻に乗っていて死亡したシリア人のうちの1人だとみられており，このとき，5人の子どもを含む12人が亡くなった．まるで遊びの途中で眠り込んでしまったかのような幼い子どもの姿は人びとの感情に強く迫り，世界の（とくにヨーロッパ諸国の）報道機関は，政府に難民対策を急ぐよう訴えた．また，Twitter では，#KiyiyaVuranInsanlik（海岸に打ち上げられた人間性，という意味）というハッシュタグを付したツイートが大量に流れた（図8-32）．

だがその一方，難民問題はきわめて複雑な構造をもっている．

この写真が人びとの涙を誘う一方で，自国への難民流入を望まない人びとも多い．

自国を逃れて流入する難民たちは，格差拡大に悩む各国の貧困層と，雇用のパイを奪い合う状況を引き起こすことが多い．そのため，自国にいても十分に安定的な生活を保障されていない人びととの間で，強い軋轢が生ずることも多々ある．いわば，弱者同士が，勝者のいない戦いを強いられるのである．それが，強い排外主義へとつながることも多い．

また，難民たちが暴発してしまう事件も起こる．たとえば，2015年12月31日から2016年1月1日にかけて，ドイツのケルンで，難民たちによる集団暴行事件が起こった．

ドイツは，難民救済に積極的なメルケル首相のもと，「9月だけで約20万人の移民が

図8-32　#KiyiyaVuranInsanlik のついたツイートの例[22]

ドイツに入国し，その数は年内に 80 万人に達」[23] すると予想されていた．しかし，この政策には国民の不安も多く，メルケル首相への支持率も低下していた．そこへ追い打ちをかけるような事件の発生で，難民をめぐる問題は一層困難化している．

排他的ナショナリズムの発動

　難民問題や，世界情勢の不安定化は，世界全体で問題を共有し，解決を探ろうとする方向を指し示す一方で，自国民の利益を最上位に掲げ，難民や移民などを排除しようとする風潮をも生み出す．

　フランスでは，国民戦線党首であるルペンが，パリ同時多発テロが引き起こした国民の憤激に乗ずるかたちで，影響力を拡大している．

　ドイツでも，難民問題をめぐってメルケル首相の難民政策への不満が高まる一方で，全面的国有化，死刑の復活，第 2 次世界大戦前の領土回復を訴える極右政党の党首，クラウス・アームストロフが支持を集めつつある．

　アメリカでは，2016 年大統領選挙で，不動産王であり，排外主義を強く打ち出すドナルド・トランプが事前の予想を大きく裏切って，第 45 代米大統領の座についた．

難民問題とヘイト・スピーチ

　排他的ナショナリズムの意見表明が，「表現の自由」の観点から，どこまで許されるものなのかについては，数多くの微妙な問題が含まれている．いや，そもそもどこからが「排他的ナショナリズム」に該当し，どこまではやや過激ではあるにしても，「思想信条の自由」の観点から認められるべき考え方であるのか，グレーゾーンの幅は広い．

　それでも，「ヘイト・スピーチは単なる不快な表現ではなく，国籍，民族，性などの属性を理由に，マイノリティの人間としての尊厳を否定する言葉の暴力であり，差別や暴力を社会に蔓延させる差別煽動であり，歴史的にジェノサイドや戦争を引き起こしてきた」(師岡 2013) ことを考えれば，少なくともこの問題を避けては，グローバルに広がるソーシャルメディアと〈世論〉形成の問題は考えられないのだろう．

　国連人種差別撤廃委員会は，2013 年 9 月 26 日，一般的勧告 35「人種主義的ヘイトスピーチと闘う」を発刊した[24]．このなかで同委員会は，締約国が以下について法律により処罰することのできる犯罪であると宣言し，効果的に処罰するよう勧告している．

　　(a) あらゆる手段による，あらゆる人種主義的または種族的優越性または憎悪に基づく思想の流布．
　　(b) 人種，皮膚の色，世系，民族的または種族的出身に基づく特定の集団に対す

る憎悪，侮辱，差別の扇動．
(c) (b) の根拠に基づく個人または集団に対する暴力の扇動及び威嚇．
(d) 上記 (b) の根拠に基づく個人または集団に対する軽蔑，愚弄若しくは中傷，または憎悪，侮辱若しくは差別の正当化の表現が，明らかに憎悪または差別の扇動となる場合．
(e) 人種差別を扇動及び助長する団体や活動に参加すること．

こうした動きを受けて，Twitter 社は，2015 年 12 月 29 日，「特定の人種，性別，宗教などに対するヘイト行為：人種，民族，出身地，信仰している宗教，性的指向，性別，性同一性，年齢，障碍，疾患を理由とした他者への暴力行為，直接的な攻撃，脅迫の助長を禁じます．また，以上のような属性を理由とした他者への攻撃を扇動することを主な目的として，アカウントを利用することも禁じます」[25] とのルール改定を行い，2017 年 12 月 18 日さらにこれを強化した．Facebook も，2017 年 8 月 9 日にヘイトスピーチ対策を強化し，28 万件以上の投稿を削除したと公表した．

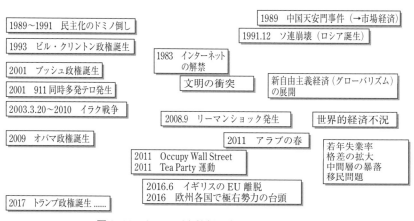

図 8-33　トランプ大統領誕生までの世界の動き

8. おわりに──
われわれに何ができるのか（重層モラルコンフリクトで考える）

以上，本稿ですべての議論を取り上げることはできようもない．

しかし，ここで述べてきた問題が，きわめて困難な課題であるとともに，喫緊に対応

を迫られている問題であることも確実である．近視眼的な対症療法ではなく，われわれが生きている重層モラルコンフリクト状況における，〈世論〉形成空間の構造転換を見据えたうえで，着実に考えていくべきであろう．

第Ⅱ部

現場からの報告

第9章

ネット選挙とソーシャルメディア
―― 社会は，データ化で加速する「イメージ政治」を
　　いかにして読み解くか

西田　亮介

1. はじめに

　現代日本の有権者はいったい政治をどのように認識し，どのような点に関心をもち，そして政局を「理解」し，投票行動を行っているのだろうか．かつての官房長官後藤田正晴の回顧録の題目にもなっているが，政治には「情と理」の側面があるという．それでは，新しいテクノロジーが可能にした新しい選挙運動の形態でもあるネット選挙は，ソーシャルメディアにおける「理」の発露になりえただろうか．それとも情がまさっているのだろうか．そしてそれらは従来の政治の姿とは異なったものだったのか，それともその延長線上にあったものなのだろうか．

　本稿では，2013年の公職選挙法改正によって日本でも20年近い歳月を経て実現した「ウェブサイト等を用いた選挙運動」(以下，「ネット選挙」)と，その後の2013年参院選，2014年衆院選における選挙運動の動向と解禁の経緯，解禁がもたらした「変容」と，日本の政治的慣習，そしてジャーナリズムの現況などを，「イメージ政治」を切り口に概観しながら，日本のネット選挙とソーシャルメディアについて検討する．

　社会学者遠藤薫は，「世論」について，「『政策』とその社会に生きる人々を接続する」ものと捉えている (遠藤 2004: 12)．

　本稿でいう「イメージ政治」とは，以下のような社会における政治的状況のことである．

有権者が，知識や論理にもとづいて理性的に政局を認識することができず，また政治も印象獲得に積極的に取り組むことで，「イメージ」によって政治が駆動する状態．

前述の遠藤の議論を踏まえれば，政治の都合で，政策と人びとが過剰接続された状態といえる．

与党や野党が印象を獲得すべくさまざまな戦略と戦術を駆使し，「イメージ政治」が「世論」の形成にノイズをもたらす．社会にとって，政治という器に，底の抜けたカップで民意を，そして世論をくもうとするような事態ともいえる．そのような状況下では，政治に関する情報量を増やしてみたところで，なかなか理性的な政治の兆しは見えてこない．むろん政治は理性によってのみ動くものではないし，そうあるべきでもあるまい．たとえば政治学者吉田徹が指摘するように，情動や情緒，世論，印象，打算，利益関係等々，政治に影響を与える変数は多岐にわたる（吉田 2011, 2014）．この問題の根は深く，政治学，社会学，社会心理学，政治経済学の各分野でかなり異なった見解を見ることができ，ここでは十分に検討することはできないが，それでも少なくとも理性不在の政治が許容されるとまではいえないということを確認しておくことはできるだろう．

さらに現在，われわれが直面しているのは，データに支えられた「イメージ政治」という皮肉な事態である．かつて情報化──とくにIT化──は，社会改良の楽観的な物語とともに語られることも少なくなかった．今ではそれらがネット黎明期に形成され，また「カリフォルニアン・イデオロギー」などと呼ばれる，IT業界特有の楽観主義的な文化の慣性に規定されたものであることも明らかになりつつある（西田 2014a）．

遠藤薫が「間メディア社会」という概念で指摘するように，メディア間の相互の影響関係と情報流通の相互依存性はますます深化している（遠藤 2011）．テレビは「ネット発」の情報をコンテンツの目玉にし，ネットでは「テレビで話題の」を標榜するコンテンツがPV（ページビュー）を集めている．政治学者平林紀子が指摘するように，アメリカの大統領選挙を筆頭に，世論と民意を積極的に味方につける技術としての政治マーケティングがより高度になっているのが現実である（平林 2014）．平林は，政治マーケティングの役割を肯定的なものと否定的なものの「両義的」なものにならざるをえないとしており，その「環境条件」を重視している．日本における政治を取り巻く，メディアの「環境条件」は，イメージの独り歩きを促しているように思える．

本稿では日本におけるネット選挙というソーシャルメディアが普及した時代の選挙を事例に，その「環境条件」に目を向ける．ネット選挙の解禁は政治に，そして有権者に理性をもたらしうるだろうか．残念ながら結論を先取りすれば，素朴に期待することは

難しい．政治のメディア戦略の高度化が進む一方で，本来，政治に緊張感をもたらすべきジャーナリズムの批判機能の進化は遅れをとっているからである．

　これらの問題を論じるにあたって，以下において，第 2 節では，2014 年の衆院選における筆者と毎日新聞社の共同研究におけるイメージ政治の具体例と，日本のネット選挙の概略，経緯について記す．第 3 節では，ソーシャルメディアが普及した時代と社会におけるイメージ政治を促す「環境条件」を検討する．第 4 節では，本来イメージ政治を解読する役割を担うジャーナリズムが機能不全を起こしている現状について述べ，第 5 節ではあらためて，イメージ政治を読み解き，政治に，選挙に緊張感をもたらすジャーナリズムの重要性について改めて議論することにしたい．

2.　イメージ政治とネット選挙，ジャーナリズム

　日本におけるネット選挙だが，すでに知られているように，20 年近い議論を経て，2013 年 4 月に公職選挙法が改正され，解禁に至った．ただし，「ネット選挙」という言葉の語感とは異なり，ネットを用いた投票ではなく，選挙運動にウェブサイトなどが活用できるようになったにすぎない．本稿執筆時点で，2013 年 7 月の参院選，2014 年 2 月の東京都知事選，同 12 月の衆院選を筆頭に，国政選挙，地方選挙が実施された．たしかに個別の選挙区などにおいては，ネット選挙が当落を分けたのではないかと考えられる，いくつかの事例があったことは否めない．だが誰が見ても納得しうる，公職選挙法の改正による，顕著な選挙の趨勢に対するネット選挙の直接的影響は今のところ観察されてはいないこともまた事実である[1]．

　ネット選挙に関して，筆者は，2013 年 7 月の参院選，2014 年 2 月の東京都知事選，同 12 月の衆院選において，選挙運動期間中に毎日新聞社と「インターネットと政治」共同研究と題して，ネット選挙の分析と選挙運動期間中の紙面とウェブを横断した報道を継続的に実施してきた．すでにその概要については，拙稿などでも紹介してきたし，本稿執筆時点ではウェブから直接それらのコンテンツを読むこともできる[2]（西田 2014b）．

　そこで実施した分析の概要は以下のようなものであった．

- Twitter 上を流通するツイートデータのトレンド分析
- 候補者アカウントを特定した，全ツイート抽出からの定量分析
  （ツイート数 × RT 数）
- 候補者アカウントと特定した，全ツイート抽出からのテキスト分析（頻出語句など）
- 世論調査，毎日新聞社ボートマッチサイト「えらぼーと」との比較検討

単なるソーシャルメディア上のキーワードを分析するのではなく，新聞社が持つ取材や世論調査といった独自コンテンツと組み合わせて，日本の新聞社ならではの新しいジャーナリズム手法の開発を試みた．

これらの分析で明らかになったのは，ネット選挙が解禁されたものの，候補者たちのネットでの情報発信は演説場所の周知などの紋切り型のものにとどまっていて，全体の傾向として見ればネットやソーシャルメディアの技術特性を活用した双方向のものにはなっていなかったということである．また政策論争や，有権者と理性的なコミュニケーションを行っていたわけでもなかった．またそもそもネット選挙について認知されておらず，全体的な傾向としては投票行動や獲得議席数に強い影響を与えていたわけでもなかった．

2013年の参院選後の選挙でも，ネット選挙共同研究は継続し，回を重ねるごとに，単にソーシャルメディア上の記述統計を取るだけにとどまらず，分析や取材と組み合わせるなど内容を充実させてきたが，2014年12月の衆院選における共同研究の切り口を，「イメージ政治」とした[3]．

2014年の衆院選は，多くの有権者にとっては，いささか唐突にも見える，第2次安倍内閣の経済政策「アベノミクス」の金融緩和と2016年4月の消費増税の是非を問うかたちで実施された衆院の解散に起因する．当時も解散の大義について議論が交わされたが，多くの有権者は選挙を予想できていたとはいえない状況だった．政策について十分に吟味し，議論する時間的余裕があったとも思えない．だからこそ解散が行われたともいえるが，各野党も選挙に耐えられるだけの候補者選定や政策案などの準備ができていなかった．有権者にとっては，選択肢なき選択を強制されたものでもあったからである．その後も，似た構図は続いている．

2014年の衆院選の世論調査に政治感情に関する質問を追加した．その結果と，毎日新聞社が提供するボートマッチサイト「えらぼーと」などで有権者の政治に対する感情の分析を行った[4]．最も多く見られた回答が，現在の政治に対する「いら立ち」であった．「いら立ち」は本来ネガティブな評価のはずだが，「いら立ち層」でさえ3割が安倍内閣を支持していた．ネガティブな感情を持ちながら政権を消極的に支持する有権者が多いことや，野党はそのような条件下でも有権者の政治感情の受け皿になりえていないことを示唆したのである．

また政党・政治家のイメージ戦略は，ネットと連動して現実の選挙運動にも影響を与えていた．経済政策が目玉であったはずの与党候補者でさえ，ネット上で「アベノミクス」という文言を直接用いることを避けていたことも明らかになった．地方では演説で「アベノミクス」の恩恵がまだ行き渡っていないことを認める候補者もいたが，ネット

上では争点として，積極的に取り上げてはいなかった．「アベノミクス」という言葉が有権者に与えるイメージを見極め，どうすれば共感を得られるか判断しようとしていたと解釈できる．

さらに2000年代以後の日本政治の構造変化を指摘することもできる．というのも，日本では，2000年代前半以後，政治において感情的動員手法の動員が積極化し，政治マーケティングの手法の高度化が指摘されるようになったからである．たとえば2003年にフライシュマン・ヒラード・ジャパンが民主党と組んで，PR会社としては，はじめて国政選挙にPRの手法を導入した（田中・本田 2009）．ジャーナリストの田原総一朗は，その著書のなかで，第2次世界大戦後の敗戦からの再独立直後の総選挙におけるPRや，安保改定をめぐるコミュニケーションにも，与党自民党と広告代理店のあいだの密接な関係があったことを指摘している（田原 1984）．

2000年代以後に入ってからは，自民党にも民主党にも，従来からの広告代理店のみならず，PR会社やマーケターがついて選挙にイノベーションと科学的手法を導入始めたのである[5]．ジャーナリストの大下英治が，その著書のなかで詳しく記述しているが，小泉内閣や第1次安倍内閣でも要職を務めた世耕弘成らが中心になって，与党自民党はイメージ政治の手法を磨きあげてきた．現職の汚職で圧倒的不利とされた2004年の埼玉8区補選で，当時の新人公募候補であった柴山昌彦を当選させるといった成果をあげている（大下 2011）．

ひとつの集大成であると同時に，広報戦略において自民党と民主党の分水嶺となったのが，2005年の衆院選，いわゆる「郵政選挙」であった．この選挙は，たしかに当時の小泉純一郎首相のいわば天才的な郵政民営化是か非かというワン・イシューの争点設定が勝敗を分けたようにも見えるが，その背後には，このような「仕組み」の導入もあったのである．その後，数々の試行錯誤を糧にしながら，自民党は政権与党から野党に下っていた時期にも，こうした手法のインターネットへの応用を模索していった．2010年にはJ-NSC（自民党ネットサポーターズクラブ）の設立総会を実施している．

対照的に，民主党は郵政選挙の大敗をきっかけに，フライシュマン・ヒラード・ジャパンとの契約を解消するとともに，こうした分野から手を引くことになった．2000年代を通して，ネット選挙の解禁を主張したのは民主党だったが，その後，実現を主導するには至らなかった．2010年に鳩山内閣のもとで与野党合意に至るも，鳩山内閣の後を継いだ菅内閣が消費増税を口にして参院選に敗北してからは，ネット選挙は棚上げされてしまう．その一方で自民党は，2012年の，ネット選挙解禁直前の衆院選頃から，ネット上のコミュニケーションや露出，存在感の獲得に積極的な動きを見せ，来るべきネット選挙解禁に向けて着々と知見を蓄積していった．

その後，2013年に第2次安倍内閣が発足するやいなや，真っ先に手を付けた政策の一つが，ネット選挙の解禁だった．2013年7月の参院選でも，党内にIT企業や広告代理店などと協力した「トゥルース・チーム」という，インターネット上の——なかでも，ソーシャルメディア上の——コミュニケーションを分析し，選挙運動に反映させるチームを設置した[6]．それに対して，本来政治システム内で競合し，与党に緊張感をもたらすはずの民主党は，前述のとおり，当初主導したはずのネット選挙についてさえ戦略的なアプローチを取ることができておらず，この分野でも自民党の独壇場となった．

こうした知見と組織能力が，その後の選挙でも活用されていることが知られている．他方で，民主党をはじめその他の野党は，こうした組織能力の継続的な蓄積と向上を怠ってきたこともあり，いずれも場当たり的なアプローチにとどまった．他の野党を見ても，共産党の「カクサン部」や，ミュージシャン三宅洋平によるネットとリアルを横断した新しい選挙運動「選挙フェス」などユニークな取り組みはあったが，少なくとも国政選挙の動向に影響を与えるといった顕著な成果をあげるには至っていない．

3. データで加速する「イメージ政治」とその背景

多くの有権者が政治に強い関心を持つ選挙運動期間は，日本の場合おおむね2週間程度ときわめて限定された期間である．2014年の衆院選を例に挙げると，現在の政治に対して，ネガティブな感情を抱いている有権者に対して，選択肢なき選択を促した．

2013年のネット選挙解禁は，政治に関して質はさておき，情報量を増加させたことは間違いない．だが，詳しくは後述するように「政局認識のフレームワーク」を持たない有権者にとっては，政治情報量の増加は選択の複雑性を増加させ，選択を困難なものにした．

このような政治環境に，政治が合理的に適応して登場したのが，新しいマーケティング技術や戦略PR，ソーシャルメディア分析の導入であった．有権者にポジティブな印象形成を促す「イメージ政治」であるといえよう．当初，政治への最新技術やデータ分析の導入は，人びとに，政治というブラックボックスに「新しい理性」の導入を期待させた．大量の情報とその分析による，政治の非合理性や不透明性の改善を半ば無意識的に求めたのである．事実，ビジネスや社会の少なくない現場で生じているイノベーションを念頭におくと，無理もない．

しかしながら，顕在化しつつあるのは，「データが支えるイメージ政治」であった．そこではデータは理性を支える道具ではなく，有権者の直感的な反応を引き出すためにこそデータを活用するのである．このような傾向は，何も日本に限ったことではない．

データ分析を駆使して，政治におけるビッグデータ時代の幕開けの象徴として引き合いに出されることの多い 2008 年と 2012 年における米大統領選挙におけるオバマ陣営の取り組みだが，実際には必ずしも「新しい理性」を呼び出したわけではなかった．

　2008 年のオバマの大統領選挙のデジタル戦略に深くかかわったラハフ・ハーフーシュ（Rahaf Harfoush）はその著書のなかで，さまざまな技法を紹介している（Harfoush 2009＝2010）．その一つに，似た属性や嗜好性を持つ支持者同士を結びつけて，コミュニケーションさせる手法があるという．潜在的に共通点を持つ，場合によってはお互いがまだ認識していない支持者同士が，コミュニケーションすることで，結束を固め，支持と忠誠心が増加するということのようである．そしてサイバースペースで収集した資金とデータを分析して，「効果的」に人びとが反応するテレビ広告を作成したのだった（そして，そのテレビ広告は YouTube などで先行して流し，反応がモニタリングされた）．

　かつて，ブログ黎明期に，情報化に詳しいアメリカの憲法学者キャス・サンスティーン（Cass R. Sunstein）は，自ら情報を取りに行く（と利用者自身は感じていることが多い）インターネット・メディアにおけるコミュニケーションが，しばしば同じ意見や属性の人物が集まって極化に至ると指摘した（Sunstein 2009）．

　さらに 10 年余りの歳月を経て，ソーシャルメディアが普及した，ビッグデータ時代のスピンドクターたちは積極的に極化を仕掛けにいくのである．ビッグデータの舞台裏に詳しいジャーナリストのスティーブン・ベイカー（Stephen Baker）は，選挙の諸変数の分析から，潜在的な支持者を発見する方法を紹介している（Baker 2008＝2015）．ある時点において，政治に対して特定のオピニオンや強い見解を持っていない無党派層の嗜好性に関するデータを分析することで，自分たちの政策に賛意を示す可能性の高い有権者を発見し，そこに訴求していくという．

　このようなアメリカ大統領選挙は，PR 業界の F1 に例えられている（田中・本田 2009）．米大統領選挙は選挙期間中に，全国民を巻き込む規模で，非合法の手段を除く，あらゆる手法を用いて世界最大の権力をめぐって競争をすることに由来する．もっとも過酷で，しかしリターンも大きい世界最高峰のゲームとみなしているのである[7]．

　選挙と政治の動向にもっとも直接的な影響を受けるのは政治家と政党だが，政治，市場，社会，そしてインターネットの関係が切っても切り離せないほどに，ち密なものになった環境のもとでは，彼らが投票に行ってほしいと望むのは，自らの支持者たちに限定される．有権者の関心は気まぐれで，ともすれば，すぐに生活世界と私的領域に向かってしまう．政治が理性の追求や政策の説明に向かうのではなく，印象の獲得という安易な路線に向かうのは，人びとが政治に関心を失っていくのと同程度に「合理的」な

適応行動なのかもしれない．

　日本社会にとっても，ビッグデータ時代のスピンドクターとイメージ政治の存在は他人事ではない．NHK の『クローズアップ現代』は，2013 年 7 月 3 日に「検証 "ネット選挙"」という特集を放送している[8]．この番組は，2013 年 7 月の参院選における，自民党のネットメディア局の取り組みを紹介している．インターネット上の情報発信とその傾向などを分析しながら，たとえば安倍首相が原発問題について発言する際には，最初に「安全第一」というキーワードを用いながら，国民に印象形成していくべき，といった示唆を提供していたのだという．

　最近では，こうしたネット上のビッグデータの分析によって，とくに参院選の選挙区や地方議会のように複数人を選択する選挙において，落選運動などその他の手法との組み合わせによって選挙結果に影響を及ぼしたと考えられる事例が登場し始めている[9]．

4.　誰が政治と有権者をつなぐのか
──「第四の権力」としてのジャーナリズム再考

　それではデータに支えられたイメージ政治の存在を適切に認識しつつ，政治と有権者を架橋する手掛かりはどこにあるのだろうか．これまでにも繰り返し論じられてきた主題でもあるが，ジャーナリズムと報道技術の高度化ではないか．現代において，大文字の政治と有権者の二者関係においては前者が有利である．第三項として，イメージ政治とその意図をデコードできる程度に，技術的に洗練されたジャーナリズムの重要性は増している．総力戦戦間期の，1922 年に書かれたウォルター・リップマンの『世論』は，当時姿を現し，急速に影響力を拡大し始めたマスメディアと宣伝技術の高度化に警鐘を鳴らした．

　現代の状況を念頭においてみると，どのような議論が可能だろうか．日本では，（組織）ジャーナリズムは，もっぱら「速報，取材，告発」を重視してきた．ただし，これらは政治への自明な関心と，情報量そのものが希少財であるという前提に立ったものであった．敗戦の記憶や冷戦構造など，人びとが政治に強く関心を向けざるをえなかった時代背景に支えられていたともいえる．

　希少性の所在が，速さから質へ，情報量から意味内容へ，共通の社会的関心から不透明化した論点の所在へと変化した時代には，ジャーナリズムには，「整理，分析，啓蒙」が求められているのではないか．情報量が少ない時代には，そもそも社会の輪郭を描くために情報そのものが必要だったのに対して，情報過多の時代には，大量の情報を整理し，複雑性の縮減がなされないことには，社会の全体像が見えてこない．エビデンスと

理性の政治ではなく，印象形成を促進する「イメージ政治」が行われているなら，なおさらその輪郭はぼやけるばかりだろう．

またビッグデータとデータ分析は，従来の常識や取材だけでは見えてこない関係性を発見する．高度な技術とデータに支えられた発信を，同等の技術とデータから読み解き，分析する必要がある．政治からの情報発信がそれらの知見に基づくなら，従来の取材に加えて，同等の分析技術が求められるのではないか．加えて，合理性が覆い尽くした，情報の（新自由主義的）競争的世界において，政治が適応し有権者を惹きつける情報発信を行うなら，ジャーナリズムからの発信もまた同程度に快適で，有権者の関心を惹きつけるものでなければ，有権者への訴求というラストワンマイルを達成することはできまい．

懸念されるのは，新聞社は日本で，人材育成と組織能力の蓄積という点で，独占的な地位を占めてきた．だが，しかし広告費，発行部数ともに減退の局面を迎えているのが現状である．そのジャーナリズムの現場で，具体的に誰が，明らかにこの労多くして果実の少ない仕事を担うのかという問いである．もちろん，変容の萌芽はある．朝日新聞社は，2013年に，米有名オピニオンサイト「ハフィントン・ポスト」とともに，「ハフィントン・ポスト・ジャパン」を設立し，また「メディアラボ」という採算を度外視した実験的な取り組みを行っている．2014年には，「withnews」というユーザーが新聞記者に取材を依頼することができる新たなサービスも導入するなど，積極的に情報化に取り組もうとしている．毎日新聞社も2014年にデジタル報道センターを設立し，オンライン・コンテンツや記者会見の書き起こし，速報に注力するようになった．ウェブでよく読まれた記事が，新聞紙面になるという「逆転現象」も起きている．

とはいえ，それらは紙面重視のジャーナリズムの世界では，相対的に小さな動きにとどまっているし，政治報道は従来のジャーナリズムでは花形とされてきたのに対して，「政治」報道はニッチにとどまっている．新しい政治報道で，気を吐いているのは，むしろネット企業中心の実践かもしれない．最近では記者会見場に，ドワンゴをはじめ，ネット系企業の記者が参加していることは珍しくなくなった．ネット選挙運動解禁以来，選挙運動の初日と最終日に，動画配信事業者共催の企画に，各党候補者らが集うことが常態化したし，ドワンゴが，「ニコ生開票速報」を行ったり，Yahoo! が選挙予測コンテンツを公開するようになった．だが，その規模や認知は，従来の日本のマスメディアの視聴率や発行部数の規模に及ぶものになりえてはいない．政治の情報発信技術が貪欲にネットメディアも取り込みながら進化する一方で，それに対抗しながら権力監視を行うことが期待されるジャーナリズムのイノベーションは質量ともに追い付いていない．

5. おわりに——ソーシャルメディアが普及した時代に政治的緊張感をいかに導入するのか

　思えば，2010年代の日本政治に共通するのは，「緊張感の欠落」だった．2009年の政権交代で大勝した民主党は，実現可能性を度外視した百花繚乱的な自らのマニフェストに苦しめられることになった．民主党の菅直人元首相は，2010年の参院選直前に，不用意に消費増税の話題に言及して，「ねじれ国会」を生み出した．その後，主導権を失った状態のまま，東日本大震災を経験した．平時の政権運営に習熟しないままに，有事を迎えてしまったため，過剰にマイナス評価を受けてしまった側面は否定できない．だが，それでもその政権運営は，有権者から見れば，やはり緊張感を欠いていたといわざるをえないこともまた事実である．

　他方，2012年末の衆院選では，民主党とその政権運営への反感を足がかりに，自民党が大勝した．現職国会議員の政界引退や，国会議員から知事への鞍替えなども相次いだ．野党はこの大敗を引きずったまま——言い換えれば，与党はこの大勝利を追い風に——，2013年の参院選を迎えた．その後，矢継ぎ早の経済政策と，顕著な株価の改善なども，与党に味方した．だが，その盤石さが政治的に向かうところ敵なしであるかのような傲慢さを生み出した．この時期に当選した自民党の当選回数の浅い議員たちは，党内でも総じて評判が良くないが，その危機感は変革の動機付けになっている．

　理由は対照的だが，政治的緊張感の欠落は，かつての民主党政権と現在の安倍政権の共通項であった．小選挙区制や参院選の1人区の存在も，有権者の感情の矛先が，場合によっては，政策と同等かそれ以上に，選挙や政治に影響を与える状況を強化している．

　そして，政治的緊張感が欠落した陥穽をつくかのように，情報社会のスピンドクターたちは，情報発信の技術を磨いている．これまで以上に政治と有権者の乖離が進もうとしているが，ソーシャルメディアも，ネット選挙もそれ単体では両者を結びつけなかった．このとき，残された期待は政治に対する批判的眼差しを存在理由とするジャーナリズムに見いだすほかないように思える．従来の政局，政策中心の報道とともに，データから見た実態を提示することで，有権者の政治理解を支援し，両者を佳境するような新しいスタイルが求められているように思える．言い方を変えれば，その実践はいっそう複雑さを増す「イメージ政治」に打ち勝ち，「『政策』とその社会に生きる人々を接続する」世論形成を促進すべきではないか．

　有権者の選挙，政局に対する眼差しを再度研ぎ澄まし，イメージ政治を読み解き，政治に緊張感を取り戻すジャーナリズムの進化に期待したい．

謝辞

本研究はJSPS科研費若手研究（B）「情報社会において競合する政治とジャーナリズムの学際的研究」（研究課題番号：16K16168）の助成を受けたものです．記して感謝します．

第10章

間メディア社会における〈世論〉と〈選挙〉の現在
―― 2014年12月衆議院選挙に関する調査から

遠藤 薫

1. はじめに―― 2014年衆院選の謎

「大義なき選挙」のはじまり

 2014年11月18日，安倍首相は，前日のGDP速報値の発表を受けて，2015年10月に予定されていた消費税の10%引き上げを延期し，同時に，2014年11月21日に衆議院を解散すると発表した．解散の理由を安倍は，「このように，国民生活にとって，そして，国民経済にとって重い重い決断をする以上，速やかに国民に信を問うべきである．そう決心いたしました」[1]と説明した．
 あわただしく選挙戦が始まった．
 「大義なき選挙」との批判があったにもかかわらず，しかも，アベノミクスがむしろ不調であることがGDP速報値によって示されたにもかかわらず，「アベノミクスが争点である」との安倍の主張はいつのまにか受け入れられたようだ．それは，かつての小泉郵政選挙を思い起こさせる展開であった．
 そのうえ，安倍内閣に対する国民の支持はかつての勢いを失っていた．2012年，安倍が政権を奪回したときの衆院選では，たしかに自民党はブームといえるほどの支持を集めていた．民主党政権に対する失望が，人びとを自民党への期待へと駆り立てたのだ．
 しかし，2014年秋の時点で，安倍内閣への支持率はゆらゆらと下降を続けている（図

154　第10章　間メディア社会における〈世論〉と〈選挙〉の現在

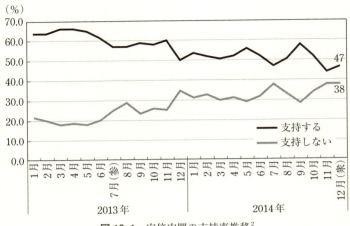

図 10-1　安倍内閣の支持率推移[2]

10-1).

　なぜ，こんな状況のなかで選挙を強行するのか．

　だが，公示後まもない 12 月 4 日，新聞各紙はこぞって自民党が 300 議席を超えるという圧勝予測を大々的に報じた．

　この圧勝予測の一因は「小選挙区制のマジック」である．小選挙区制では，わずかな差でも各区で当選すれば，全体として大きな議席差となる．ある閾値を境に，圧勝か，惨敗の二択しかないのだ．

　その意味で，支持率がきわどいラインまで落ちてきたこのタイミングで解散・総選挙に打って出た安倍政権の戦略は，まさに絶妙であったのかもしれない．

選挙の結果

　「盛り上がらない」と言われ続けながら，2014 年 12 月 14 日，投開票が行われた．

　投票率は 52.66％と史上最低を記録した．

　翌朝の新聞各紙には「自民党圧勝」の見出しが大きく躍った．「自民党圧勝」と書かなかったのは，毎日新聞だけだった．

　とはいえ，自民党の獲得議席が 300 を超えることはなく，むしろ前回より議席を減らした．一方，民主党，共産党はかなり議席を増やした．

　そして，衆議院選後に筆者が行った調査（以下，「2014 年事後調査」と略記）[3] では，この選挙結果に対して，「たいへん満足」または「まあ満足」と答えた人は 20％で，む

表10-1 各政党の獲得議席と獲得票の割合[4]

		自民党	民主党	維新の党	公明党	日本共産党	次世代の党	社民党	生活の党	無所属・その他	合計
獲得議席	小選挙区	222	38	11	9	1	2	1	2	9	295
	比例代表	68	35	30	26	20	0	1	0	0	180
	合計	290	73	41	35	21	2	2	2	9	475
	解散前	295	55	42	31	8	19	2	5	18	475
獲得票数(％)	小選挙区	48.1	22.51	8.16	1.45	13.3	1.79	0.79	0.97	2.93	100
	比例代表	33.11	18.33	15.72	13.71	11.37	2.65	2.46	1.93	0.72	100

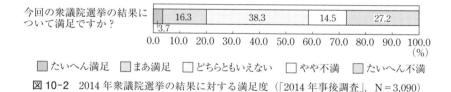

図10-2 2014年衆議院選挙の結果に対する満足度（「2014年事後調査」，N = 3,090）

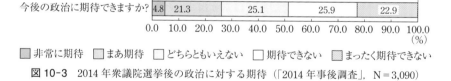

図10-3 2014年衆議院選挙後の政治に対する期待（「2014年事後調査」，N = 3,090）

しろ，「たいへん不満」または「やや不満」と答えた人が42％弱となっている（図10-2）．また，今後の政治に対して，「非常に期待」または「まあ期待」と答えた人は26％強にすぎず，むしろ，「まったく期待できない」または「期待できない」と答えた人が50％弱となっている（図10-3）．

選挙結果に対するこの否定的な意識は，どのように理解すべきなのだろうか．これで選挙の意味があるのだろうか．

本稿では，このような問題意識にたち，2014年事前調査，同事後調査の結果から，2014年12月衆議院選挙の様相について，まずは速報ベースで考察するものとする．

2. 政治のトラップ——アベノミクスと消費税

政党を選ぶ理由

図10-4は，筆者が公示直前に行った世論調査（以下，「2014年事前調査」と略記）[5]から集計した政党支持の理由である．一目で明らかなように，「景気対策」と「消費税問題」が群を抜いて関心を集めている．眼前の経済問題が最重視され，やや長期的な問題である「原発」や「社会保障」がやや後方に退いている．人びとが生活の苦しさを切実に感じているためかもしれない．

図10-5は，選挙後の2014年事後調査で，比例代表で投票した政党を選んだ理由を尋ねた結果である．

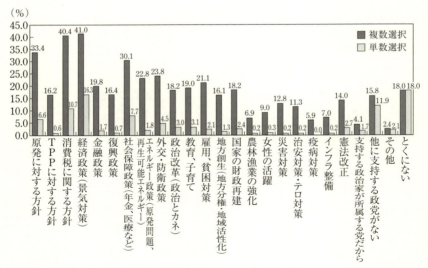

図10-4　政党支持の理由（%）（「2014年事前調査」，N＝5,497）

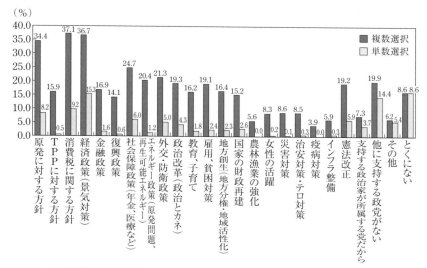

図 10-5　政党選択（比例代表）の理由（％）（「2014 年事後調査」，投票者のみ，N = 2,302）

アベノミクスへの失望と消費税の不思議なループ

　人びとの生活実感は，2014 年事前調査による「アベノミクス評価」にもはっきりと現れている．図 10-6 は，それぞれの項目について，賛成はグレー棒，反対は濃いグレー棒，賛成の割合から反対の割合を引いた値を薄いグレー棒で表している．

　「アベノミクスが成功」「まだ成果は出ていないが将来に期待」は反対が多く，「物価が上昇して生活が苦しくなった」「格差が拡大した」などには賛成がきわめて多い．つまり，人びとは，「アベノミクスによって，生活経済は悪化している」と強く感じているのである．

　アベノミクスは失敗していると感じ，生活が苦しくなっていると感じる人びとは，今以上に生活への負担が大きくなるだろう消費税増税に対しては回避的である．

　図 10-7 は，やはり同じ調査で消費税について尋ねた結果である．これによれば，人びとは「消費税増税先送り」に賛成している．いや，そもそも「消費税増税に反対」である．「社会保障のために増税」はやむを得ないかもしれないが，できれば「復興財源は法人税でまかなってほしい」し，消費税をどうしてもあげなければならないならば「軽減税率」を適用してほしい，と感じている．切羽詰まっているとの認識がこのような感覚をもたらしているのではないか．

158　第 10 章　間メディア社会における〈世論〉と〈選挙〉の現在

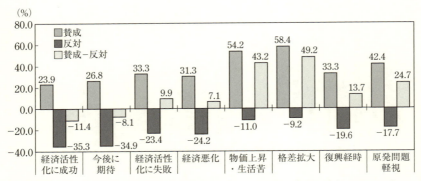

図 10-6　アベノミクスをどう評価するか（％）（「2014 年事前調査」，N＝5,497）

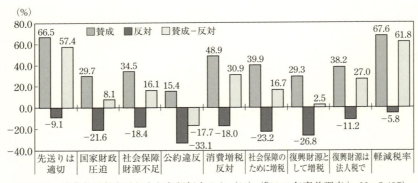

図 10-7　消費税増税先送りをどう評価するか（％）（「2014 年事前調査」，N＝5,497）

図 10-6 や図 10-7 に現れている感覚は，とても理解できる．

そしてその感覚は，必ずしも安倍政権を圧倒的に支持するものではないことも明らかだ．

しかし，図 10-6 や図 10-7 の感覚が組み合わさったとき，不思議な化学反応が起きて，アンチ・アベノミクスが，プロ・アベノミクスに転換しているのではないか．

図 10-8 はそのメカニズムを示したものである．

現政権は，「景気回復」を政策の表看板としている（本当はその陰に別のさまざまな政策もあるのだけれど）．ただ，残念ながら，人びとの実感レベルでは，アベノミクスはうまくいっていない．物価は上がり，富裕層は豊かになったかもしれないが，中間層の生活は苦しくなっている．少しの出費も抑えたい．消費税増税なんて耐えられそうもない．

2. 政治のトラップ　159

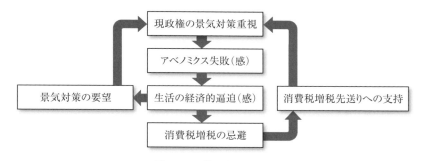

図 10-8　袋小路のループ

　だから,「消費税増税先延ばし」はありがたい. できればずるずる増税をやめてほしい. 社会保障は心配だけれど, 明日のことは明日考えよう. とにかく今は, 消費税増税を棚上げにし, 景気対策を重点化してほしい（そのためには, 原発問題も, 秘密保護法問題も, 集団的自衛権問題も, 後回しするしかない).
　とすると,「景気対策」を最も前面に打ち出しているのは, 現政権だ. 現政権支持だ（あれ?）.
　アベノミクスに対する失望感が, なぜか安倍政権支持につながる不思議な袋小路ループが, こうして形成されているのではないか（これは,「依存症」のループでもある).

トラップからの脱出口はどこにあるのか

　こんな袋小路のループに, 人びとが気づいていないわけでもあるまい.
　では, なぜ抜け出さないのか?
　「受け皿がない」と答える人が多い.
　たとえば, 表 10-2 を見てほしい. 今回の衆院選の各政党のキャッチコピーである. どれがどの政党のものか, わかるだろうか? 2013 年の参院選のときもそうだったが, この問題に対する正答率はものすごく低いだろう. 具体性もなく, まるで政党の顔が見えないコピーばかりである.
　唯一わかる人が多いのは, 自民党のキャッチコピーだろう. CM の出稿量も多い.
　それは当然のことながら, キャッチコピーだけの問題ではなく, マニフェストや各政党全体の政治姿勢を端的に表すものでもある.
　選挙が選挙であるためには, 各政党が自党の政策を練りに練り, 相互にしのぎを削ってこそであろう. その意味では, 選挙における政党と有権者とのコミュニケーションをいかに図っていくかが, 今後の大きな課題となる.

表 10-2　選挙キャッチコピーは政党を表しているか

キャッチコピー	政党
「次世代が希望を持てる日本を」	次世代の党
「消費減税，教育改革，国防強化で　この国にもっと自由を．」	幸福実現党
「景気回復，この道しかない．」	自民党
「生活者本位の国へ．」	生活の党
「平和と福祉はやっぱり社民党」	社民党
「身を切る改革．実のある改革．」	維新の党
「今こそ，流れを変える時．」	民主党
「暴走ストップ！国民の声が生きる政治へ」	共産党
「景気回復の実感を家計へ――今こそ，軽減税率の実現へ」	公明党

3.　「この道しかない」の未来

争点としての「アベノミクス」

　前節で，各党の選挙コピーが十分に自党の主張を表現していないことを指摘した．
　しかし，そのなかで唯一認知度の高かったのは，自民党の「景気回復，この道しかない」というコピーだったろう．
　安倍首相は 2014 年 11 月 21 日の記者会見冒頭で，「この解散は，「アベノミクス解散」であります．アベノミクスを前に進めるのか，それとも止めてしまうのか．それを問う選挙であります．連日，野党は，アベノミクスは失敗した，批判ばかりを繰り返しています．私は，今回の選挙戦を通じて，私たちの経済政策が間違っているのか，正しいのか，本当に他に選択肢はあるのか，国民の皆様に伺いたいと思います」[6] と述べた．自民党の 2014 年衆院選に向けての広報戦略（図 10-9，表 10-3）が，このラインを明確に打ち出している．
　こうした自民党のアジェンダ・セッティングに対して，民主党は，それに乗るかたちで，「今こそ，流れを変える時」と切り返している（図 10-10）．しかし，このコピーでは，アンチ・アベノミクスという主張はわかるが，そのために具体的にどのような政策をとるのかは示されていない．そのために，印象は弱くなる．また，民主党の CM は，有権者の声を紹介するという演出であったが，とくに「女性の味方編」（表 10-4）では，「正規雇用を希望してもなかなか叶わないという女性が少なくない現実をもってしても，

3.「この道しかない」の未来　161

図 10-9　自民党ポスター（2014 年衆院選）[7]

表 10-3　2014 年衆院選
自民党 CM の語り [8]

日本はいま，15 年苦しんだデフレから脱却しようとしています．このチャンスを手放すわけにはいかない．消費税増税の延期を決断しました．アベノミクスで雇用を増やし，所得を増やし，地方を元気に，国民生活を豊かにしていきます．景気回復，この道しかない．自民党．

図 10-10　民主党ポスター（2014 年衆院選）[9]

表 10-4　2014 年衆院選
民主党 CM の語り [10]

働いている女性たちの声．「夢は正社員になること．」「安心して子育てをしたいです．」「お金を貯めて結婚したいです．」〈テロップ：一人ひとりを尊重し，共に生きる社会へ．〉今こそ，流れを変える時．民主党．

党が正社員を「夢」として描くことには違和感があるようで，「何て小さい夢を国民に描かせてるんだよ…」「目標じゃなくて夢なのか…」といったコメントが数多く寄せられている」といった記事[11] もあった．

規制緩和と格差問題

　民主党やその他の政党が「アベノミクス」すなわち規制緩和による経済活性化策を批判するのは，①経済活性化策自体の失敗，②規制緩和による経済活性化の副作用としての格差拡大，の 2 点を根拠とする．

　しかし先に述べたように，①に対しては「消費税増税先送り」という短期的対症療法が示されており，これに対抗できるような代替案を野党は示せていない．

②については，格差拡大に対する対症療法としての社会保障制度は，今そのための資金が枯渇しているために，困難である．

という二重の障害によって，有権者の理解を得にくいという事情がある．

すなわち，「現時点で財政が困窮しており，かつ不景気で生活者が困窮している」という現実認識のために，一方で第2節で指摘した長期的には袋小路へと入り込む道が選択され，他方で社会的格差が長期的に拡大の一途をたどる道が選択されることになる，という二重のトラップがいま作動しているのである．

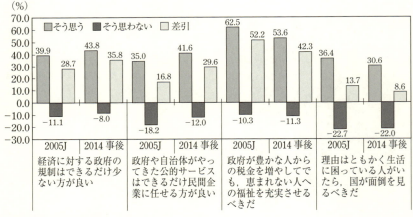

図 10-11　規制緩和と社会保障（％）
（「2005年SSM調査」，N＝2,827 および「2014年事後調査」，N＝3,090）

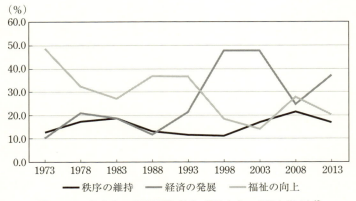

図 10-12　日本人の政治課題（％）（「日本人の意識」調査）[12]

このことは，人びとの意識の方向性にも観察される．図10-11は，2005年SSM調査と2014年事後調査における規制緩和と社会保障に関する回答を集計したものである．「規制緩和」政策への支持がこの10年で高まっており，「社会保障」政策への支持は低下する傾向にあることが見られるだろう．

また，この傾向は別の調査からさらに長期的に観察されるものでもある．図10-12は，NHK放送文化研究所が5年ごとに実施している「日本人の意識」調査のなかの「重要な政治課題」を尋ねた結果の推移であるが，従来圧倒的に「社会福祉」重視であった日本人の意識が，1990年代半ばに，「経済発展」重視へと大きく切り替わっているのである．

憲法・防衛問題

経済・消費税への注目の一方，安倍政権のもう一つの柱である「防衛問題」について

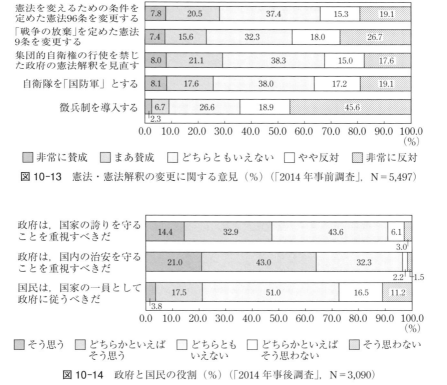

図 10-13　憲法・憲法解釈の変更に関する意見（%）（「2014年事前調査」，N = 5,497）

図 10-14　政府と国民の役割（%）（「2014年事後調査」，N = 3,090）

はほとんど議論されることがなかった．

有権者はこの問題をどう考えているのか，調査結果から見てみよう．

図 10-13 は憲法・憲法解釈の変更に関する意見を聞いたものである．憲法 96 条の変更，集団的自衛権に関する憲法解釈見直し，自衛隊の「国防軍」化については，4 分の 1 程度の賛成があるが，3 分の 1 程度が反対で，反対が賛成を上回る．憲法 9 条の変更については，約 23％の賛成に対して約 45％の反対があり，反対が大きく上回る．さらに「徴兵制」については，賛成が 1 割に満たないのに対して，約 3 分の 2 が反対で，反対が圧倒的である．

図 10-14 は政府と国民の役割に関する意見を聞いたものである．政府の役割は，「国内秩序の維持にある」という意見が最も多く約 3 分の 2 を占める．「国家の誇りを守る」にも約半数が賛成している．ただし「国民は政府に従う」については，賛成が 2 割強であるのに対して，3 割弱が反対である．

図 10-15 は領土・外交に関する意見を聞いたものである．「領土問題についてもっと主張すべし」という意見に賛成するものが約 3 分の 2 を占めると同時に，「中韓との関係改善」への賛成も半数近い．村山談話，河野談話の見直しについては，賛成が 3 分の 1 程度いるのに対して，反対は 1 割強である．首相や官僚の靖国参拝は，反対がやや上回る．ヘイトスピーチ容認や特定秘密保護法については，賛成が 2 割に満たず，反対が 3 割を超えている．

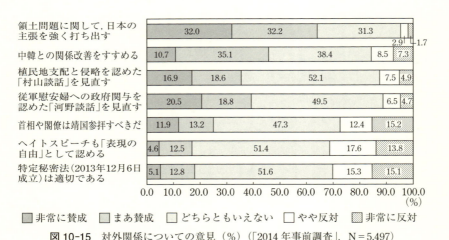

図 10-15 対外関係についての意見（％）（「2014 年事前調査」，N = 5,497）

4. メディアの問題

マスメディアへの疑問

2014年衆院選では，マスメディアの報道のあり方に疑問が多く指摘された．主な点は以下のとおりである．

1. 「選挙の大義」問題

   何のために，巨額の税金を使ってこの時期に選挙を行うのか明確でないままに選挙が告知され，それに対する十分な議論がなされなかった．

2. 「メディアに対する要望書」問題

   11月18日に『ニュース23』に出演した安倍首相から，マスメディアの報道が偏っているのではないかとの疑義が出され，マスメディアに対する「要望書」が出された．時の政権からマスメディアに対してこのような要望書が出されることは異例であるとされるにもかかわらず，マスメディア側からの異議申し立てはあまりなく，むしろ，政府に配慮した報道となったとの声も聞かれた．

3. 「自民圧勝報道」問題

   12月2日に公示されたばかりの12月4日，大手新聞がこぞって「自民党が300議席を超える圧勝」との予測報道を大々的に行ったことにより，有権者の選挙に関する関心を失わせ，低い投票率と実際の自民党勝利（現実には自民党が300議席を超えることはなく，むしろ現有議席を失ったのだが）につながったとの批判がなされた．

これらの問題について精細に実証することは本稿の範囲を超える．しかし，図10-16に示すように，2014年事後調査の結果からは，マスメディア報道に対する人びとの批判的なまなざしは見てとれる．

「「自民党圧勝」報道は早すぎた」という意見に賛成する人は4割を超え，違和感が強かったことがうかがわれる．また，「マスメディア報道は自民党よりであった」という意見に賛成する人が3割近くいると同時に，「マスメディア報道は民主党よりであった」「第三極よりであった」に反対する人が3割前後いる．「マスメディア報道が偏っていた」との意見も4分の1を超える．かなりの人びとが，2014年の選挙報道は「政権」よりだったと感じている．「政権の監視」がジャーナリズムの役割であるとすれば，ジャーナリズムの見識がまさに問われているといえよう．

さらに，「重要な情報が発信されている」については否定的な意見のほうが多く，「つまらない情報が過剰である」という項については，肯定意見が4割近くなっている．そ

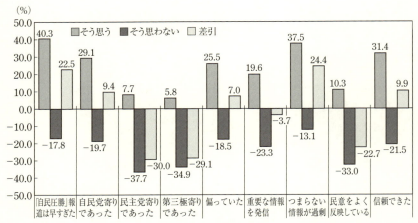

図 10-16　マスメディアの 2014 年衆院選挙報道に関する意見（％）
（「2014 年事後調査」，N＝3,090）

して，「民意をよく反映している」には，およそ 3 分の 1 の人が否定的である．
　マスメディアはこうした人びとの批判に今後向き合っていく必要があるだろう．

メディアとビッグデータ

　一方，2014 年衆院選で目立ったのは，マスメディアによるネット上のビッグデータ分析であった．この点については，本書第 9 章が詳しいので，ここでは割愛する．

ネット選挙の行方

　ネット上ではどうだったろうか．
　2014 年 12 月衆議院選挙は，国政選挙としては 2 回目の「ネット選挙」であった．
　しかし，「盛り上がらなかった」といわれた 2013 年参議院選挙のときよりもさらに，ネットを介した政治的議論の盛り上がりは見られなかった．
　実際，2014 年事後調査の結果（図 10-17）を見ても，「ネット選挙は盛り上がらなかった」という意見に賛成する人が 40％強である．「ネット選挙は成果を上げた」という意見については，賛成するものは 10％強しかいない．それ以外でも，ネット選挙に対するポジティブな意見は，賛成者が 10％前後しかいないのである．
　一方，「ネット選挙は，今後もっと自由にすべきだ」という意見に賛成するものは，約 3 分の 1 に達している．すなわち，現状では，「ネット選挙解禁」といっても制約が多すぎて，効果を上げられていない，と感じている人が多いということである．

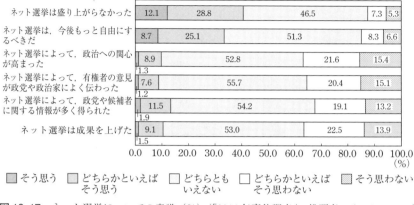

図 10-17 ネット選挙についての意識（%）（「2014 年事後調査」，投票者のみ，N = 2,302）

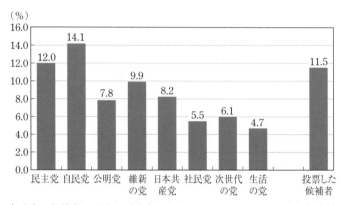

図 10-18 各政党，候補者のサイト（公式サイト，Facebook，Twitter など）を見たか？（%）（「2014 年事後調査」，投票者のみ，N = 2,302）

そのせいか，政党や候補者のネットを介した選挙活動についても，アクセス率は必ずしも高くない（図 10-18）．どのサイトも見たことがない人が 6 割を超えている．

その一方で，従来からの選挙情報は，選挙公報，新聞広告，選挙ポスターなど，ネット情報よりは見られているようである（図 10-19）．また，有権者サイドに立った選挙関連サイトも伸び悩んでいる（図 10-20）．

ネット選挙は，政治（あるいは社会一般）に関する多様な意見を豊富な情報とともに流通させることにより，健全な民主主義を発展させる効果を上げると期待されていたは

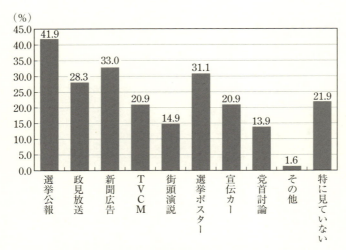

図 10-19　従来からある選挙情報を見たか？（%）
　　　　　（「2014 年事後調査」，投票者のみ，N＝2,302）

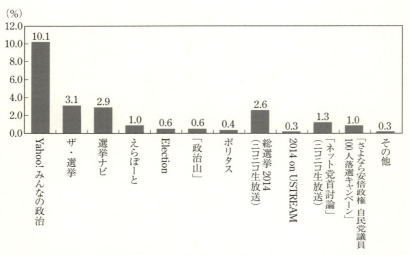

図 10-20　選挙関連サイトを見たか（%）（「2014 年事後調査」，投票者のみ，N＝2,302）

ずである．

　これまで 2 回のネット選挙は必ずしも効果を発揮できないばかりか，むしろ失望と無関心へと有権者を向かわせているようにもみえる．

しかし，先にも述べたように，現状の「ネット選挙」はかなり制約が強い状態にとどまっている．

今後，制約を解除していくとともに，政党，政治家の活発な情報受発信活動が望まれる．

5. おわりに

本稿では，2014年衆議院選挙に関する有権者の意識を，調査結果から分析した．今後さらに詳細な分析を進めたい．

付記1

本稿で用いたデータのソースである社会意識調査は，科学研究費助成・基盤（B）「東日本大震災に対する価値観に関する実証的研究」（2012～2015年）および学習院大学計算機センター特別プロジェクトの助成（2014年）を受けたものである．

付記2

本稿は，学習院大学『法学会雑誌』第50巻2号（2015年3月）に掲載された「大震災後の政治はどこに向かうのか——2014年12月衆議院選挙に関する調査から」に若干の加筆修正を行ったものである．

第11章

アメリカ政治とソーシャルメディア
── 選挙での利用を中心に

前嶋 和弘

1. はじめに

　現在のアメリカ政治はソーシャルメディアを中核に動きつつある，と断言してもあながち言い過ぎではないだろう．いうまでもなく，アメリカは国家プロジェクトとしてインターネットという技術を生み出した国であり，インターネットが民生化されて以降は今日までアメリカの各種ICT企業は主要アプリケーションを積極的に開発してきた．

　ソーシャルメディアは，選挙キャンペーンや社会運動などの情報伝達の手段となっているだけでなく，大統領の政策運営，連邦議会の立法活動などで不可欠の存在になっている．ホワイトハウスだけでなく，上下両院の主要な議員の立法活動用のウェブサイトにはFacebookやTwitter，YouTubeから始まって，Flickr，Pinterest，Picasaなどの写真・画像共有用のソーシャルメディアへのリンクが埋め込まれており，情報提供だけでなく，利用者の転送を前提にし，ネット上の拡散を意図したコンテンツが多数含まれている．また，政治のインフラともいえるシンクタンク，利益団体などの活動でも，ソーシャルメディアに依存するかたちで情報発信が続けられている．テレビ，新聞などの既存のメディアから政治情報はソーシャルメディアを媒介し，一気に伝播していくため，ソーシャルメディアが複合メディア時代の政治コミュニケーションの起爆剤の機能を果たしている（前嶋 2012a）．

　政策に目を向けても，2010年の「インターネット・フリーダム（Internet Freedom）」

に代表されるような，ソーシャルメディアを含むインターネットの自由をうたう政策は外交分野にまで及んでいる（前嶋 2012b）．また，ここ数年のアメリカ政治を読み解く最大のキーワードである政治的分極化（political polarization）について，ソーシャルメディアの影響も盛んに指摘されている．自分のイデオロギーに近いオンラインの情報は積極的に参照し，リツイートなどのかたちでさらに他の人に伝えていくが，自分の考えとは相容れないものについては，まったくアクセスしようと思わないという「選択的接触（selective exposure）」の傾向がソーシャルメディアではとくに目立っているためである．「保守」と「リベラル」との二つの世論は決して交わらず，それぞれによる別個のオンライン世論がソーシャルメディアを介して加速度的に増殖している状況のなか，「政治的分極化」がさらに進展しているという見方である[1]．

ソーシャルメディアの利用が爆発的に増えていくなか，アメリカでは，すべての政治過程にソーシャルメディアが深く入り込んでいる．本稿では，ソーシャルメディアで動くアメリカ政治の現状の一例として，選挙での利用を中心に論じる．

2. "オバマ革命"以前のアメリカの選挙とソーシャルメディア

Facebook（2004年開設，一般には2006年サービス開始[2]）やTwitter（2006年サービス開始[3]）などの主要なソーシャルメディア（ソーシャル・ネットワーキング・サービス，SNS）が生まれる以前から，アメリカでは選挙でのインターネット利用が進んできた．アメリカの選挙におけるソーシャルメディアの利用が一気に本格化するのは2008年大統領選挙だが，インターネットが一般に普及するのとほぼ同時に，その技術は選挙運動で次々に応用されてきた．

ソーシャルメディアと選挙の関連を語る前提として，それ以前の「夜明け前」「黎明期」の動向を時系列的に簡単に振り返ってみる．国政選挙（中間選挙と大統領選挙）が行われる2年ごとに，選挙におけるインターネット利用が着実に深化してきたのが明らかになる．

まず，選挙におけるインターネット利用の最初の試みは，1992年の大統領選挙でのビル・クリントン（Bill Clinton）陣営（民主党）であり，経歴や選挙公約，演説などを自らのウェブサイトに掲載した．ただ，インターネットそのものの利用者も圧倒的に少なく，メディアもほとんど取り上げないような実験的な試みにとどまっていた（Davis 1999）．インターネットの利用が急速に進んだのは1996年大統領選挙・議会選挙であり，大統領選挙だけでなく，議会選挙でも500人を超す候補者たちがこぞって自分の公式選挙用ウェブページを立ち上げたほか，経歴や選挙公約などを掲載した（Davis and Owen 1997).

　2年後の1998年中間選挙ではウェブでの政策 PR に加え，電子メールを通じた選挙ボランティア募集など，現在のソーシャルメディアにつながるような双方向性を少しずつ意識した支持層固めの戦略が一般的になった．ただ，まだ本格的な利用とは言えず，同年選挙の直後に行った Pew Research Center の調査によると，インターネット上の選挙情報へのアクセスは，ネット利用者のうちの 15% 程度にとどまっていた．さらに，今から考えると隔世の感もあるが，インターネット利用者はそのものが比較的豊かであるという所得バイアスも当時は目立っており，豊かな層の割合が比較的多い共和党支持者のネット利用率は，民主党支持者よりも 10 ポイント程度高いという党派性も顕在化していた[4]．それでもインターネットの一般利用が本格化するとともに，民主党にとっても，共和党にとっても，インターネットの選挙戦略上の重要性は増していく．2000 年選挙では共和党の大統領候補者指名争いに立候補したジョン・マケイン（John McCain）がオンラインによる選挙献金を大々的に始めたことで大きな話題となった．

　選挙戦略上のソーシャルメディア利用の黎明期が訪れるのが，4年後の 2004 年大統領選挙である．同年の民主党予備選に立候補したハワード・ディーン（Howard Dean）が，当時まだ新しかったブログを徹底的に利用し，オンライン献金をさらに組織化させた．ディーンのブログでは書き込みを利用した候補者陣営と支持者との情報交換などを行ったほか，ビデオストリーミングなども組み込んでいた．個人からの発信機能や双方向機能をどこまで含めたら「ソーシャルメディア」といえるのか，という定義にもよるが，今から考えると 2004 年選挙あたりが選挙におけるソーシャルメディア時代の「夜明け」だったともいえる（前嶋 2011a）．

　さらに，2年後の 2006 年中間選挙では，「ソーシャルメディア」とはっきり定義されている YouTube（2005 年サービス開始[5]）が選挙戦の雌雄を決した．同年 8 月，再選が確実視されていた現職上院議員のジョージ・アレン（George Allen）が選挙演説のなかで，人種差別的な軽口をしたのを，対立候補陣営がビデオに収め，それを爆発的な人気を集めつつあった YouTube に掲載した．このアップロード映像は瞬く間に広く共有され，テレビニュースも連日，この映像を繰り返し報じることになる．当然，アレンのイメージは大きく失墜していく．この事件は，社会や政治の争点の議題設定能力で，ソーシャルメディアがテレビや新聞を上回ったほぼ最初のケースであり，独占的な影響力を誇ったテレビや新聞が大きく後退していくことも意味していた．再選につまづき，「将来的な大統領の器」とまで言われていたアレンの政治生命もたたれることとなった（前嶋 2012b: 98）．

3. "オバマ革命"
——「下からの改革の起爆剤」としてのソーシャルメディア

そして，2008年にはソーシャルメディアがようやく選挙の主役に躍り出る．アメリカの選挙におけるインターネットの利用を革命的に変えたのは，この年のバラク・オバマ（Barack Obama）陣営にほかならない．2008年の大統領選挙でオバマ陣営は公式ウェブサイト内に組み込んだSNSを積極的に利用し，支持者相互の連帯の輪を拡大させていった．日本でも広く知られているように，同年大統領選挙のオバマ陣営は，ソーシャルメディアを本格的に政治に使いこなす戦術では世界的な先鞭をつけた．

筆者の記憶では「ソーシャルメディア」という言葉がそもそも一般的になったのは，アメリカでもオバマが当選した直後の2009年ごろである．ソーシャルメディアをオバマ陣営が積極的に使ったことで，「ソーシャルメディア」という言葉が人口に膾炙するようになるのと同時に，オバマがソーシャルメディアの代名詞であるというイメージが作り上げられていった．

2008年の段階では，TwitterもFacebookも一般の利用が始まって2年弱であり，2008年8月のFacebookの利用者も1億人と，2016年3月現在の16分の1程度でしかなかった[6]．このような初期段階から，オバマ陣営は，ソーシャルメディアが持つ圧倒的に高い潜在性に注目し，マーク・ザッカーバーグ（Mark Zuckerberg）らとFacebookを立ち上げた創業メンバーの1人，クリス・ヒューズ（Chris Hughes）を陣営にヘッドハンティングした．そして，選挙公式サイト内に特設のSNS（「マイ・バラク・オバマ・ドットコム（mybarackobama.com）」，略称MYBO）を立ち上げた[7]（図11-1）．そのサ

図11-1　2008年選挙でオバマ陣営が立ち上げた特設サイト[8]

イトはFacebookとかなり似ており，双方向でやりとりができる仕組みがオンラインで可能となった（前嶋 2009）．急激に普及しつつあったFacebookやTwitterも選挙戦中盤以降，特設SNSに組み込んだが，そちらはあくまでもメインではなく，基本的には独自に作り上げた特設SNSが，ソーシャルメディアを本格的に取り入れた選挙という新しい時代を切り開くこととなる．

　この特設SNSの活用に関して，オバマ陣営がねらったソーシャルメディアの潜在力の大きさの中でも，爆発的な普及力と，献金への影響という2点に注目した．まず，1点目のソーシャルメディアの普及力については，拡大にふさわしいコンテンツであれば，オンラインの情報は瞬時に共有されていく．支援者の輪は，オンラインにとどまるだけでなく，実際に街に出て支援のための活動に変化していく．そのねらいどおり，イラク，アフガニスタンという二つの戦争に疲弊した国民の琴線に触れるようなオバマの「変化（チェンジ）」のメッセージは，オンラインコミュニティで加速度的に共有され，SNSでのやりとりをきっかけに，オバマ支持運動の輪が広がっていった．このオンラインからオフラインへの運動の昇華こそがオバマ陣営のねらいであり，オバマを支える支援ネットワークが自然発生的に爆発的に拡大していくなか，オバマの選挙運動は一種の社会運動になっていった（前嶋 2009）．

　オバマ陣営が注目したもう一つの潜在性とは，SNSを使った献金がもたらす選挙ボランティアとの相乗効果であった．日本に比べ，アメリカの場合，選挙献金は政治参加であるという意識が強い．オンラインを通じた選挙献金もアメリカでは前述の2000年選挙や2004年選挙から一般的になっていったが，SNSの導入でさらに気軽に献金することも可能となるという点から，一種の発想の転換があった．

　この発想の転換とは，次のとおりである．2008年選挙以前の場合，個人献金なら，献金の規制の範囲内でできるだけ大型の献金を集めるために，取引先にも献金を呼びかけることができるような企業幹部や各地の名士たちのバンドラー（複数の人びとを束ねる人）をどれだけ囲い込めるかが勝負だった．一方で，SNSを活用した献金の場合，バンドラーではなく，若者が多いため，所得の面からどうしても小口献金となってしまう．しかし，この小口献金者こそ，汗を流してボランティアで選挙運動を手伝ってくれる熱心な支持層になりうる，というのがオバマ陣営の発想だった．

　このねらいは功を奏し，小口献金が増えれば増えるほどオバマ支持は熱を帯び，さらに小口献金が増えていくという好循環を生み出していった．とくに，少ない額を何度も献金してくれる層が熱烈なオバマ支持者を意味していた．献金総額でも予備選挙でのヒラリー・クリントン（Hilary Clinton），本選挙でのジョン・マケインという対立候補を大きくしのぐことになる．ソーシャルメディア時代においては，選挙ボランティアを支

える小口献金者の割合が多く，このことこそがオバマの強さを示すものとなった．SNSの利用は選挙献金そのもののあり方も大きく変え，この新しいダイナミズムを生み出していった（前嶋 2009）．このように，選挙においてのソーシャルメディアは，「下からの改革の起爆剤」となり，まさに選挙動員の「革命」だった．

4. ソーシャルメディアと選挙の親和性——二つの理由

　それではなぜ，"オバマ革命"でソーシャルメディアを使った選挙手法が一気に花開いたのだろうか．逆に言えば，なぜ日本では2013年参議院選以降，解禁されたネット選挙運動が期待に反して，盛り上がりに欠けるように思えるのだろうか．それには，選挙規制の緩さと選挙産業（campaign industry）の発展というアメリカの政治文化が作り上げてきた二つの理由がある．

　まず，規制については，アメリカにおいては有権者側に対する規制はないといっていいほど限定されている．日本では2013年の公職選挙運動の改正で，インターネットを使ったネット選挙運動が解禁されたが，電子メールを利用した選挙運動は，候補者や政党だけが可能であり，有権者に対しては，引き続き禁止されているほか，未成年者はこれまでどおり選挙運動をすることはできない．

　これに対して，アメリカの場合，金銭の授受がない候補者の自発的な行為なら，各候補者の選挙CMを自分のブログに掲載したり，献金へのリンクを張ることは自由である．自分のブログや電子メールのなかで，選挙についての自分の意見を表明し，特定の候補への支持を呼びかけるのも，「表現の自由」の観点から報道機関と同じ存在（"press entity"）として許容される．年齢にも規制はない．アメリカの選挙で大きな役割を占めるのが，未成年を含む若者のボランティアであり，ソーシャルメディアやブログを使った投票の呼びかけも未成年が行うことは珍しくない．2008年選挙のオバマ陣営のように，若者のボランティアの存在は選挙に欠かせない．このように，日米の規制の差はとてつもなく大きい．

　アメリカの「伝統的な選挙戦」は，テレビの選挙CM（選挙スポット）を介しての「空中戦（air wars）」だが，インターネットでの広告は規制の対象となる「公共政治広告（public political advertising）」に該当しない．選挙戦術の核となっている選挙CMの使用は，サイバースペース上では「解放区」となっている．さらに，日本では戸別訪問は禁止されているが，アメリカでは規制がなく，「地上戦（ground wars）」として，位置づけられている．戸別訪問のときの鍵となるのが，後述するようにソーシャルメディアから集めた情報分析である．

一方，選挙産業の発展は，マーケティングの重視というきわめてアメリカ的な環境に起因している．選挙産業とは，各候補者陣営と協力しながら選挙を専門的に請け負う，世論調査担当者，広告制作会社，選挙戦略コンサルタントやアドバイザーなどの業者の総称である．インターネットの登場以前の1980年代から選挙運動を科学的に行う「選挙マーケティング」の概念が浸透し，選挙の専門化（professionalization）が急速に進んでいった．

　この選挙産業の発達は"オバマ革命"以降のソーシャルメディア時代でもさらに加速度を増していく．候補者の政策PRだけでなく，選挙への動員呼びかけ，献金のツールなど，選挙産業にとって，ソーシャルメディアは絶好の選挙戦術のツールとなったためである[9]．さらに後述するような有権者の情報収集についてもソーシャルメディアはまさに宝箱となる．選挙産業のなかに，インターネット技術者がはっきりと位置づけられたのも，2008年以降である．

　このようにして，ソーシャルメディアは選挙産業にとっては，自分たちの役割をさらに肥大させるものにほかならない．一方で，支持者相互の自由で「水平型」な支援構造を生み出していった2008年選挙で見られたようなソーシャルメディアの特性は影を潜めつつある．選挙における徹底したソーシャルメディア利用が生み出した世界はバラ色ばかりではない．

5. "オバマ革命"以後——「上からのコントロール」の手段となったソーシャルメディア

　"オバマ革命"以後のアメリカにおけるソーシャルメディアと選挙の関係を実際に見ていくと，2012年大統領選挙や2014年中間選挙では，候補者や政党がソーシャルメディアをコントロールの道具として利用する色彩が次第に強くなっていくという「逆コース」が目立っている．「下からの改革の起爆剤」だった2008年の状況から，ソーシャルメディアは「上からのコントロールのツール」に変貌しつつある．

　"オバマ革命"の次の2010年中間選挙には，オバマを模して，日常生活でソーシャルメディアの利用になれていないような候補者までも，自分の公式選挙サイトはFacebook, Twitterと連動させ，支持者との双方向のコミュニケーションを図るようになる．FacebookやTwitterの爆発的な普及が背景にあり，2010年中間選挙では，大金をはたき2008年選挙のような独自のSNSを立ち上げる必要がなくなったことも大きい（前嶋 2011b）．本格的にソーシャルメディアを選挙戦略に組み込むようになった背景には，選挙産業が積極的に導入支援を急いだという事実がある[10]．実際に，同年選挙で

は，Facebookの「like」，Twitterの「フォロワー」が多い候補の方が対立候補よりも7割以上の圧倒的な確率で勝利することも報告されている[11]．

2012年大統領選挙・議会選挙，および2014年中間選挙はこの延長線上にあり，政治参加のツールとしてソーシャルメディアは完全に市民権を得た．Pew Research Centerの2012年7月から8月の調査によると，成人回答者の全体の69％はFacebookやTwitterなどのSNSを使っていると回答した．また，そのなかの38％は政治や社会問題についての他のユーザーの書き込みに対して，「like」のアイコンをクリックするなど情報拡散に何らかの貢献をしている．この数字は同センターがソーシャルメディアについて初めて調査した2009年4月の46％に比べると急増している．また，ソーシャルメディア上の政治家や候補者の動向について追っている（常に情報を集めている）人が18-29歳で25％あり，年齢とともに利用は減るが，65歳以上でも10％もいる[12]．アメリカの政治情報の媒介者としてのソーシャルメディアの役割がはっきりと確定したといえる．

2008年選挙での成果をきっかけに，2012年選挙ではオバマ陣営は情報技術に熟知したスタッフの数を増やし，FacebookやTwitter，YouTubeなどのソーシャルメディアへのリンクを埋め込んだ選挙サイトを活用した．そのなかには，転送を意識したFlickrなどの写真・画像共有用のソーシャルメディアへのリンクも含まれている．2008年選挙の場合，オバマ陣営が突出してソーシャルメディアの活用を行っていたが，前述のように選挙産業の積極的なソーシャルメディアの導入支援もあって，同年選挙の共和党の候補者だったミット・ロムニー（Mitt Romney）だけでなく，上下両院の連邦議員候補者たちのサイトでも積極的にソーシャルメディアを導入した結果，デザインの差こそあれ，ほとんどどれも非常に似通った標準的なものになっている（図11-2）．

2016年の大統領選挙予備選では，選挙運動の柱としてソーシャルメディアが利用された．特に民主党のバーニー・サンダース（Bernie Sanders）陣営の場合，「フィール・ザ・バーン（Feel the Bern）」というスローガンは，ハッシュタグとしては異例の数のツイートを生み，サンダースが訴える大学の無償化や金融大手の解体，医療保険の完全公営化など，リベラル派の若者からの熱狂的な支援につながっていった（Grothaus 2016）．その意味では，2008年のオバマ陣営のオンラインを通じた「水平のつながり」が復活した感もある．予備選を勝ち抜き共和党の大統領候補となったドナルド・トランプ（Donald Trump）の場合，演説や記者会見中の数々の暴言ともいえる問題発言や極端な政策を繰り返して，逆に「本音」の候補として人気を集めていった．それぞれの発言はテレビ向けだったが，同時にTwitterで再度同じ内容をつぶやいたり，追加説明することで，支持者はそれをさらにリツイートしたりFacebookでコメントすることで，「暴言」

図11-2 上院議員に再選されたアル・フランケン(民主党)の2014年選挙サイト．Facebook と Twitter のコンテンツがあしらわれている[13]

がサイバースペースにあふれていった．この2人のアウトサイダー候補の躍進の背景にソーシャルメディアがあったことは特筆されよう．

本稿で論じたビッグデータに基づく，各有権者のプロフィールから党派性を割り出して，投票所に向かうことを説得する戦術は，同じ党内の戦いである予備選段階よりも，民主・共和両党の候補が戦う本選挙で大きな効果を発揮する．おそらく11月8日の本選挙に向けて，2016年選挙も「ビッグデータ選挙」となっていくと想像される．特に，オバマ陣営からデータを引き継いでいる，民主党のヒラリー・クリントン陣営の場合は，データを基にした戦術を続けるのではないだろうか．一方で，共和党のトランプ陣営の場合，データや選挙組織では後れをとるものの，トランプ自身の発言を予備選段階と同じようにソーシャルメディアで増幅させることで，対抗していくのではないだろうか．

選挙産業の導入支援で，標準化されたのは，ソーシャルメディアを使ったPRだけではない．ソーシャルメディアを使った有権者のさまざまな情報を収集する手法も標準化されていく．有権者の性別，年齢，人種・エスニシティ，居住地域，職業，教育水準などの基本的な属性のほか，趣味，購読雑誌情報などは，マーケティングのための専門ブローカーなどから情報を買わなくても，ソーシャルメディアを分析すれば，簡単に手に入る．ソーシャルメディアから集めた情報に加え，部分的に公開されている情報だが，日本から見れば，プライバシーの侵害に当たるような過去の有権者登録などの選挙に直結する情報，さらには，居住地域から割り出した地図情報，年収などブローカーから買い取った情報などを積み重ね，データベース化していく動きが2012年選挙から目立つ

ようになっていく．ソーシャルメディアがアメリカの選挙にもたらした次なる革命は，このような「ビッグデータ選挙」と呼ばれる有権者情報のデータベース化である．ビッグデータ選挙の本格化にほかならない．評論家サーシャ・アイゼンバーグ（Sasha Issenberg）が話題となった著書『The Victory Lab』で指摘するように，ソーシャルメディアを使うことで，選挙に勝つための選挙の科学化に基づく「マイクロターディング」が一気に進んでいる（Issenberg 2012）．

　ソーシャルメディアで集められたビッグデータは，戸別訪問という「地上戦」でフル活用される．各種研究が裏付けるように，アメリカの場合，有権者の党派性が強ければもともと投票率が高く，民主党支持者なら民主党，共和党支持者なら共和党の候補者にそれぞれ投票する．逆に，民主，もしくは共和党支持の党派性が薄ければ薄いほど，そもそもの投票率が低い．そのため，民主党にとっては「中道ややリベラル派」，共和党にとっては「中道やや保守派」という放っておけば選挙を棄権する人びとを，それぞれ投票ブースに向かわせようとする投票促進（Getting-Out-To-Vote；GOTV）運動こそが選挙戦術の最大のポイントとなる．この層を割り出す鍵となるのが，ソーシャルメディアなどから抽出したビッグデータである．有権者の党派性を割り出した後は，たとえば，民主党なら「格差拡大は共和党のせい」，共和党なら「社会秩序を乱しているのは民主党」などといったその層が敏感になっているような争点をやはりビックデータから分析し，何とかしてでも投票所に向かわせる理由を無理にでも作り出して，ボランティアが説得を続けるという戦略である[14]．

　このようなソーシャルメディアを通じて集めた有権者情報の徹底的な利用についても，2012年および2014年選挙で一気に広がった．ソーシャルメディアの利用で，ネット上での有権者の選挙情報交換の機会が爆発的に増える中，2012年大統領選挙では，激戦州の中でだれが「説得できる」対象なのかを割り出し，集票を最大限化する戦略の一環にソーシャルメディアが活用されていったのは，オバマ陣営だけではなく，ロムニー陣営も同じであった[15]．「ビッグデータ選挙」元年である2012年大統領選挙で勝利したのは，2008年にソーシャルメディアを駆使した経験知に勝るオバマ陣営だった．

6.　結びに代えて

　このように，世界の人びとの生活を大きく変えたソーシャルメディアはアメリカの選挙にも革命的な影響を及ぼしてきた．緩い規制や選挙産業の発展に支えられ，アメリカの選挙におけるソーシャルメディア利用は着実に深化してきたが，2008年選挙のオバマ陣営がソーシャルメディアを使って作りだした支持者相互の自由な横のつながりは，

2012年選挙ではまったく目立たなくなってしまった．選挙産業がビッグデータ分析に腐心し，ソーシャルメディアのデータも選挙動員のうえからのツールに大きく様変わりしてしまっている．

　ビッグデータを使った選挙の専門家たちのコントロールがさらに進展するのか，あるいは「草の根のネットワーク」的な横の連携が戻っていくのかはまだ，明らかではない．たとえば，2015年9月に発表されたFacebookの個人データ利用の規制などは，選挙でのソーシャルメディアの利用のベクトルを大きく変えていくものになる可能性がある[16]．選挙産業の台頭で，選挙マーケティング費用はかさみ続けており，選挙費用総額を押し上げていることに対するアメリカ国民の反発も少なくない．双方向性というソーシャルメディアの特徴を考えると，オンライン上の政策論議のなかで候補者は切磋琢磨され，非常に高い意味での「集合知」を生み出すことは潜在的には可能ではある．もちろん，政治的分極化のなか，そのような理想とはかけ離れているのが現時点のアメリカのオンライン世論だが，インターネットがより徹底した民主主義の装置になるような何らかの技術も今後，徐々に導入されてくれば何らかの変化も生まれるであろう．

　上述のように，アメリカの選挙におけるソーシャルメディアの利用は選挙ごとに大きく変化してきた．今後，ソーシャルメディアの特性を活かした自由で「水平型」な支援構造がよみがえるような日がいつかは（あるいはそんなに遠くない未来に）訪れるのかもしれない．

第12章

ソーシャルメディアとイスラム過激派
―― 過激派による勧誘戦略の変遷

塚越 健司

1.　はじめに

　イスラム教を国教に指定するイスラム国家には，権威主義的体制を敷くことから国民のインターネット利用を制限する国家も存在する．一方，比較的民主的な国家においてはインターネットの普及率も高く，立憲君主制国家の「ヨルダン・ハシミテ王国」（以下，ヨルダン）のように政府批判も許容される国家は，それだけが要因ではないにせよ，2010年〜2011年にかけて生じた一連の「アラブの春」を発端とした反政府デモにおいても政変には至らなかった．逆に，一般国民のインターネット回線をシャットアウトした専制的なエジプトには革命が生じた．

　「アラブの春」以降，「ハッシュタグ抵抗」と呼ばれるSNSを利用した多くの民主化運動が行われてきた．それらはネットを介した人びととの「弱いつながり」と，思考・感情の「同期化」によってもたらされたものであったことが知られている（山本 2011）．その際，非民主的で独裁的な国家ほどSNSを背景にした市民の連帯感は高まっていった．逆にヨルダンのように，ある程度民主的な国家はそのような危機を免れたことになる．

　ヨルダンの反政府デモは，2011年1月以降に生じた「来る：変化のためのヨルダン人キャンペーン」[1]や「青年3月24日」[2]といったSNSを駆使した団体が主催する運動においても表面化し，これらはヨルダン国内外で大きく報道された．しかし，吉川卓郎

によれば、「青年3月24日」ではFacebookの公式ページアクセス数が半年で100万件を超えているにもかかわらず、彼らが呼びかけたデモの参加者は多くて数百人程度だったという（吉川 2014）．吉川はその理由として、デモ以前に民主化やIT化が発展しており、インターネット上で議論されていたがゆえにガス抜きがあったこと．さらに都市部と地方の格差や、強力な部族の存在などの要因によって社会的亀裂が複雑化しているため、実態のわからないSNS団体のデモに参加するインセンティブが低かったことなどを挙げている．

完全に情報をシャットアウトするような権威主義体制はSNSの発展を許さないが、そうであるがゆえにさらなる感情的不満を引き起こす．とすれば、多かれ少なかれ情報の自由を促進し、ある程度開かれた国家づくりを行うことが必要不可欠である（中国はネット検閲がある一方、ある程度の政府批判を許容するようなガス抜き装置を形成している）．

権威主義的体制の多いイスラム諸国であっても、人びとと情報の媒介項であるメディアが世論形成に関与することによって、国家のあり方が変容することがある．インターネットやソーシャルメディアといった、国家が完全な統治・管理を行い得ないこのメディアは、人びとの国家をめぐる「世論」にどのような影響を及ぼすのか、といった問題については、すでに「アラブの春」をめぐって多くの議論がなされてきた（山本 2011）．そこでは、ソーシャルメディアが人びとの世論形成に一定の影響を及ぼしてきたことが確認された．

ところでこうした方法論は現在、イスラム諸国のみならず全世界を巻き込んだ昨今のイスラム過激派、とりわけISIL（Islamic State in Iraq and the Levant）、いわゆるイスラム国をはじめとする一連のイスラム過激派によって実践されている．彼らはTwitterやFacebookといったSNSを通して大量の情報を発信することで、過激派への共感を募り、実際に信奉者を増やすことで世論を大きく形成しようと欲する．そこで本稿は、過激派による戦士、すなわち志願者の勧誘戦略とSNSの関係を取り上げる（ISILはIS、イスラム国、ダーイシュといった多様な呼称が存在するが、本稿はISILで統一する）．

その理由とは何か．まず、民主主義や情報公開とは程遠いイスラム過激派のSNS利用の比較・検討がソーシャルメディア理解に役立つこと．加えて、具体的な勧誘戦略とソーシャルメディアの位置づけを考察することにより、過激派のようなテロ集団がソーシャルメディアを利用する際の特徴が浮かび上がること．さらに、ソーシャルメディアと感情動員の方法論を、イスラム過激派をケーススタディとして検討することに意義があるからだ．

そこで本稿はまず、インターネット以前の勧誘戦略の歴史を簡単に振り返り、続いて

インターネット掲示板などを利用した，主にイラク戦争後のイラクに対する志願者の現地潜入事例を紹介する．さらに，ソーシャルメディアの登場以後の志願者勧誘および潜入方法を検討することで，勧誘戦略の歴史的変遷およびソーシャルメディアがもたらした意義を検討する．

　勧誘戦略の変遷が，勧誘のための手段としてのメディアの変遷であることは言うまでもないが，あらかじめ述べておけば，メディアの変化は必ずしも「発展」を意味しない．すなわち，過激派の世論形成，とりわけ勧誘戦略の方法論は，メディアの変化によってその質を向上させるわけではないことを本稿は以下で述べていくが（そしてそれはまた過激派の単純な発展を意味しないがゆえにわれわれにとっては歓迎すべきことであるが），それはメディアというものがわれわれに与える影響の複雑性を指し示すことになる．それゆえに，メディアのさまざまな発展の「可能性の条件」を，われわれは常に注意深く意識しなければならないのである．

2.　インターネット以前——身内を経由した勧誘

　タリバンやアルカイダなど，我が国においても 9.11 以降目にする機会の多くなったイスラム過激派だが，彼らが国境を越えて活動を続けるうえで人的資源と資金をどのように確保してきたか．それは，時代的・政治的背景や過激派の形成過程においていくつかのパターンが存在する．現代シリア政治が専門で，過激派にも詳しい髙岡豊によれば，1980 年代前半のアフガニスタン地域における勧誘は，自らの親族や友人といった社会資本をベースにした人材選定・勧誘が主流であり，アルカイダのウサマ・ビンラディン（1957-2011 年）などの中心的幹部も積極的に行っていたという（髙岡 2015）．ゆえに，主力メンバーの社会資本，すなわち人間関係が脆弱であれば勧誘に失敗し，組織そのものの存続が立ち行かなくなる．

　とはいえ，地道な活動は次第に勢力を拡大していく．1990 年代から各地で過激派への共感の輪が緩いネットワークとして拡大していくなかで，過激派は思想的，軍事的な訓練施設などを利用することで世界中に信奉の芽を広げていく．そして 2000 年代に入ると，9.11 を発端とするアフガニスタン，イラク戦争が生じることで，アメリカを中心とした先進各国に対する不信感は頂点に達し，イラクで活動する過激派に義勇兵として参加を求める青年たちが生まれていく．しかし，彼らは過激派にアクセスするための人的ネットワークを持たない者が大半だ．そこで新たに重宝されたのが，当時急速に世界中に拡大しつつあったインターネットであった．

3. インターネットと勧誘

前述の高岡は，イラク戦争勃発以降のインターネットを介した志願者の勧誘戦略についても調査している．それによれば（高岡 2006），アラビア地域で多く利用されるインターネット掲示板サイト『ジハード主義フィルダウス・フォーラム』に2005年6月に掲載された「メソポタミアへの新しい道」や，同様の掲示板サイト『ヒクマ・フォーラム』に2005年6月上旬に投稿された「これがイラクへの道」など，イラクへの詳細な潜入方法が書かれた「指南書」が存在したという[3]．こうした指南書には，主にシリアからイラクに潜入するために気をつけるべきこと，具体的には観光客を装うためにタバコや音楽テープのような嗜好品を持つべきあるといった事例，あるいは実際にイラク入りを願う志願者を受け入れる団体の組織名を挙げている．

こうした指南書は，インターネット以前の身内を中心としたネットワークでは存在し得なかった．その意味で，インターネットは過激派にも志願者にとっても大きな影響を与えた．とはいえ，コネのない志願者が過激派に合流するためには，実際にはまず現地の隣国で活動する勧誘者を探し，勧誘者を介してイラクへの案内者に会い，最後に受け入れ者である過激派に合流するという，幾重にも重なった複雑なプロセスを経由しなければならなかった．

2000年代前半から中盤の時期は，過激派ないしその支援団体が運営していたと思われるサイトが数多く存在した．たとえば，『ムンタダ・アル・アンサール（Muntada al-Ansar）』という過激派のサイトは，2004年5月11日，アメリカ人男性の首を斬首する映像を公開し話題となった[4]．次第にアメリカを中心とする価値観を異にする世界への憎悪は，インターネットを介して伝染していくこととなる．

ただし，これらの掲示板の多くはすでに閉鎖されたか，管理者によって特定の人物のみに閲覧を制限する招待制に移行している．その理由は後述するように，信用できない匿名者がインターネット上に数多く現れたことが関係している．

4. SNSの発展と過激派に合流する若者

上述のように，身内や友人といった小さなネットワークから，インターネットを介して多くの志願者を受け入れ可能とした過激派の戦略は，SNSの登場によってどのような変化をもたらしたか．読者はより一層スムーズな潜入を可能にすると想像されるかもしれないが，実態はより複雑である．どういうことか，以下順を追って議論しよう．

前述の「アラブの春」は，その政治的帰結の是非を別にすれば，結果的に各国の情勢

を不安定にさせた．そうした影響も一因となって生じたシリア騒乱の激化とそれに伴う情勢不安定化を契機に過激派は数多く現地入りし，現地の役人への賄賂や一部地域の制圧によって人材や資本のスムーズな交流を達成．その結果 ISIL に代表される過激派は多くの資金を得た．

　ISIL の活動はより活発になるだけでなく，SNS の発展に比例してその活動を全世界にアピールすることとなる．まず，ISIL は 2014 年から機関紙「Dabiq（ダビク）」をネット上で積極的に発表し続けている．ダビクとはシリアの町の名前だが，ムハンマドの言行録『ハディース』において，イスラム教徒が異教徒と戦う町であるとの言及があることから，キリスト教との戦いを意識して名付けられたものである[5]．これらは英語をはじめとした各国の言語に翻訳されている．

　ネット上における活発な情報発信に反応する人びとのなかでも注目すべきは，ヨーロッパ各国の若者の存在である．都市部に住む 10 代～20 代の若者が過激派に合流するという事例は 2000 年代中頃から生じていたが，SNS は過激派の活動をより一層アピールすることに成功している．彼らのなかには中東各国の移民の子どもであるケースが目立つが，一方でカトリックや無宗教であった白人が突如としてイスラム過激派の教えを信奉するケースもある．

　Twitter や Facebook といった SNS ツールには，過激派の言葉や活動を紹介するアカウントが日々開設されている．それらは過激派自身というよりも過激派支持者たちが運営しているものも多い．実際 SNS 上の過激派の活動を追ったカーター（J. A. Carter）らの研究（Carter et al. 2014）によれば，パキスタン系アメリカ人や 17 歳のときにカトリックからイスラム教に改宗したオーストラリア人といった欧米在住者のアカウントも人気を博している．そうした過激派を支持するアカウントは，過激派や彼らの活動地域への潜入方法に関するものといったさまざまな情報を寄せ集めており，それに触れた結果過激派への合流を志願する者も現れる．

　実際に欧米圏から ISIL に志願する若者は多い．たとえばジハーディ・ジョン（聖戦士ジョン）と呼ばれる若者は，直接はイスラム圏への旅行を契機に過激派に興味を抱き，その後 ISIL に参加した．彼は 2014 年の夏から突如として動画に登場し，数多くのジャーナリストを斬首した映像を公開している（日本人ジャーナリストの後藤健二氏（1967-2015 年）および湯川遙菜氏（1972-2015 年）を殺害したのも彼である）．後の報道でクウェート出身のモハメド・エムワジ（1988-2015 年）という名であることが判明した彼は，1994 年に家族でイギリスに亡命し，英ウェストミンスター大学でコンピュータプログラミングの学位を取得，プログラマーとして働いていた経歴を持つ若者であった[6]．

　エムワジのように大学卒業と正規雇用に象徴される中流以上の生活水準者が過激派に

参加したという事実は，貧困と移民という理由だけが彼を突き動かしたわけではないことを物語る．

ほかにもフランスから ISIL に渡り，2014 年 1 月にシリアで自爆テロを引き起こした者もいる．彼は無宗教の白人だったが，イスラム教に改宗した当時 30 歳の青年で，名をニコラ・ボン（Nicolas Bons）という[7]．彼は自爆直前に YouTube などを通してフランスの若者に ISIL 支持を訴える映像を公開．直後に 100 万回を超える再生数を記録した．海外から過激派に合流した若者たちは，Facebook などを通じて過激派の生活を紹介し，実際に自分の暮らしていた地元の友人たちを勧誘するケースもある（別府・小山 2015）．

さらにはイスラム諸国とは政治的，文化的，宗教的にも異なる韓国からも志願者が現れたことも報道されている．この 18 歳の韓国人男性は，Twitter を介して ISIL ないしその支持者と思われるトルコ在住の人物と交流していたことが確認されている．さらにシリア潜入に関する詳細な情報については「シュアスポット（surespot）」という暗号化メッセージ・アプリを利用したとみられている[8]．シュアスポットは LINE のようなメッセージ・アプリだが，他者に内容を傍受されない特別な暗号化が施されており，ISIL のような過激派も利用しているとみられている．

いずれにせよ，こうした勧誘・潜入の動きは宗教的要因から考察するのではなく，本稿の対象範囲を超えた全世界的な社会的不安，鬱屈感などの考察が不可欠となる．とはいえ，彼が過激派に参加した契機の一つに，インターネットを介した情報流通量の拡大があることは否定できない．さらにそれまでの掲示板での地道な活動から発展した SNS の登場は，手軽に過激派の思想にアクセスすることを可能にした．

SNS を巧みに利用する ISIL は，自ら Twitter 向けのアプリも開発している．「吉報の夜明け（The Dawn of Glad Tidings）」と名付けられたこのアプリは，文章が投稿されると同じものが利用者全員の Twitter を通じて世界中に再投稿される仕組みになっている．これによって同一単語を Twitter 上に拡散し，流行語ランキングに入れさせることが目的である．実際 2014 年 6 月に ISIL がイラク北部の都市モスルを制圧した際には，このアプリが用いられたことで 1 日あたりおよそ 40,000 件のツイートがあったとの報道がある[9]．

また，サッカーワールドカップが行われている際には，ワールドカップと無関係の文章の最後に「#WC2014」などのハッシュタグを付加することで，ワールドカップについて議論している人びとに，ISIL がジハードへの参加を求める文章と動画へのリンクを掲載したツイートを拡散している[10]．

またやや本稿とは趣旨が外れるが，一部報道では ISIL が家族手当を含めて月給 700

～800ドルの給料を支給しているとも言われている．したがって，貧困にあえぐ層にもISILが魅力的に映ることもあるだろう．

2000年代中盤以降，匿名であるがゆえに，日本と同様，世界中の掲示板は誹謗中傷や偽の情報伝達などで溢れかえってしまったことで，大規模な情報発信の場としては機能しなくなっていった．掲示板が次々に閉鎖・招待制へと移行する一方で，詳細な現地入りの情報だけでなく直接過激派とのコミュニケーションを可能にし，給料まで支払うとされたISILが勢力を拡大していくのは必然だったとも言えるだろう．とくにSNSでは独自アプリを開発するなど，ISILとその支援者を巻き込んだ活動は大きな影響力を持ち得たのだった．

5.　SNS勧誘をめぐるもう一つの戦場

とはいえ，勧誘の場としてのSNSを許すわけにはいかない．欧米を中心としたコミュニケーションをオープンに開き，自由の拡大を求めてきた人びとにとっては，勧誘戦略としてのSNSは自らの目的に反するものであるからだ．

そこで大手SNS企業は過激派やその支持者のアカウントの停止を繰り返している．同じく「情報の自由」といった大義名分を掲げ，その特徴的な仮面やサイバー攻撃によって注目される国際的抗議集団「アノニマス」はISILに対する宣戦布告をネット上で展開している．

アノニマスの詳細は本稿では割愛するが（塚越 2014），2015年2月9日，アノニマスはISILに対する宣戦布告を動画サイトにアップし，ISILやその支持者と思われるTwitter，Facebookアカウント，メールアドレスなどをテキスト保存サイト「Pastebin」に公開した[11]．活動当初はTwitterアカウントが約800件，Facebookが数十件程度であったが，活動はその後も継続．2015年3月にはTwitterアカウント14,000件以上を報告している[12]．

もともとアノニマスは2014年の段階で過激派を批判しており，また2015年初頭に生じたフランスの風刺週刊誌の本社を襲った「シャルリー・エブド」事件後も，過激派（ISILおよびアルカイダ）に対する攻撃を宣言していた．

日本においては，アノニマスがハッキングを行ったと大々的に報じられたこの事件だが，実際はハッキングというよりも人海戦術をとった地道な作業であった．というのも，Twitterの利用規約には脅迫や暴力行為の推奨，また違法行為を助長する行為を禁止しており[13]，アノニマスはこれら違反行為を行うISIL側のアカウントの違反報告を行っていたというのが実態であり，ハッカーによる大規模なサイバー攻撃といったものとは程

遠い基本的な行為であった[14]．繰り返し違反報告を行うアノニマスは，ISILへの攻撃宣言のなかで，アメリカ政府やSNS企業自身がより多く仕事をしろ，とも述べている[15]．すなわち，違反アカウントを自分たちに頼るのではなく，企業自らが進んでアカウント停止措置を行うよう訴えている．その後もアノニマスは積極的にISILに対する攻撃を行っている．2015年11月にはパリ同時多発テロ事件を受け，新たにISIL関連のTwitterアカウント約5,500件を停止に追い込んだと発表[16]．またISIL関連のアカウントをハッキングするためのツールや，その使用方法などを詳細に説明した「ハッキングガイド」なども公開している[17]．ISILをめぐるアノニマスの活動は，今後もさまざまに展開することが予想される．

アノニマスの活動背景には，日々開設される新規SNSアカウントがある．米シンクタンク「ブルッキングス研究所（Brookings Institute）」の発表によれば（Barger and Morgan 2015），少なくとも2014年9月〜12月の段階でISILおよびその支援者によって46,000件のTwitterアカウントが開設されたという（7割はアラビア語アカウントで，約2割は英語アカウント）．すなわち，Twitter社が常に目を光らせ違法アカウントをどれだけ凍結しても，結局のところいたちごっこになってしまうがゆえに，アノニマスが不正アカウント発見の手助けをしたことになる[18]．

こうした動きに呼応するように，ISILもネット上でさまざまな反撃を試みている．前述のジハーディ・ジョンと同様，イギリスからシリアを経由してISILに渡ったとみられている一部のISIL信奉者たちが「サイバーカリフ国（CyberCaliphate）」を名乗るハッキング集団を形成している例もある[19]．彼らは2015年1月に米中央軍（United States Central Command）のTwitterアカウントとYouTubeアカウントを一時的に乗っ取り，同2月にも米『Newsweek』誌のTwitterアカウントを乗っ取った．米中央軍の事件時に彼らは，米軍関係者の極秘情報と名付けた複数のファイルを流出させているが[20]，実際はSNSなどから得られる表層的な情報をまとめただけで，内部には侵入し切れていないとの報道もある．

ただし，サイバーカリフ国はフランスの国際テレビネットワーク局「TV5MONDE」が運営する11のチャンネルを2015年4月8日の夜から9日にかけて放送停止にした[21]．同時にウェブサイトや各種SNSが乗っ取られ，サイバーカリフ国や「Je suIS IS」（シャルリー・エブド事件で話題となった「Je suis Charle（私はシャルリー）」を皮肉った表現）といった文言が表示されてしまった．ほかにもISILは，ロシアで考案されたセキュリティレベルの高いメッセージ・アプリ「テレグラム（Telegram）」を使用していると伝えられている．テレグラムは高度に暗号化されたテキストや動画を共有できるアプリで，個人がチャンネルを開設して暗号化された情報を発信できる機能がある．それらを

利用し，志願兵の勧誘だけでなく，軍事技術やネットセキュリティなどの情報技術の伝達を行っている．特に技術伝達などは，ISIL に合流しない個人による軍事行動を誘発することが予想されることから，注意が必要だろう．テレグラム側も ISIL 関連のチャンネルを閉鎖しているが，これも Twitter と同じくいたちごっこが続いている[22]．

さらに，「Alrawi」と呼ばれる暗号化チャット・アプリを ISIL が独自に開発・利用しているとの報道もある．ISIL やその支持者たちを監視するのは，ますます困難になりつつある[23]．

これら SNS を舞台にしたさまざまな事件に象徴されるように，ISIL をめぐってはその勧誘戦略と同じく，彼らの活動にかかわる広報の役割も大きい．しかし，これらの活動はどこまで実際に影響力を持ち得るのだろうか．

6.　勧誘者のジレンマ

本稿ではここまで，SNS と過激派をめぐるさまざまな事例を検討してきた．ISIL には世界 80 か国から 15,000 人以上が志願兵として流入しているとの報道もあり，それらに SNS の影響がなかったとは考え難い．

しかし，SNS の発展によって勧誘コストが低くなったからといって，それは必ずしも過激派にとって利益になるだけではない．なぜならそれは，大多数の人びとへの情報発信や思想教化の簡略化と引き換えに，スパイも含めた大量の身元不明の志願者の流入を意味し，彼らの組織基盤の脆弱化を招きかねない不安要素となるからである．彼らにとって志願者には，過激派へのコミットメントに加えて信用・信頼性（trustworthiness）が不可欠である．では，それはどのように推し量るのか．

ノルウェー出身の過激イスラム主義研究者トーマス・ヘッグハンマー（Thomas Hegghammer, 1977 年–）は，アラビア半島で活動するアルカイダ（Al–Qaeda in the Arabian Peninsula）における勧誘戦略について，2000 年代半ばに調査している（Hegghammer 2013）．

それによれば，志願者による喫煙や飲酒，決められた祈りの不履行，ハリウッド映画の鑑賞といった些細な罪も，勧誘者にとっては重要な指標となる．志願者の社会階級といった外面的経歴を強く問わない代わりに，彼らは教えに背く者を徹底的に排除することで内部統率を引き締める．

さらにアラビア半島のアルカイダにおいては，イデオロギー的なコミットメントに加えて暴力的な過激主義も必要とされた．なぜならそれは，思想信条に関しては背面服従や嘘でごまかすことが可能である一方，ジハード（聖戦）への参加，すなわち戦闘参加

はごまかしがきかないからである．海外から合流した志願者の少なくとも 55％ は，なんらかのかたちで戦闘参加の経験がある（Hegghammer 2013: 10）．それらは戦闘経験の有無によって志願者の「質」をスクリーニングしなければ組織の存続にかかわるという事情が存在する．

　インターネットによって大規模な情報発信が可能になる以前，親戚や友人といった社会資本に依拠した勧誘に手段が限定されていた時代と比較すれば，勧誘者は志願者をいくつもの視点からスクリーニングしなければならなくなった．「勧誘者のジレンマ」とは，大規模な勧誘が可能になる一方でスクリーニングコストの負担増を意味する．

　さらに，各種過激派は新兵訓練のための軍事訓練施設を設立することになり，それらにかかるコスト（武器・弾薬や，教官などの人的資本）の問題もある．付言すれば，合流した志願者などに行う過激派特有の思想的プロパガンダ教育もまた，志願者の出身地域・国家の増加に伴いそのプロセスが複雑化していく．

　こうした事情もあり，少なくともヘッグハンマーが調査した時期において，アラビア半島のアルカイダはインターネットによる勧誘は行っていない．インターネットは志願者の身元を調査するには不十分であるのと同時に，捜査当局に情報が流出してしまう恐れもあるからである（Hegghammer 2013: 13）．

　ISIL など，近年にわかに注目されてきた過激派がインターネットを利用して勧誘を行っているのは事実だが，実態は上述のように単純ではない．志願者は通常勧誘者だけでなく，現地に入るための案内者を通して過激派に合流するが，人員不足の補完や他国への潜入を容易にするために，案内者の役目は現地の部族が金で請け負うケースもある．当然現地部族との関係が悪化すれば志願者の流入も止まり，組織は衰退する．これらは SNS によっても簡略化し得るようなものではない．現状においてシリアに志願者が数多く潜入できるのは，すでに ISIL がシリアの一部地域を占領しているという事情があるからだ．

　また，これらの試練を乗り越えて合流できたとしても，志願者はさらに困難に突き当たる．ISIL の正規構成員になるために，まずは ISIL の「関連団体」，もっといえば「下部団体」で厳しい教練と選抜を経なければならない．また，志願者の多くは一兵卒として最前線で戦う兵士となるため，訓練が不可欠である一方，彼らをまとめるだけの資金や思想統一も難しく，問題が複雑化していることがわかる．

　このような事情を考慮すれば，以下のような結論が導き出される．まず，インターネットや SNS は現地潜入の方法や思想教化を簡略化させるという意味における「勧誘」には利点がある．一方，現実に ISIL に潜入した後は，簡略化されたがゆえに多くの人材が合流するため，信頼性を問われたり，思想教化や軍事訓練などのスクリーニングを

経なければならない．勧誘が簡略化される一方，勧誘はこうした多くの「ジレンマ」を過激派自身にもたらす（高岡 2015; 別府・小山 2015）．いずれにせよ SNS が過激派にもたらす影響については，広報としては一定の意味がある一方，最も重要な勧誘という意味においては評価し難いものがあり，これらの問題については今後の推移も含めた多角的な研究が必要となる．

7. おわりに——「世論」形成と感情的動員の今後

　本稿はイスラム過激派の戦士＝志願者勧誘戦略の歴史を追いながら，SNS が勧誘戦略にもたらしたさまざまな要因を検討してきた．メディアとしてのインターネット以前，過激派の勧誘は身内のネットワークを利用するといった範囲の狭いものに限られた．この時点においてはネットワーク規模が小さく，大きな意味で「世論」と呼びうるものではなかったと言えるだろう．

　次にインターネットの登場後，掲示板がメディアとして機能するようになると，過激派は見せたい人びとに見せたい情報を与え，そこから勧誘を実施することが可能になった．過激派の思想に魅せられた人びとは，自力で過激派にアクセスすることに必死となるがゆえに，ある程度の忠誠心が認められた．世界中からアクセス可能なインターネットを手段とすることで，限られた範囲ではあれ，世界中の過激派思想に共感する人びとが掲示板を中心に共通前提を保持し得た時代であったと言えるだろう．

　掲示板期に一定の過激派信奉者による共通前提が形成される時代は，その後 SNS が現れることで多くの変化を迎えた．SNS によって大量の情報発信が可能となり，過激派を支持する人びとの増加が過激派に対する世論を創りあげていく一方，それらを危惧する国家，企業，研究者らが SNS 上の過激派勧誘戦略について多くの分析を行った．その結果，勧誘戦略から考察するならば，SNS による過激派とその支持者らによる世論誘導が増加すればするほど，実際に過激派に合流を希求する人びとの，過激派に対する意識の差異や文化的背景といった多様性が増加する．それに比例するように，増加する勧誘者側の志願者に対するスパイへの疑念や訓練所の複雑化などが，逆説的に勧誘やその後の集団統治に困難をもたらすことになった．

　勧誘戦略にとって SNS はメリットにもデメリットにもなり得るが，それでも現状において ISIL による SNS 上の情報発信が活発なのは，豊富な資金を背景に，少しでも戦士を育成したいがためであろう．ただし，SNS が過激派にとって必ずしも有効に機能していることを意味しないということは，本稿がこれまで述べてきたとおりである．

　むろん，SNS にその意義を限定すれば，ISIL が大量の情報発信によって人びとの感

情を強く惹起することに成功しているのは紛れもない事実である．人びとの感情に訴えることで支持を獲得するという方法論は，本質的に民主主義国家においても中東の専制国家や過激派においても変わらない．しかし，そこまで過激な主張を繰り返し，感情に訴えることによる「世論」の形成は，それほど効果的なのだろうか．

米法学者のローレンス・レッシグ（Lawrence Lessig, 1961 年-）が人間をコントロールする手段の一つとして挙げた「アーキテクチャ（設計）」は，個人に感情的動員であることを悟らせないまま感情を操作する技法としても用いられ，「環境介入型権力」と呼ばれる権力の一形態と親和性が高い．アメリカの社会心理学者ジョナサン・ハイト（Jonathan Haidt, 1963 年-）は人間の道徳的感情の源泉を，危害／親切，公正／欺瞞，忠誠／背信，権威／転覆，神聖／堕落の五つに分類し，文化的背景や地域性を考慮することによって個人の感情的な「ツボ」押しが可能になった事実を突きつける．

また Facebook は 2012 年，英語圏の約 68 万ユーザーに無断で，一定期間タイムラインをポジティブな投稿とネガティブな投稿に分類し，その比率に意図的な操作を加える実験を行っている．実験からは，ポジティブ投稿の減少がネガティブ投稿の増加を誘発させるなど，感情が人に伝染することを証明している．これらの流れは単純な感情的動員でもなければ，逆に政治的理性の発展に寄与するものでもなく，感情を政治の道具にするためのより巧妙な技術の発展形態である（塚越 2015）．

このような事実は，現在のある意味単調なプロパガンダ戦略の先を行く発想と展開であろう．ゆえに過激派もまた今後は SNS を通してより高度な感情動員戦略が進めていくことが予想できる．こと勧誘の問題に着目するのであれば，SNS 上における世論形成と実際の過激派への合流といった実践との間には，統治の面からも，志願者・勧誘者両者の認識の面からも，現時点では大きなギャップがあるからだ．

こうした事情を考慮してなのか，すでに ISIL では単調な SNS 広報と大規模な勧誘戦略からは距離を取り，次の目的へも移行しているとも言われている．それはこれまでのような一般大衆の勧誘ではなく，工学・医学・情報学の研究者や，石油・ガス生産にかかわる専門家といったエリート層の勧誘であるという（高岡 2015）．これが事実であれば，高学歴の富裕層をターゲットにしたより巧妙な勧誘戦略が考案され，一人一人に時間をかけた丹念な勧誘であるがゆえに，本稿が論じた勧誘のジレンマも生じ難いだろう．

先進各国による感情研究の一方で，過激派もまた新しい戦略に乗り出しはじめている．ということは，現時点では SNS による世論形成と勧誘戦略にギャップがあるが，今後はどうなるかわからない．

また，最後に本稿の主題にも関連する大きな潮流についても言及したい．それは SNS による動員戦略が個人によるテロ事件を誘発するという新たな問題だ．

7. おわりに

　2016年6月に米フロリダ州のナイトクラブで銃乱射事件を引き起こし射殺されたオマル・マティーン（1986-2016年）は，過激思想に感化され，ISILの最高指導者アブー・バクル・アル＝バグダーディー（1971年-）に忠誠を誓ったとの報道がある．そしてISILは彼が兵士であり事件はISILの犯行と主張しているが，捜査当局はマティーンが国外の組織による命令もなく，また過激派とのネットワークにも所属していないと述べている．つまり彼はISILの動員に感化・信奉していたが，事件そのものは単独で引き起こしている．にもかかわらず，それをISILが自分たちの組織的犯行であると主張している，ということだ[24]．

　あくまで推測だが，こうした事件はISILへの共感を前提に，鬱屈した個人の存在があり，それが過激思想に合致してしまった結果であるとの見方も可能ではないか．そして，直接的なISILとのつながりが不明なまま，ISILが犯行声明を出すことで影響力を持とうとするような事件が今後も増加することも考えられる．

　いずれにせよ，世界中に蔓延する鬱屈した気分が，若者の不満のはけ口としてISILのような過激思想に引き寄せられることは十分に想定可能であり（ゆえに信奉者がどれだけ過激派の思想や宗教を内在化しているかは疑問であるが），ISILが彼らを利用する可能性は議論の対象となるだろう．現地への合流や直接的関係がないまま，各国で個人的にテロ事件を引き起こす信奉者がSNSを通じて今後増加するとなれば，動員戦略は本稿が主題とした勧誘戦略とはまた別に，対応を含めて議論しなければならない課題であろうことを最後に指摘しておく．SNSによる動員はこの意味でも新たな段階に進んでしまっているのである．

謝辞

　なお本稿において論じた中東に関する事例の多くは，中東調査会上席研究員の高岡豊氏への取材からヒントを得ている．感謝してここに記す．むろん，文責はすべて筆者が負うものである．

第13章

中国のニューメディアと世論形成メカニズム

趙 新利・黄 昇民
［訳：陳 雅賽］

1. はじめに

　近年，ニューメディア技術の急速な発展につれ，ニューメディア世論は空前の活発化を迎えている．「微博（Weibo）」「微信（WeChat）」などソーシャルメディアは数億人のユーザーを持ち，大変大きな影響力を発揮している．フォロー人数が7000万を超える有名人の微博は世論形成に大きな影響を与えている．ニューメディア環境において，受け手の情報接触の性格は根本的な変化が発生し，より感性的になっている．ニューメディア環境における世論形成メカニズムにも根本的な変化が発生し，従来型メディアの中心決定論から現在の無中心循環論に変わりつつある．メディア融合が進行している現在，中国の世論はニューメディアと従来型メディア両方の影響を受けている．そのため，ニューメディアと従来型メディアの世論形成メカニズムを比較研究することは有意義である．

2. 輿論の性格——理性的考えと感性的考え

　従来型メディアにおいて，受け手の情報接触の性格はより理性的だが，ニューメディア環境において，受け手の情報接触の性格はより感性的である．具体的には次の三つに分けて分析する．

エリート輿論と草の根世論

　従来型メディアの環境において，輿論[1]はエリート層にリードされ，従来型メディアのターゲットとなる受け手も基本的にエリート層である．古代，法律・通告などの代表的な印刷媒体は皇室や政府などの権力機関によって運営されていた．17世紀に生まれた商業的な新聞の主なターゲット読者は，都市在住ビジネスマンと専門知識の持ち主などのエリート層だった．計画経済時代の中国において，新聞などの従来型メディアは共産党と政府の宣伝機関であり，これらのメディアに接触する人びとは官僚，知識人などのエリート層だった．つまり，従来型メディア環境において，メディアの運営者と情報の受け手は基本的にエリート層であり，その世論は基本的にエリート輿論と言えよう．

　ニューメディア環境において，世論はより草の根の性格を反映している．近年，中国のインターネット発展速度ははやく，インターネットユーザーの人口は急増している．とくに，モバイルインターネットとスマートフォンの普及によって，「微博」「微信」などソーシャルメディアの発展は注目されている．中国のニューメディア発展の特徴は，三つの「高」と三つの「低」とまとめることができる．

　三つの「高」とは，（1）インターネットユーザー人口が多い．2003年，中国のインターネットユーザーはわずか0.68億人だけだったが，2015年6月のデータによると，その数はすでに6.68億人にも達している．（2）ニューメディアの影響力が強く，モバイルインターネットの発展がはやい．（3）インターネット技術と産業の発展がはやい．

　三つの「低」とは，インターネットユーザーのなかには，学歴が低い人，年齢が若い（低い）人，収入が低い人が多いことを意味する．（1）インターネットユーザーには若い人が多く，2015年6月時点で，39歳以下の人は80.2％にも達している．（2）学歴の低い人が多く，高校卒業以下の人はネットユーザーの79.4％を占めている．（3）収入の低い人が多く，月収3,000元（6万円相当）の割合は64.4％である．これらの特徴はインターネット世論の草の根の性格を反映している．

「服従」思想と「批判」思想

　従来型メディアの環境における議題は常に当局によって設定され，メディアを通じて市民に伝えられる．この体制において，受け手はメディアが伝えた情報に抵抗できず，情報を受けて服従することしかできない．まさに標的と同じように，受け手は情報の強力な弾丸の影響を受けている．マルクスは新聞の位置づけについて「市民の要求に応じる代弁者」と述べ，「新聞は影響力が大きい無名の世論機関であり，新聞は社会世論の紙幣として流通されている」と新聞を評価している（劉 2013）．この体制において，世

論は最も典型的なトップダウンのモードで形成されている．市民は上からの情報と観点を受けて服従するしかない．そのため，この体制において，世論形成の背後には服従思想がある．

従来型メディアの環境における世論の「服従思想」と異なり，ニューメディア環境における世論には，「批判思想」さらに「謀反思想」色が付いている．言語学の観点から見れば，ネットコミュニケーションにおける誇張的な発言は従来型メディアよりはるかに多い．人びとの目をひくため，各種のネット言葉が次々と出てくる．これらの新しい言語現象が人びとの伝統的な言語に対する反逆を反映している．ニューメディアの「批判思想」は民族主義やポピュリズムからうかがえる．官僚を恨む，富裕層を恨む，外国を恨むなどの感情がネットに上に溢れている．また，ネットの世界では，喧嘩のような発言，「ネット水軍」[2]，「人肉」[3] などの現象が普遍にある．それらはネットユーザーの従来型メディア体制に対する反抗を反映している．

理性的考えと感性的考え

上述のように，従来型メディア環境において，人びとが受けた情報の多くは政治理念，政治スローガンなどであった．たとえば，「共産党なくして中華人民共和国なし（没有共産党　就没有新）」，「富を目指すため，まず道路を完成する（要致富，先修路）」，「まずは一部の人たちを富ませる（譲一部分人先富起来）」などスローガンはある特定の理念を伝えている．これらの理念は，呼びかけ，道理を用いた説明，グループ議論，批評と自己批評などの方式で人びとを教育する．

そして，世論誘導が成功する．これは典型的な理性的な考え方である．

しかし，このような効果が顕著であった理性的な宣伝はニューメディア時代に合わず，スローガン宣伝や道理の説明などの世論誘導手法では顕著な効果は出ない．

まず，形式については，文字よりも図がニューメディアの受け手に好まれる．そのため，新華社は，以前からネット上でわかりやすくインパクトがある図表ニュースを発信している．また，多くの学者がデータの可視化研究を展開し，それらの研究は従来型メディアで広く応用されている．

第二に，内容については，ストーリー化されている感性的な情報のほうがニューメディアの受け手に好まれている．そのため，中国当局は，国内外の情報発信においてストーリー化された情報の提供を重視している．たとえば，国内の世論誘導について，中国当局は，従来型メディアとニューメディアを融合してストーリー化されたコミュニケーションモデルを用いて「中国で感動的なストーリーや人物（感動中国）」，「村で心が美しい教師を探す（尋找最美乡村教師）」などの報道活動を行った．対外報道につい

ては，習近平総書記が全国宣伝思想工作会議で，「中国のストーリーをよく伝え，中国のよい話を伝える（講好中国故事，伝播好中国声音）」[4]と強調した．

　第三に，発信のスタイルについて，感性的なスタイルがニューメディアの受け手に好まれている．具体的には，可愛い系，萌系，やんちゃ系などのスタイルで発信される情報が挙げられる．2014年2月に，中国メディアが習近平の漫画のキャラクターを作り，可愛いスタイルで習近平のスケジュールを報道した．その後，中国政府網が「図で2月26日国務院常務会議を解読する（図解2月26日国務院常務会議）」を掲載し，李克強総理のキャラクターを公開した．また，2013年10月，ネットユーザーが優酷網（中国版のYouTube）で「指導者がどのように努力してリーダーになったのか（領導人是怎様錬成的）」という漫画動画を発信し，国内外のメディアに注目された．このように，漫画を代表とする新型の政治コミュニケーションスタイルは党政のイメージを柔化することには有意である．

3.　世論形成のメカニズム――中心決定論 vs. 無中心循環論

　従来型メディアとニューメディアの考え方の本質の区別によって，二種のメディアにより形成される世論のメカニズムに相違が生じる．従来型メディアの世論形成メカニズムでは，まず当局が決めた方向性に従ってメディアが報道し，強力な宣伝活動によって輿論が形成される．このようなメカニズムは典型的な「中心決定論」モデルである．ニューメディアによるコミュニケーションには決められた方針がなく，一方向的な従来型メディアとは異なり，多方向的である．伝える内容も多元的である．このメカニズムは「無中心循環論」モデルと言えるだろう．ここでは以下の三つの側面から解説する．

メディアリソース――僅少 vs. 豊富

　従来型メディアの場合，メディアの数は少なく，当局の管理下に置かれている．中国では，メディアが党と政府の喉と舌と位置づけられ，メディアリソースは各級の党政機関に管理され，コントロールされる．このように，メディアリソースを把握すれば，報道権を持つことができ，したがって，世論を誘導する力を持つようになる．

　ニューメディアの場合，メディアの数は多い．ニューメディアによる発言も規制されるものの，ニューメディアの数の多さという特性が世論に大きな影響を与える．「OTT」という単語からニューメディアの世論リソースを多く持つという特徴を簡単に理解できる．この言葉は，英語で"上限を超える"という意味の「Over The Top」の略語からきている．インターネット通信事業者が従来のケーブルテレビや従来の通信運営会社を経

由せずに，ユーザーに直接サービスを提供する．「OTT」がテレビ市場に進出してから，テレビは定義しなおされ，「OTT」の一つの道具になった．「OTT」によって多元化し，双方向性のメディアリソースが提供されている．ユーザーが自主的に選択することができ，またテレビ，パソコン，携帯などのスクリーンの間で自由に切り替えることができる．このようなサービスがテレビのユーザーに今までなかった便利さを提供し，視聴行為に大きな変化をもたらしている（黄 2013）．つまり，ニューメディアによる豊かな資源は，すでに従来型メディアがメディア資源をコントロールするという状況を変えた．

世論のコミュニケーションルート──チャンネル vs. プラットフォーム

　従来型メディアの場合の輿論のコミュニケーションはトップダウンという一方向性モデルである．情報がトップ層から発信されて，下層に伝わる．典型的なピラミッドモデルといえる（図13-1）．このモデルでは，従来型メディアは輿論のコミュニケーションチャンネルの役割を果たしている．世論形成におけるさまざまな情報や各種の観点が従来型メディアというコミュニケーションチャンネルから伝えられている．このモデルでは，情報は一方向で上から下に伝えられている．また，公衆の意見と態度は基本的に報道できない．メディアの立場，観点のすべては当局に決められる．このような状況では，政府が簡単に輿論をコントロールし，誘導する．

　ニューメディアは根本的に世論のコミュニケーションの状況と形態を変えた（図13-2）．ニューメディアが世論形成のプラットフォームを多く提供している．これらのプラットフォームでは，誰でも発言し，情報を得られる．コミュニケーション活動では，参加者が情報を発信するとともに，情報をシェアしている．このようなネットコミュニケーションの背後には互恵的市場効果があり，限界コストが零である．そのため，このようなプラットフォームの規模は無限に拡大することができる．バーチャルなプラット

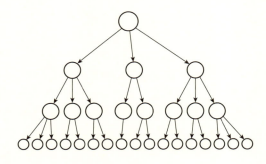

図13-1　従来型メディアにおける輿論コミュニケーションのピラミッドモデル

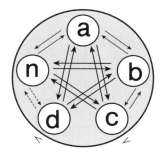

図 13-2　ニューメディア世論の無中心モデル

フォームが構築されると，多数のユーザーが登録し，閲覧し，評論する．そして，多数の発信が膨大なデータになり，ニューメディアによって形成された世論になる．ニューメディア上の大量情報はユーザーによって発信されたものである．彼らは情報の発信者でありながら，情報の受信者でもある．膨大な個人意見が集まり，補充され，順番をつけられ，最終的にはニューメディア世論が形成される．

世論行為――一方向 vs. 循環

　以上で述べたように，中国の従来型メディアの環境には，情報は基本的にトップダウンという一方向で流れる．輿論の基本態度，輿論のコミュニケーションチャンネルは当局によって決められる．

　ニューメディアの場合，情報の流通が多方向で，自由にできる．そして，世論の拡大化，循環式など特徴が現れやすい．2008年6月20日，胡錦濤元中国共産党中央総書記が人民ネットの「強国論壇」(掲示板)でネットユーザーとネット上でコミュニケーションした．胡錦濤はインターネットを「文化，思想など情報の集散地であり社会世論のアンプである」と比喩した[5]．インターネットはどのように「世論のアンプ」になったのか．広告学のAISASモデルと「鏡衆」理論を用いると，ニューメディア世論環境における循環式行為モデルを容易に理解することが可能となる．

　AISASモデルとは，株式会社電通がインターネット普及後の時代の消費者による購買行動の変化に対して提示した消費者購買行為分析仮説で，消費者の購買にまつわるプロセスを A (Attention, 注目)，I (Interest, 興味)，S (Search, 検索)，A (Action, 行動)，S (Share, 情報共有) の五つの段階から成り立つとするモデルのことである（小島2010）．筆者は，AISASモデルがニューメディア世論を考察する際にも適応できることを指摘したい．ここでは，中日釣魚島（日本名・尖閣諸島）紛争を例として説明する．

図 13-3 ネット世論の伝播と循環

中日両国国民の対立感情が高まっている．インターネット上の膨大な情報のなかでは，釣魚島紛争の敵対的立場にいるユーザーが敵対的な情報にさらに興味を持ち，またそれらの情報を捜索しつつ，一部の情報を選択して接触して，敵対する行動を行う．また，このような立場がネット上で発信され，敵対感情が伝播し，拡大する（図13-3）．

　ニューメディアの場合，受信者は情報を受け取ったあと，シェアすることが多い．このように，世論の循環が拡大され，コントロールしがたい集団的な感情が形成される．ニューメディアにおける観点の多様性と自発性，伝播の雪だるま効果と非理性などの特徴によって，集団的な感情がさらにコントロール不能となる（言 2009）．暴力的な発言，デマ，はでな宣伝など常にネット上で見られるものは，まさにニューメディアの特性から生じている．

4. 二つの言論空間——対話と対立

二つの言論空間の形成

　中国では，「一元体制，二元的運用」（「一元体制」とは，メディアは共産党と政府に所有される体制．「二元的運用」とは，政府から資金を受け取ると同時に，企業として広告収入を求めること）というメディア体制が民間に広い言論空間を与えている．また，ニューメディアの高速な発展によって，世論誘導とコントロールは困難になりつつある．これによって，「二つの世論の場」という現象が生まれた．「二つの世論の場」という概念は，新華社元編集長の南振中によって初めて提出されたものである．彼は「現実生活では，二つの世論の場が存在する．一つは市民による口頭の世論の場であり，もう一つは報道メディアが作る輿論の場である」と指摘した．新しいメディア環境下では，微博などのソーシャルメディアと新聞などの従来型メディアが，この二つの世論の場の代表的な媒体である．一部の研究は「二つの世論の場」という概念に対して，慎重な態度を持っている．その理由は以下のように見られている．本来大衆の賛成を得てからこ

そ世論と世論（輿論）の場は形成できる．主流メディアが伝える観点はただ宣伝に応じているため，輿論の場というよりは宣伝の場と呼ぶほうが適切である．これらの研究は二つの世論の場の違いについて，ネット世論の場と主流メディアの宣伝の場という違いと対立であると指摘している（劉 2013）．にもかかわらず，中国社会では，明らかに二つの言論空間が存在することは否定できない．本稿は従来型メディアとニューメディアの比較の視点から，従来型メディアの言論空間とニューメディアの言論空間の二つの言論空間を提示し，二者の対話と対立という二重関係性を分析したい．

二つの言論空間の対話

　二つの言論空間の対話は，まず二つの言論空間が共働するための各種の試みから見られる．

　コミュニケーション形式の試みについて，『人民日報』や中央テレビなどの従来型メディアが微博や微信などのソーシャルメディアのアカウントを作り，新しい形式で受信者とコミュニケーションしている．また，さらに重要なことは，従来型メディアがニューメディアの言論空間で注目された話題に対して，注目し，介入する．たとえば，『人民日報』は，2011年1月27日から「騒ぎの背後の真相を検証する（求証・探尋喧哗背后的真相）」という番組を開始した．この番組は真相を厳密に調査し，争議がある各種のニュースや事件を検証し，真相を伝える．このように，番組は人びとの関心に応えるのみならず，主流メディアの信頼性を上げた（張 2014）．また，2010年8月に新華ネットがネット上の重大な事件，話題，世論状況などを観察し，自分たちとネットユーザーとの距離を近づけ，ネット世論に影響を与えるために，「中国ネット上の話題（中国網事）」というコラムを立ち上げた．このコラムはすでに従来型メディアが主体的にネット言論空間に介入する重要な例になっている．

　二つの言論空間の対話は，ニューメディアと従来型メディアが同時に注目している内容のらせん式の増加からうかがえる．そのなかでは，ニューメディアがある話題を発信してから従来型メディアがその話題に注目して後追いするという例が最も多い．ニューメディアは自由かつ迅速に情報を発信できるなどの特性を持つため，多くの事項はニューメディアで初めて明らかにされ，ネット上で話題になってから従来型メディアがそれを報道する．このようなプロセスでは，二つの言論空間が互いに協力し，共働する．たとえば，2009年上海で発生した「釣魚執法」（おとり捜査）事件，2007年から2009年の河南省の村民の張海超が病院の「塵肺」の診断書を持って労災の認定を受けようとしたが，認められなかったので，胸を切開して直接塵肺であることを証明した事件，2007年の山西省で発生した多くの子どもが不法業者などに騙されて肉体労働に従事さ

せられたレンガ工場（黒砖窑）事件などが挙げられる．

二つの言論空間の対立

　ここでいう二つの言論空間の対立は，従来型メディアがネット上のデマに対してデマを打ち消すこととネット上の暴力的な発言を正すことである．当然，従来型メディアが不当な発言を正すときに，二つの言論空間がそれぞれの主張に関して妥協することはない．常に，長期的な矛盾が発生し，対立する．たとえば，2014年5月に，有名俳優の黄海波が買春行為で北京警察に逮捕・留置された後，一部のネットユーザーは黄海波の無実を訴え，一部のネットユーザーは黄海波の買春行為に賛成している．「正当な取引，いいね」，「相手は若いお嬢さんでもないし，いいでしょう」などの発言がネット上に現れた．腾訊網の調査によると，63％のネットユーザーが黄海波の買春行為は正当化される傾向があると考えている[6]．それに対して，新華社が5月9日に，「悪い行いを褒めることは，社会道徳のボトムラインをあいまいにさせる」というテーマの「通稿」（これで掲載しなさいという中国政府からの指令原稿）を発表し，すべての公民が社会道徳のボトムラインを守るべきと呼びかけた[7]．その一方，微博では，多くのネットユーザーがこの原稿を批判し，有名人の買春行為よりは，新華社はもっと官僚の愛人問題に注目すべきと指摘した．

　第二に，二つの言論空間の対立は，従来型メディアの報道内容に対するニューメディアの反発からも見られる．欧米の研究者は，情報技術の発展が人びとを個人主義的にするとしている．しかし，中国では，人びとの議論への参加の促進に対するインターネットの影響は非常に大きい．つまり，インターネットの発達によって，情報がある権力に独占されることはあり得ず，個人個人は互いに交流し集団的な認識が形成されている．デジタル化された集団行動が頻繁に発生するということは，個人が単独で行動するのではなく，助け合いが多いことを意味する（鄭 2014）．中国におけるインターネットのこの特徴はニューメディアに大きな影響を与えている．たとえば，2007年から2008年にかけて，「華南トラねつ造写真事件」が世間を騒がせたことはまだ記憶に新しい．陝西省地元の『華商報』の報道によると，2007年10月に陝西省林業庁が野生の華南トラを撮影した周正龍に対して2万元（約40万円）を贈った．ところが，公開された野生の華南トラの写真に対して，ネットユーザーは写真が捏造されたものではないかとの疑いを抱いた．多くのネット仲間が参加するかたちでネット上での「全民鑑定」活動が行われ，ネット民が華南トラの写真の元ネタと思われる年画を発見した．最終的に，専門部門の鑑定によって，写真は年画をもとに捏造したものであると結論づけられた．周正龍は逮捕され，多くの関係者が処分された（党 2013）．

5.　「二つの言論空間」に関する展望と戦略

　以上，従来型メディアとニューメディアの発信に対する考え方の違いから，それぞれのメディアの世論形成メカニズムを分析し，従来型メディアとニューメディアにおける二つの言論空間との関係を考察した．それを踏まえて，本稿は二つの言論空間の関係およびそのコミュニケーションのメカニズムの展望を考えてみたい．現実では，二つの言論空間を常にはっきり分けることはできない．そこで，本稿では二つの言論空間について以下の三つの関係から考察する．（1）完全に分断される関係，（2）お互いに対立する関係，（3）完全に融合する関係である．

二つの言論空間が完全に分断されるコミュニケーションメカニズム

　このような仮の関係では，二つの言論空間は，それぞれ異なった報道戦略のもとで報道を行う．

　完全に分断された言論空間が存在する場合，強者と弱者の両方が存在する（これは，両方とも強者の場合，必ず対立が発生するためである．これについては後述する）．ネットメディアが大衆メディアとなるまで，中国には「官僚系言論空間」と「民間系言論空間」があった．この二つの言論空間が一致しているときもあれば，一致していないとき，さらに分離したときもあった．ところが，全体から見ると，二者は比較的独立した関係にあり，官僚系言論空間が民間系言論空間よりはるか強い立場に立っている．たとえば，大躍進[8]期間では，この政策に対して，「増産の規模が大きすぎる」，「中国実際の状況に合わない」，「急進的である」など批判の声があったが，これらの声は中国の官製メディアに右翼的な保守思想として批判された．主流メディアが「躍進できるかどうか，躍進する勇気があるかどうか，どのように躍進するか（能不能躍進，敢不敢躍進，怎様躍進）」という社説を発表し，保守的な思想を持つ人びとを全面的に批判した（汪1958）．このような方式で，官僚系言論空間が絶対的な優位性を持つようになった．しかし，経済的な発展と社会の発展に伴い，民間系の発言力が強くなっている．それに対して，官僚系言論が進歩的な態度を示している．とくに，政府側の支持を得て生まれた都市報の発展は，官僚系言論空間と民間系言論空間にある程度の衝突と融合をもたらした．

　ニューメディアと従来型メディアの二つの言論空間も同様である．仮に，両者が完全に分離するならば，上で論じたことと同様に，強いほうと弱いほうがあることで二者のバランスがとれる．1994年，中国は正式に国際的なインターネットにアクセスした．その後，網易，捜狐など商業系ネットサイトが急速に発展した．しかし，そのときの

ニューメディアは従来型メディアに比べて絶対的に劣勢な地位に置かれていた．また，ネット上で発信されていた内容も，主に従来型メディアを情報源としたものだった．『人民日報』などの従来型メディアがネットサイトを立ち上げたが，発信された内容も新聞自体とほぼ同様であった．従来型メディアのインターネット版では，ニューメディア言論空間が一度も現れなかった．1998年,「網民」(ネットユーザー)という言葉が中国で現れた．当時中国のネットユーザーはわずか117.5万人であったため，その影響力は従来型メディアよりもはるかに小さいものだった．この時期には，従来型メディアが世論に与える影響力は圧倒的な優位性を持っていた．ニューメディアが世論に与えた影響力はほとんどなかったのである．

2015年12月の時点で，中国のネットユーザーはすでに6億人を超えている．またその数は急速に増えている．微博，微信などのSNSが次々と現れた．その反対に，従来型メディアの影響力は弱くなり，影響範囲も縮小している．現在の中国では，二つの言論空間が完全に分断されることは恐らく最も危険な状態である．これは，いくつかの集団の分断を意味するからである．こうした集団間の分断の例として，従来型メディアとニューメディアとの分断，官と民との分断，エリートと草の根との分断が挙げられる．これらの分断は社会問題をさらに深刻化させ，社会的な分裂を引き起こす．

二つの言論空間が対立するコミュニケーションメカニズム

このような関係では，従来型メディアとニューメディアの「二つの言論空間」は強者と弱者として完全に分断されておらず，相互に強い影響力を持つ．しかし，同時に両方とも互いに協力せず，対立し，衝突する．

上述のように，1990年代から中国のインターネットは発展し始めた．しかし，この時期のインターネットの影響力は弱かった．2003年はインターネット発展史の転換点であった．この年，孫志剛という若者が中国警察に身柄拘束された後，収容施設に送られて取り調べを受けたが，収容施設の職員らに暴行などを加えられ死亡した．この事件が世界中のネットユーザーに注目され，ネット上では，収容制度に対する批判の声が高まった．その結果として同年6月に『城市流浪乞討人員収容遣送弁法（都市浮浪者収容送還方法）』(1982年に国務院が制定した法律で，物乞いなどをしている者を農村に送り返す法律) が廃止されたほか，『城市生活无着的流浪乞討人員救助管理弁法（都市において定職，住居を持たず物乞いなどをしている者を救助する管理方法）』が施行された．この年の中国のネットユーザー数は6800万人であった[9]．その後，多くのネット世論事件が次々と発生し，ニューメディアと従来型メディアの衝突が始まった．透明性，迅速性，双方向性，開放性などの特徴がニューメディアのコミュニケーション自体の大

きな力になり，ネット上での政府腐敗粛清運動や真相の解明に影響を与えている．一方，ニューメディアの匿名性や集団性，そして非理性的であるなどの特性によって，ネットはデマ，感情的な発言などを発信する空間となっている．

　ニューメディアと従来型メディアとの対立は一つの過渡期にすぎない．対立の過程は両者が互いに調整する過程である．両者の衝突の背後には，変革期の中国社会各方面における矛盾がある．しかし，中国の経済発展や各領域における改革が効果的に進められれば，各方面の社会問題は徐々に解消され，二つの言論空間における対立も解消されて二つの言論空間が融合されることになるだろう．

二つの言論空間が完全に融合するコミュニケーションメカニズム

　二つの言論空間の完全な融合は，従来型メディアがニューメディアを歓迎することを意味している．分断される過程と対立する過程の後のニューメディアの優位性と，従来型メディアの劣勢は広く知られている．ニューメディアが急速に発展しているのに対して，従来型メディアは発展を望めない．そのため，中国当局と伝統のメディアはニューメディアを重視し，積極的に二者の融合を求めている．

　新華社は2012年年末にニューメディアセンターを立ち上げ，新華社に属するニューメディア報道の計画，調整，業務全般の統合，ニューメディアの研究，市場の運営，業務の開拓，ブランドの経営などの業務を行わせることとした．現在，ニューメディアセンターの主要な成果は，ニューメディアのホットライン，新華社のマルチメディアのデータベース，中国のネット事情，新華社のミニブログなどである．そのなかで，ニューメディアのホットライン[10]が2013年初めに立ち上げられた．このホットラインはすべてのネット上の時事的な話題に注目している．この話題の内容の多くはネットユーザーの立場から，公権力を批判することである．これらのニュースは従来型メディアによって取材されたものだが，その立脚点は明らかに草の根の世論であり，エリートの世論ではない．権力に従うという従来の考え方からではなく，権力を批判するという考え方から報道されている．これらの従来型メディアからの報道が微博などのニューメディアを通じて再度伝達され，その後ニューメディアの言論空間から従来型メディアの言論空間に引用されるという，いわば循環形式の報道がなされる．これは従来型メディアがニューメディアに積極的に向き合い，両者の融合を促進するモデルである．

　両者の融合は唯一の選択肢である．なぜなら，二者が完全に融合するコミュニケーションモデルでは，ニューメディアにおけるホットな話題が従来型メディアの注目話題となり，従来型メディアの声がニューメディアで広く伝えられる．また，このようなコミュニケーションモデルでは，二つの言論空間がつながり，互いに補完しあう．この融

合は，決して形式ではなく，実践されて根付くべきである．伝統のメディアは，謙虚に，ニューメディアの考え方，ニューメディアの視点，ニューメディアの言葉でコミュニケーションする必要がある．このようにすれば，二つの世論空間における本当の融合が実現できるだろう．

戦略

コミュニケーション研究の権威の一人であるポール・ラザースフェルド（Paul F. Lazarsfeld）は「大衆メディアは善にサービスを提供することができる一方，悪にサービスを提供することもできる．また，コントロールしないと，悪の道具になる可能性のほうが高い」[11]と主張している．ニューメディアに対する適切な管理とコントロールが必要であることは大衆から否定されていないが，ニューメディアに対する管理とコントロールを従来型メディアに対して行われているような方式で行うことはできない．ニューメディア世論の形成規律に従って管理されるべきである．本稿の分析から，以下の三つの戦略が考えられる．

まず，世論を誘導するには「プラットフォーム化」戦略が必要である．たとえば，ニューメディアの世論形成の「プラットフォーム化」戦略を重視すべきである．また，ニューメディアはコミュニケーションのプラットフォームとして，そこに集まっている情報データをもっと多く発掘すべきである．ビッグデータがわれわれにタイムリーな世論状況を把握させ，また，われわれがそれらの状況から世論が発展する方向を推測できる．ニューメディアと従来型メディアが融合しつつある状況では，官製メディアが世論を誘導するので，（それに対抗するために）ニューメディアをプラットフォーム化し，それを使ってニューメディアの発信する内容やニューメディア界の秩序を再構築しなければならない．

第二に，戦術レベルでは，当局はニューメディア世論の特徴や，草の根の世論，批判的な発言，感情的な発言とニューメディア世論との関係を重視すべきである．政府部門は，ネット上の感情的，非理性的な特性に対応するため，迅速に正確な情報を公開することを重視すべきである．

第三に，「二つの言論空間」の融合レベルについては，二者の会話を強化し，二者の融合を加速させるべきである．前述したニューメディアと従来型メディアの二つの言論空間の相互関係に関する三つの可能性は，その相互関係の三つの段階とも言える．それに関する分析を通じて，二つの言論空間が融合に向き合うことの必然性を説明できた．二者の融合の実現こそが，中国における世論を発展させ，より成熟したものとすると考えられる．

第14章

まなざしの交錯
―― ソーシャルメディアと炎上

木本 玲一

1. はじめに

　本稿では，ソーシャルメディア[1]を介して引き起こされる「炎上」の検討を通して，私たちを規定するネット空間におけるまなざしの交錯について考察する．

　一般的に炎上とは，ネットへの投稿が巻き起こす批判の連鎖のことであると理解されている．炎上自体は以前のネット空間でも見られるものの[2]，昨今のソーシャルメディアを介した炎上は，拡散のスピードや「火消し」の困難さなどの点で，かつての炎上とは次元が異なっているといえる．情報はあっという間に拡散され，大規模な炎上が起こる．そして数年経ってもネット上には情報が残ったままで，当事者が不利益を被り続けるような事例も珍しくない[3]．こうした点からも，炎上は現代における動的な〈世論〉の有り様を考えるうえでの好例となる．

　かねてより炎上は，ユーザーのリテラシーの問題であると考えられてきた．つまり炎上するのは不用意な投稿を行った個人の責任であるという議論である．そのため企業や教育機関では，社員や学生向けに炎上防止のネット・リテラシー教育を行うところも少なくない．

　むろん，不用意な投稿を行う個人に責任がないわけではない．しかし，炎上の原因や責任を（リテラシーを欠いた）個人に帰することで，見えなくなってしまうものも存在するのではないか．むしろ考えるべきは，炎上という現象を取り巻く〈世論〉形成の環

境なのではないか．

　こうした問題意識から，本稿では炎上を個人のリテラシーの問題としてではなく，ソーシャルメディアを含めたインターネット空間におけるまなざしの交錯によって導かれる現象として捉えていく．まなざしの交錯とは，ネット上における自己表出を見る・見せるという関係がつくりあげる網の目のようなネットワークのことであり，炎上を含めたネット上における活動全般を規定するものである．

　まず第2節では，昨今のソーシャルメディアをめぐる環境を概観する．第3節では，さまざまな自己表現を行う「ネット・セレブ」の実践を検討する．第4節では，ソーシャルメディアを介して炎上する人びとに目を向ける．第5節では，炎上を加速させる〈他者〉について検討する．そして第6節では，「ネット・セレブ」，炎上する人びと，〈他者〉の営為を規定するネット空間の交錯するまなざしに関して考察を進める．

2.　ソーシャルメディアをめぐる環境

　昨今，ソーシャルメディアは，コミュニケーション・ツールとして私たちの日常に溶け込んでいる．2013年度の通信利用動向調査によると，ソーシャルメディアの利用は，20～29歳が65.5%，30～39歳が58.9%，40～49歳が43.5%である（総務省 2014）．動画サイトの利用に関しては，20～29歳が63.9%，30～39歳が59.3%，40～49歳が48.4%である（同）．若年層に関しては，10代の70.5%，20代の80.3%，30代の65.4%がLINEを使っており，他のソーシャルメディア利用率も高い（総務省 2015: 169-70）．若年層にとってLINEをはじめとするソーシャルメディアは，従来の電話やメールのような標準的なコミュニケーション・ツールになっているといえる．

　かねてより，ネットメディアの普及は個人の表現活動を加速させてきた．その様はポジティブには「総表現社会」などと表現されてきた（梅田 2006: 4章）．個人の表現が玉石混淆なのは言うまでもないが，2000年代初頭のブログの流行の際には，影響力を持つ一部のブロガーが「ネット・セレブ」としてもてはやされた（遠藤 2004: 6章）．

　ソーシャルメディアの普及は，こうした流れも加速させてきた．たとえば災害や事件，事故などに関する当事者からの投稿が，従来のマスメディアの情報にはなかった生々しいインパクトを与えることも珍しくない．伝統的なマスメディアもソーシャルメディアやネット情報の活用を進め，現在ではさまざまなメディアが相互に共振しあう「間メディア」的な情報環境が一般化している（遠藤 2014）．

　またソーシャルメディアを通して，以前なら公にされることがなかったようなごく私的な内容を投稿する人びとも少なくない．ジグムント・バウマン（Zygmunt Bauman）

は，こうした状況を「告白社会」（confessional society）と呼ぶ（Bauman 2011＝2011: 6章；Bauman and Lyon 2012＝2013: 47-8）．告白社会では，プライベートとパブリックの境界線がなくなり，プライベートなものを公開することが推奨されると同時に，プライバシーを守ろうとする人びとが公的なコミュニケーションから排除されるという（同）．

多くの人がソーシャルメディアを通して自己表出している現状を踏まえれば，バウマンの指摘は的を射ているようにも思える．しかしプライベートとパブリックの境界線がなくなっているかどうかは議論の余地がある．

たとえば，プライベートな情報を投稿したことを後で後悔する人びとが少なくないということは，忘れるべきではないだろう．トレンド総研が15歳～39歳の男女500人に行ったインターネット調査では，ソーシャルメディアに自身が投稿した内容に関して，32％の人が後悔したことがあると答えている（トレンド総研 2015）．後悔した主な内容としては，「そのときの心情を表現したひとり言」（59％），「恋愛に関するネガティブな内容」（34％），「仕事に関するネガティブな内容」（21％），「恋愛に関するポジティブな内容」（18％），「友人・知人に対する批判・文句」（16％）などが挙げられている（同）．

これらは端的にいえば，プライベートな情報の吐露を後悔しているという事例である．もしバウマンの言うようにプライベートとパブリックの境界線がなくなっているならば，32％の人がプライベートな情報の吐露を後悔するとは考えにくい．

またいわゆる「ソーシャルメディア疲れ」に関する指摘もある．武田隆は，ソーシャルメディア疲れに関するネット調査を踏まえて，次のように述べる．

> （引用者註：Facebookのような実名制の高いソーシャルメディアでは）最大公約数的なあたりさわりのない自分を出すしかない．「会社の人も見ているなかで，家庭のことをどこまで出していいのだろう」「この写真をアップするとあの人はどう思うかな」……そうしたまわりの反応に過度に気を遣うようになり，疲れてしまうというわけです．（武田 2012）

こうした指摘は，（半ば義務的な）自己表出の要請が，心理的な負担となるというソーシャルメディアの負の側面を想起させる．言い換えればそれは，パブリックな領域でプライベートな情報を表出することに対する抵抗感や疲労感である．遺棄された無数のアカウントは「ソーシャルメディア疲れ」を象徴するように見える．

以上の点から考えるならば，現状はソーシャルメディアの普及によってプライベートとパブリックの境界線が消失したのではなく，境界線がゆるやかに再定義されつつある

状況として理解するほうが妥当であろう．

　さて，ソーシャルメディア利用は，スマートフォンの普及とモバイル通信の高速化によっても加速している．近年，スマートフォンは，PC 以上にネットにアクセスする際の端末として用いられる傾向にある．2013 年度時点で，国内のスマートフォン世帯保有率は 62.6％であり，今後も上昇が予想されている（総務省 2015: 169）．とくに 10 代，20 代では，スマートフォンからのネット利用が PC からのアクセスを超えている（インターネット白書編集委員会 2015: 49-50）．SNS を利用する際の端末も，PC が 42.5％であるのに対し，スマートフォンが 77.1％と大きく差を付けている（同: 183）．利用端末としてスマートフォンが PC を上回る傾向は，動画サイトに関しても指摘されている（同: 184）．

　こうした傾向は，ネット上に何かを投稿する際のハードルを押し下げてきたといえる．デスクトップ PC を立ち上げ，ログインし，投稿するというこれまでのプロセスは，多少なりとも時間的・空間的な制約を持っていた．しかしスマートフォンのような持ち運びを前提とした機器は，時間的・空間的制約が少ない．そのため取るに足らない独り言や，くだらない思いつきを深く考えずに投稿するということが技術的にも容易になる．結果，後で投稿を後悔するような事例も増加すると考えられる．

　以上の点を整理すれば，私たちは，いつでもソーシャルメディアを介して自己を表出し，また他人の自己表出を見ることができる社会を生きているといえる．そこでは，プライベートとパブリックの境界線が再定義されはじめている．私たちはそうした現実を一応は受け入れつつ，同時に抵抗感や疲弊感を抱いてもいる．

　このような環境は，現代の〈世論〉形成を規定するインフラである．この〈世論〉とはすなわち，次節以降で検討する「ネット・セレブ」や炎上する人びと，またそれを眺める人びとによって生み出される〈世論〉である．

3.　ネット・セレブたち

　テレビや新聞では，広告出稿の目安として視聴率や発行部数が重要視される．同様に広告ベースのビジネス・モデルにもとづくソーシャルメディアでも，投稿された情報がどれだけ閲覧され，拡散されたのかが重要視される．

　たとえば Twitter での「リツイート」や「リプライ」の数，Facebook での「いいね！」の数，YouTube やニコニコ動画での累計視聴数や評価数，コメント数などのように，可視化された他者のまなざしは，その数に応じて投稿者の威信や収入へとつながる．YouTube やニコニコ動画の場合，1 再生あたり，0.1 円〜0.8 円程度の収入が投稿者に

図 14-1　YouTuber，HIKAKIN による投稿動画[4]

入るとされる（イケダ 2014）．また再生回数のランキングや，ニコニコ動画の「100 万再生」のように，多くの人びとが観たという事実が投稿者の威信を高める傾向にある．

こうした構造は「YouTuber」などに代表される新たな「ネット・セレブ」を生み出している．YouTuber とは，YouTube に定期的に動画を投稿する人びとの総称である（図 14-1 参照）．彼らの一部には，動画の投稿で生計を立て，人気を評価されてテレビなどに進出する者もいる．

YouTuber をはじめとする動画投稿者は，多くの場合，大勢の人びとに動画を観てもらうことを目指している．そのため話題となるようなテーマ，構成を考え，またアナリティクス[5]を用いて視聴者の傾向を分析しながら動画の制作，投稿を行っている（HIKAKIN・鎌田 2014; MEGWIN・関根 2013; 愛場 2014 など参照）．たとえば YouTuber の MEGWIN は，次のように述べる．

　　（引用者注：アナリティクスによって）「そうか，俺たちの動画は小中学生の男子が観ているのか！」ということがわかれば，当然コンテンツづくりにも影響してきます［……］動画をつくり，再生回数をチェックしていくと「やっぱりこのネタは当たった」とか，「このネタが当たらないのはどうしてなんだろう…」とますます考えるようになる．そうやって，徐々にチャンネルと視聴者の歩調が合ってくるわけです．これはとても大事な調整［……］ただ漫然と動画をつくっていくのではなく，視聴者の動向を気にしながら，微妙に調整していく．これをやるか，やらないかで，どんどん差が開いていきます．（MEGWIN・関根 2013: 149-51）

ここでは自分の好みの動画を「漫然と」つくるのではなく,「視聴者の動向を気にしながら,微妙に調整していく」ことの重要性が指摘されている.こうした発言からは,動画を通して自己表現をしようとする素朴な姿勢というよりは,あたかもテレビ番組の制作サイドのように視聴者を意識し,動画制作上の「努力」を重ねることで視聴数を稼ぐという姿勢を読み取ることができる.

4. 炎上する人びと

前節で取り上げた YouTuber たちは視聴者を意識し,多くのアクセスを集めるために少なからず努力をしていた.しかし努力の方向性が反社会的なものであったり,法的,倫理的に問題があったりする際には,炎上することも少なくない.

たとえば 2014 年には,コーヒー店のスターバックスに爆竹を投げ込む様子をニコニコ生放送で配信した男性が,威力業務妨害の疑いで書類送検された(図 14-2 参照,朝日新聞 2014).

この男性は,「注目を集めたくて」配信を続けており,配信を行ううえで他人に迷惑をかけることは「ある程度は許容範囲なんじゃないか」と述べているという(J-CAST ニュース 2014).

また 2015 年には,自動車での暴走行為をスマートフォンで撮影し,YouTube に投稿した男性が道路交通法違反で逮捕されている(産経新聞 2015).この男性は,取り調べに対して,暴走行為を「動画サイトに投稿し友人に自慢したかった」と述べているという(同).

さらに Twitter を使った悪ふざけなどの投稿は,とくに「バカッター」という造語で

図 14-2　スターバックスに爆竹を投げ入れる動画[6]

捉えられている．アルバイト従業員による備品や商品を使った悪ふざけ，守秘義務違反，不謹慎・不適切発言，公共の場所での迷惑行為，犯罪行為の予告や告白などがバカッターの典型例である．投稿の結果，勤務先を解雇されたり，威力業務妨害などで書類送検されたりする例も少なくない（図14-3参照）．

こうした悪ふざけの投稿は，海外でも少なからず見られる．たとえば2015年には，マレーシアの人びとの間で信仰の対象となっているキナバル山で半裸の写真を撮影し，Instagramに投稿した若者たちが警察に逮捕されている（BBC 2015）．また同年，コロンビア軍のシェフを務める男性が調理用の釜で身体を洗う写真が流出し，取り調べを受けている（Daily Mail Onlne 2015）．同様の事例は無数にある．

多くの場合，炎上につながる投稿は，笑いや賞賛といった視聴者のリアクションを期待しているが，現実には社会的なサンクションを受けている．いわば「ネット・セレブ」になり損ねた彼ら彼女らは，投稿によってサンクションを受ける可能性をあらかじめ自覚していたようには見えない．

しかし「ネット・セレブ」と，炎上する人びとの境界は，そこまで明確なのだろうか．また炎上はリテラシーを欠いた個人の責任に帰されるべき問題なのだろうか．

たとえばテレビなどのマスメディアでは，しばしば放送倫理に抵触するような番組内容や，ねつ造，やらせなどに批判が集まる．これらは番組制作サイドによって引き起こされる問題である．しかしその根本的な原因は，視聴者を惹きつける刺激的な映像を撮り，視聴率を獲得しなければならないという番組制作を規定する構造にある．

図 14-3　バカッターの例[7]

ソーシャルメディアの炎上事例に関しても，同様の構造があるのではないか．「ネット・セレブ」も炎上する人びとも，アクセスを集めるような刺激的なコンテンツを投稿することで注目を集めるという志向は共通している．つまり両者の境界はそこまで明確ではなく，共に見る者の存在に強く規定されている．それゆえ炎上する人びとに責任を帰することで，私たちは本質を捉え損なってしまう．

5. 〈他者〉たち

前節の最後で言及した見る者とは，いかなる存在なのだろうか．

ソーシャルメディア以前，ネット以前から，さまざまな事件や事故などのトラブルは，野次馬たちを惹きつけてきた．火事や事故の見物はもとより，公道での暴走行為を見に来るギャラリーなど，事件，事故，犯罪行為などは，さまざまなかたちで消費されるコンテンツであった．

トラブルに対する野次馬的な反応は，記録の残るネット上ではより顕在的である．たとえば「祭り」と称されるネット上の活動がある．祭りとは一般的に，同じ話題のもとで不特定多数の人びとがコミュニケーションを取り合い，その活動が極端に加速することを指す．

祭りはフラッシュモブ[8]のような形態をとることもあるが，炎上につながるような言動を発見した第三者が，それを匿名掲示板などで報告することから始まることも少なくない（荻上 2007: 1章）．つまり発見者，報告者が炎上につながりそうな言動を「ネタ」として提供することで，不特定多数の〈他者〉が批判や罵倒を繰り返す炎上が起こるという構図である（同）．

発見者，報告者を含む不特定多数の〈他者〉たちは，必ずしも投稿者と同じ文脈——たとえば悪ふざけをしあい，軽口を叩き合うような文脈——を共有していない．一般的に，文脈を共有しないことで，許容される悪ふざけや軽口の幅は狭くなる．つまり投稿者と〈他者〉の想定する許容範囲のズレが，軽口や悪ふざけを炎上のネタにする．そうしたズレに無自覚な投稿者は，無意識のうちに炎上のネタを提供し続ける．

以上の点を踏まえれば，炎上とは問題のある投稿などが直接的に引き起こす現象ではなく，不特定多数の〈他者〉のまなざしによって引き起こされ，拡大する現象であるといえる．

ジャーナリストの安田浩一は，こうした炎上のあり方を「ネット私刑」という言葉で批判的に表現している（安田 2015）．ネット私刑とは，「私的制裁を目的に集団で特定個人を貶める」という意味である（同: 24）．貶める対象が犯罪加害者などである場合

もあるが，事件などにまったく関係のない第三者である場合も少なくない．いずれにせよ〈他者〉は，特定個人の情報などを収集し，次々と暴露することで炎上を加速させる．

　また動画配信に関しては，より直接的な〈他者〉が存在する．一部の動画配信サービスでは，視聴者が配信者に対して金銭的な支援などを行うシステムがある．支援者は「囲い」と呼ばれ，支援行為は配信者のファン同士間の象徴的な「序列」を上げたり，配信者を煽り，配信内容をより過激な方向に誘導したりする契機となっている．

　たとえば2015年，浅草の三社祭で禁止されているドローンを飛ばすことを予告した未成年の配信者が逮捕され，保護観察処分となった（NHK NEWS WEB 2015）．かねてより過激な配信で知られていたこの少年は，複数の支援者から現金や機材の提供を受けていた．少年の逮捕後には，25万円を振り込んでいた支援者の男性が警察に出頭している（日刊ゲンダイ 2015）．この件に関して，プロレスラーでYouTuberのシバターは，自身が投稿した動画のなかで次のように述べている．

> 15歳の少年にラジコンを買い与えて，少年をラジコンにしてた大人がいるんだよ．それが一番悪いんじゃないかなって．セーフティなところから，子供に奇行をさせてさ，楽しむっていうような非常に趣味の悪い遊びだと俺は思うわけ（シバター 2015）

　この動画でシバターは，少年の囲いたちを「気持ち悪い」，「趣味が悪い」と痛烈に批判している．

　上述の安田が批判する炎上に荷担する〈他者〉や，シバターが批判する囲いは，無責任な批判や罵倒を繰り返し，安全圏から人を煽る卑怯な存在として捉えられている．安田やシバターの批判は，彼らの義侠心の現れとして理解できる．しかし〈他者〉や囲いを批判するだけでは，炎上を個人の問題に帰するのと同様，事の本質を見誤ってしまう．

　重要なのは，炎上の元となる投稿を行った人びとや，炎上を加速させる〈他者〉，囲いをともに規定するネット空間におけるまなざしの交錯である．

6.　シノプティコン

　前節の最後で言及したネット空間におけるまなざしの交錯とはいかなるものか．そのことを考えるうえで，トマス・マシーセン（Thomas Mathiesen）の議論が参考になる．マシーセンは，ミシェル・フーコー（Michel Foucault）の「パノプティコン」（Panopticon）概念を検討するなかで，「シノプティコン」（Synopticon）という概念を

提示する (Mathiesen 1997). マシーセンによれば, 刑務所の監視塔のように「少数の人が大勢の人を監視する」装置がパノプティコンであるのに対し, シノプティコンは「大勢の人が少数の人を監視する」装置であるとされる (同: 218-9). マシーセンによると, シノプティコンの典型はテレビなどのマスメディアであり, パノプティコンとシノプティコンは, 互いに関係しあいながら共存しているという (同: 219).

マシーセンの論文が書かれたのは, ソーシャルメディアなどが本格的に普及する以前であり, シノプティコンの例として主にマスメディアが想定されている. しかし昨今のメディア環境を踏まえれば, 「ネット・セレブ」や, 炎上する人びともまた, 「大勢の人が少数の人を監視する」という構図のなかにいるといえるだろう. 彼ら彼女らは, 大勢から見られるためにさまざまな努力をしている. そして見られることで威信や収入を得る. 使用するメディアがマスメディアかネットメディアかという違いはあるものの, 構造的には既存の有名人などと大きな違いはない.

そしてマシーセンが述べる「監視する」側の大勢とは, 上述の〈他者〉にあたる. ただし〈他者〉たちは, 旧来のパノプティコンの監視員のような明確な目的——統治, 管理, 矯正など——を持って監視しているわけではない.〈他者〉の目的はコミュニケーションを取り続けることであり, 特定の人びとの投稿を眺めるのは, それがコミュニケーションを取るためのネタとなるからである. 遠藤薫は次のように述べる.

> サイバースペースの遊歩者たちは, 身体を持たないがゆえに, つねに「つながっている」ことを確認していなければ, いいかえればつねに「何か」とコミュニケーションをとっていなければ, 「そこ」に存在し得ないのである. 彼らが「孤独」であることさえ, この「つながり」を経由しなければならない. (遠藤 2007: 181)

ソーシャルメディアを含めたネット全般においては, 遠藤の述べるような自己確認への強い要請がはたらくため, コミュニケーションは自己目的化する. つまり交わされるメッセージの内容以上に, メッセージが交わされるという事実それ自体が先鋭化する[9]. こうした事情が, ネット上の交錯するまなざしを規定する.

「ネット・セレブ」や炎上する人びとは, 程度の差こそあれ, 投稿を目にするであろう人びとのことを意識する. 聞き手や読み手を求めない純粋な独白ならオンラインで行う必要はないが, 彼ら彼女らは, それをオンラインにさらしている. その理由は, 自らの投稿が「話題となる」こと＝自己目的化したコミュニケーションの起点となることを期待しているからである.

〈他者〉たちも同様に, 自己目的化したコミュニケーションによって規定されている.

〈他者〉たちは，身体も互いの情報も持たない見ず知らずの人びとであるが，その状態ではコミュニケーションのリソースが限られる．そのためコミュニケーションを取り続けるには，「自分たち」を確認するための文化的な振る舞いや（木本 2004），何らかの共通の話題＝ネタが必要になるのだ．この場合のネタは代替的であり，YouTuber の投稿であろうが，炎上の元になるような投稿であろうが，何でもかまわない．

そして炎上を加速させる〈他者〉が炎上の当事者になることも珍しくない．前節で言及したドローン少年が，以前，川崎市で起きた少年犯罪の加害者宅に張り込む模様を配信していた．当時，ネット上には加害者を糾弾する言説が溢れていたこともあり，少年の行為は一部から賞賛された．その瞬間，少年は行動的な〈他者〉であった．しかし後に彼は逮捕され，炎上する側になった．逮捕後，少年の自宅に足を運ぶ配信者もあらわれ，少年は自分がやってきたことをやり返されるかたちとなった．見る者，見られる者が入れ替わったその姿は，自身も一端を担っていた交錯するまなざしの網に，自ら絡め取られたようにも見える．

オンラインのシノプティコンは，交錯するまなざしのもとで，何らかのネタを求め続けるという強固かつあいまいな志向を背景として機能していく．無数の「ネット・セレブ」や予備軍たちは，注目されることを目指して自己表出を続ける．また大勢の〈他者〉たちは，自己表出をコミュニケーションのためのネタとして消費する．そしていずれの人びとも，つながり続けねばならないというネット空間ならではの特殊性によって規定されている．

7. パノプティコン

マシーセンはパノプティコンとシノプティコンの相互作用を指摘している（Mathiesen 1997）．彼の議論を踏まえてネット時代のパノプティコンを想定するならば，まずソーシャルメディアをはじめとするさまざまなサービスを提供する企業群が挙げられる．ソーシャルメディアの多くは無料か，安価に利用することができる．そのかわり，サービス提供者は利用者の個人情報をマーケティングや広告のために利用したり，売買したりしている．嬉々として自己表出を続けるソーシャルメディア上の私たちは，より上位の文脈では消費者として細かく分類されていく．

さらに企業群よりも上位には，企業に対して情報開示を求められる警察機関や，特定の意思のもとに情報収集を行う合衆国の NSA（国家安全保障局）のような国家機関などが存在する．ただし国家機関などの具体的な内実は判然としない．たとえば PRISM[10] に代表される国家規模での監視システムの存在は，エドワード・スノーデン[11] のリーク

のような特殊な状況のもとで断片的に言及されてきたものの，基本的には国家機密であるため全容は不明である．そのため本稿で上位のパノプティコンに対して詳細な議論を進めることはできない．

　ただ私たちは，程度の差こそあれ，パノプティコン的なシステムに対して協力的であるといえる．スマートフォンを使い，ソーシャルメディアへの投稿を行うという行為の前提になるのは，利便性と引き換えに個人情報——誰が，いつ，どこで，何をしているのか——をパノプティコンの運営者に提供するということである．多くの人は回線契約やアカウント作成の際の細かな利用規約を読み飛ばすし，自分の個人情報が収集，取引されていることを日常で強く意識することもない．

　また，そもそもソーシャルメディアなどを使用しなくても，私たちは半ば自動的に，企業や国家が運営する移動，労働，消費，社会保障などのネットワークに組み込まれている．街中に設置された監視カメラやNシステム（自動車ナンバー自動読取装置），IC乗車券，クレジットカードやポイントカード，電子化された勤務評定やカルテ……私たちの生活は，ネットワークを基本的なインフラとすることで成り立っている．完全にすべてのネットワークから外れることは不可能ではないが，そうすれば通常の社会生活を送ることも難しくなる．つまり私たちは，シノプティコンの一端を担うだけではなく，好むと好まざるとにかかわらず，パノプティコンの下で生きているのだ．

　ただし，パノプティコンの運営者たちもまた，相対的に大きな権力や権限を持っているとはいえ，絶対的な独裁者として私たちを統治しているわけではない[12]．たとえば前述のPRISMは，存在が明らかになった途端，合衆国内外から大きな批判を招き，バラク・オバマ大統領が釈明に追われる事態となった．また，国内では2013年にJR東日本がIC乗車券，Suicaの利用履歴を無断で販売し，大きな批判を招いた．結果，同社は情報の外部提供を希望しない利用者の情報を削除することになった（毎日新聞 2013）．さらにソニー（2011年），ベネッセ（2014年），日本年金機構（2015年）など，何らかのきっかけで企業や法人の持つ膨大な個人情報が流出することは日常茶飯事であり，そのたびに責任者が謝罪を繰り返している．

　そもそもパノプティコンの運営者たちは，情報を満足に管理できていない．ましてや絶対的な権力などを持っているわけではない．また運営者の意思は多様であり，旧来のパノプティコンの監視員のような一律の目的のもとで監視をしているわけでもない．言ってみれば，運営者はそれぞれの「仕事」をこなしているだけであり，プライベートでは私たちと同じように交錯するまなざしの下で蠢く人間たちであるといえる．

8. おわりに

　以上，本稿では炎上を中心的な事例として検討しながら，私たちを規定するまなざしの交錯について議論してきた．パノプティコン，シノプティコンの下では，見る者は見られる者であり，見られる者は見る者でもあった．

　複雑に交錯するまなざしは，社会内存在としての私たちの姿をぼんやりと照射しつつ，時に私たちを容赦なく絡め取り，賞賛や熱狂，ないしは批判や罵倒の渦のなかに叩き込む．まなざしの向きによって姿を変える「ネット・セレブ」や炎上する人びと，〈他者〉たちは，私たち自身の姿にほかならない．交錯するまなざしの下で立ち現れる「われわれは，小さな，走り回る，カメラ付きロボットでしかない」（遠藤 2008: 52）．

　ソーシャルメディアを通した自己表出が一般化するなかで，ある者はネット上の自分は偽物だと，またある者はネット上の自分こそが本物だというかもしれない．しかしいずれにせよ，その姿は確固たる実像ではなく，パノプティコン，シノプティコンの下で交錯するまなざしによって，一時的に現出した幻影のようなものである．

　そして私たちの幻影は，〈世論〉に無軌道なうねりを与える．現代的な〈世論〉は，なによりも予測しがたい動的な性格によって特徴づけられるのだ．見る者は見られる者であり，賞賛と罵倒は紙一重である．本稿での議論は，そうした〈世論〉の一事例に関する考察であった．

第15章

デマ・流言と炎上
―― その拡散と収束

鳥海 不二夫・榊 剛史

1. ウェブ上における情報拡散――デマ・流言・炎上

　インターネットの発展によって情報の取得方法は大きく変化した．とくにソーシャルメディアの発展によって，特定のメディアに自ら取得しにいかなければ得られなかった情報が，他のユーザーによる転送によって受動的に獲得できるようになっている．その結果，レガシーメディアの時代，あるいはソーシャルメディア以前のインターネットの時代と比較しても，個人が接触可能な情報が爆発的に増加した．

　これによって，従来はマスメディアによる情報と自分の周囲の情報のみから形作られていた世論が，他のソーシャルメディアユーザーを介して異なる環境に存在する他人の意見をダイレクトに取り入れ形成されるようになった．レガシーメディアの時代であれば自分の周囲が，狭い世界を形成し多様性に欠け，他人と異なる意見を持っている場合は沈黙してしまうような場合でも，ソーシャルメディアの時代である現代は自分と同一の意見を持つ人を簡単に探し出すことができるようになった．そのため，声を上げる機会は増加し，意見を同じくする他の人びとに情報を拡散する機会も増大している．

　また，ソーシャルメディアを情報源として活用する人が増加するにつれ，ソーシャルメディア上の流言や炎上（バースト現象）が，それらの人びとの意思決定に影響するようになりつつある．さらにそれらがマスメディアを通じて再発信されることで，より多くの人びとの意思決定や政治的な意思決定にまで影響を及ぼす可能性も高まっている．

その意味で，ソーシャルメディアの流言・炎上が世論に寄与する環境が醸成されつつあると考えられる．

一方で，インターネット上に拡散される情報は必ずしも拡散が適切なものばかりではない．たとえば，正しくない情報すなわちデマや流言が拡散することで誤った情報が人びとに伝わり，人びとが間違った情報に基づいた行動を行い社会が混乱する可能性がある．また，近年とくに問題となっている炎上は，インターネット上で個人や企業が激しい言動的な攻撃にさらされ，業務に支障をきたしたり，日常生活に負の影響を与えることがある．

本稿では，ソーシャルメディアの普及に伴い注目されるようになった，情報拡散の負の側面としてのデマ・流言および炎上について，その拡散から収束までの流れとその性質について述べる．

インターネット上の情報拡散

なぜ噂やデマ，炎上はインターネット上で容易に拡散していくようになったのだろうか．日本におけるインターネットの発展とともに考えてみる．

インターネット黎明期においては，情報発信を行うためにも技術的な壁が存在し，さらに，ホームページの作成を行うにはさらなる技術が必要であったため，情報発信を行う人はある程度の技術を持った人びとに限られていた．そのため，情報発信者の数はインターネット以前と比べれば多くなったものの，全体に占める割合は決して大きくなかった．

2000年代に入ると掲示板やチャットなどのシステムを利用することによって情報発信が可能になった．これらのシステムによって，技術的な知識はほとんどなくともインターネット上に情報を書き込むことができ，多くの人びとが情報発信を行うことができるようになった．たとえば，1999年にサービスが開始された「2ちゃんねる（2ch）」は2016年現在でも日本を代表する掲示板サービスの一つであり，2000年代前半には情報発信源として大きな影響力を持っていた．一方で，2ちゃんねるは匿名掲示板であり，「便所の落書き」などとも呼ばれ，その信頼性は高くはなかった．書いてある内容についても書いた人に責任が生じないため，虚実入り交じっていた．そのため，書かれている内容が真実では限らないという意識が，掲示板利用者によって共有されていた．掲示板の開発者である西村博之自ら「うそはうそであると見抜ける人でないと（掲示板を使うのは）難しい」と述べた[1]とおり，情報を信用するかどうかは個人の自己責任に任されており，利用者自身が情報を鵜呑みにしないことが推奨されていた．

情報発信の容易性と情報の信頼性が同時に確立するのはソーシャルメディアの登場後

となる．日本におけるソーシャルメディアの草分け的存在である，2004年にサービスが開始された mixi や GREE といった SNS は，当初実名による登録を推奨しており，情報発信者が誰であるかわかるようになっていた．これによって，情報発信者が特定されるようになり，安易なデマや流言，批判的な意見を投稿しづらい環境が整った．さらに，SNS の最大の特徴である「友人とつながる」というサービスそのものが，単に実名であるだけではなく，それが実社会の誰であるかが明らかな状態を作り出した．このこともまた，信頼性の向上に役立っていた．一般に「インターネット上の誰だか知らない人が書いた情報」ではなく「知り合いが書いた情報」のほうが信頼性が高い．そのため，SNS 上の情報は掲示板などに比べて信用できる情報であると判断されやすくなったと言える．

　ここにおいて，情報発信の容易性と情報の信頼性がインターネット上で成立した．しかし，それだけではまだ情報が大きく拡散するには不十分である．容易に情報を発信でき，それを周囲の人間が信頼したとしても，そこから先に拡散していかないかぎり，せいぜいインターネット以前の数倍程度の広がりしか見込めないであろう．つまり，多くの人にとって興味深い話題があったとしても，その話題を提供したユーザーと，そのユーザーと友人関係にあるユーザーまでしか話題は広がらず，それ以上広げるためには各ユーザーがあらためて自分自身のユーザーに情報を広める努力をする必要があった．

　その様相が Twitter や Facebook の利用拡大によって大きく変化した．

　Twitter は UserID によってユーザーが識別できる記名性ソーシャルメディア[2] である．Twitter の他のソーシャルメディアとの最も大きな違いは，基本的にオープンなソーシャルメディアであるという点であった．すなわち，誰かが投稿した記事は誰もが（Twitter のユーザーではなくても）読むことが可能である．これによって，自分の友だちではない人にも投稿した記事を読んでもらうことが可能となったため，情報の拡散が容易となった．さらに，Twitter には，ほかの人が投稿した記事をそのまま自分の友人に転送する「リツイート」という機能がある．これによって，ワンクリックで情報を共有できるようになり，これが情報拡散に大きく寄与する結果となった．一方，Facebook は基本的にはオープンな SNS ではないが，オープンにすることも可能である．また，記事などを「シェア」する機能があり，友人の投稿記事をシェアすることで，多くの人に拡散させることが可能である．これもまた情報拡散に大きく寄与している機能である．

　他人が投稿した記事を他のユーザーに転送する機能はブログなどにも存在していたが，SNS のような「Push 型」[3] のメディアで実装された影響は大きい．すなわち，興味がない話題についても Facebook や Twitter を使っていれば半強制的に目に入るように

なった．従来は能動的にウェブを見なければ得られなかった情報が受動的に得られるようになったことによって，情報接触機会が大幅に増加した．さらに，ワンクリックで能動的に友人に情報を回すことができるようになり，ユーザー個人が簡単に情報拡散を行えるようになった．これらの機能が情報の拡散性を向上させる大きな要因となっている．

以上，まとめると現在のインターネットにおいては，
- 情報発信の容易性
- 情報の信頼性
- 情報の拡散性

が同時に確保されるようになったことがわかる．これによってさまざまな情報が高い信頼性を持って広まりやすい環境が整った．

現在のインターネット上では，さまざまなメディアが互いに結びつきながらさまざまな情報をユーザーに発信しており，それらは単に情報発信源からだけではなく，個々のユーザーの活動を通じて拡散することで，より多くの人びとに情報が伝わるようになった．これは，震災時の情報共有などはもちろん，日常生活においても，電車の遅延や天気の移り変わりなどの情報を容易に受け取れるようになった．

本稿を執筆中に，調布で飛行機の墜落事故が発生したが，筆者はまさにソーシャルメディア上で友人がつぶやいた記事を見ることでその情報を知った．仕事中にニュースサイトめぐりなどしない筆者が[4]本来は受け取れないはずの情報を受動的に得られたことは，まさに現在の情報化社会の特性をよく表しているように思える．このように情報を受動的に受け取れるということは，従来の情報収集行動と現在の情報収集行動がまったく異なる性質を持つようになり，情報のあり方が従来から大きく変化したことを意味するだろう．

そのようななかで，情報の拡散容易性こそが，噂やデマ，炎上がインターネット上で爆発的に広まる土壌となっている．事実，噂やデマのなかには人目では真偽がつかみかねる情報も数多く存在する．また炎上にかかわる投稿も，個々の投稿では的を射た批判であることも少なくない．そのため，有益な情報の広がりとデマや噂，批判的な投稿の広がりに大きな違いはない．つまり，有益な情報が広まりやすい環境そのものが，デマや噂，炎上が広まりやすい環境であると言える．

デマ・流言

デマとは，根拠のない噂や，嘘の情報などを指す言葉である．本来デマは政治的な意図を持って流す情報という意味であったが，政治的な意図という文脈は薄れ，逆に「正

しくない情報である」という意味が含まれるようになっている．噂や流言との違いは，意図的に流された情報であることにあると言えよう．ただし，現在のウェブ上では，意図されていない正確ではない情報についてもデマと称されることが多く，その区別はあいまいである．ここでは，意図を持って発信された正しくない情報をデマ，自然発生的に発生した正しくない情報を流言と定義する．

　本来デマや流言は，噂話としてクチコミで広がっていくものであった．ウェブ以前の流言のなかで最も有名なものが，豊川信用金庫事件であろう．これは，1973年に女子高生同士のたわいない会話が信用金庫の取り付け騒ぎにまで発展した事件である．流言によって社会的影響が強く表された例として有名である．この事件当時はインターネットは存在せず，クチコミが主な拡散ルートであったが，女子高生同士の「信用金庫は（銀行強盗が入るから）危ない」という会話からわずか5日で「信用金庫が（つぶれる可能性が高くて）危ない」という情報にすり替わり，取り付け騒ぎになっている．

　インターネットが利用される以前から，デマや流言はクチコミベースで大勢に伝達される性質を持っていた．一方で，公的なマスメディアなどで取り上げられたわけではないため，実態の把握が難しく，否定を行うことも容易ではない．一般に大きく広まって人びとの注目を集めるようになって初めて事態が把握され，否定する情報がマスメディアなどで告知されるため，手遅れとなる場合が多い．

　インターネットの利用が盛んになっている現在では，とくにソーシャルメディアの利用拡大によって，デマの拡散がさらに容易になっている．とくに，東日本大震災でいくつかのデマが拡散したことで，デマや流言の拡散が社会問題として認知されるようになった．

炎上

　炎上という語は，元々，英語の"Flaming"を訳した語が広まったものと考えられる．英語においてInternet上の"Flaming"とは，「強い気持ちや感情を伴う敵意」[5]と定義されている（Collins 1992）．また，「インターネット上のユーザーにおける侮辱的な相互インタラクション」[6]とも定義されている[7]．つまり，ソーシャルメディアだけではなく，掲示板，メール，チャットなどのインターネットメディア上のコミュニケーションにおいて，敵意や侮辱といった感情が強く発露してしまうことを指して炎上と呼んでいる．

　しかし，日本語において「炎上」という語が指す意味はもう少し限定的である．「炎上」という語が普及する以前に匿名掲示板サイトである2ちゃんねるにおいて用いられていた「祭り」という語が，現時点における日本語の炎上の意味に近い．英語の"Flaming"が持つ「ネガティブな感情の発露」に加えて「大規模に広まる」という意味が含まれて

いる．実際，田代光輝らによれば，炎上は「サイト管理者の想定を大幅に超え，非難・批判・誹謗・中傷などのコメントやトラックバックが殺到すること」と定義されている（田代 2008）．

そのように考えると，日本語における「炎上」は「バースト現象」の一種であると考えられる．「バースト (Burst)」とは，ある個人・企業の公の場での発言や行動，ソーシャルメディア上の投稿がソーシャルメディア上において話題になり，短時間のうちに爆発的に拡散されることを意味する（Kleinberg 2003）．これらのバースト現象のうち，元となる発言・投稿に対する否定的な反応——批判，誹謗中傷——が多量に拡散してしまうものが「炎上」であると考えられる．

本稿で扱う「炎上」とは「バースト現象のうち，ネガティブな意見が強く押し出されたもの」とする．

次節から，デマ・流言および，炎上の実態についてそれぞれ具体例から見てみる．

2. 噂・デマ・流言の実態

インターネット上でデマや流言がどのように拡散していったのか，東日本大震災時におけるTwitterを中心としたソーシャルメディアにおける事例について確認してみる．

ここでは震災直後の混乱期に広まった流言とデマを取り上げ，その広がり方の特徴をデータから読み取る．一つ目は，Twitter内で憶測や予想，混乱から流言が発生し広まった事例，二つ目は他のメディアによって作られたデマが良い話としてTwitter上で広まった事例である．

コスモ石油と有害物質

東日本大震災時に広まった流言・誤報として最も有名なものがコスモ石油の火災に関する流言であろう．投稿されたツイートにはいくつかのパターンがあるが，おおむね以下のようなものである

> 千葉市近辺に在住の方へ．コスモ石油の爆発により有害物質が雲などに付着し，雨などと一緒に降るので外出の際は傘かカッパなどを持ち歩いてください．

本文に「コスモ石油」が含まれるツイートは，3月11日から3月23日までの間に13.2万回ほど投稿された．すべてが火災と有害物質に関連するツイートかどうかは不明ではあるが，多くの人に関連情報が拡散したのは間違いない．

このコスモ石油と有害物質の雨が降るというデマがどのように拡散したのか，時系列的に分析した例は多い（荻上 2011; 松田 2012）．

そこで，ここではデマツイートとその訂正ツイートのみに注目する．

デマとその訂正ツイートの数を15分間隔でプロットしたものが図15-1である．デマ以上に，訂正情報が大きな勢いを持っていることがわかる．

訂正情報の多くが，公式ページやマスメディアで放送された内容に基づいていた．この点から，Twitter上で拡散される情報であっても，公式ページなどの情報に基づいているほうがより信頼性が高いと判断され，多く拡散されることが見てとれる．とくに，浦安市の広報アカウントがTwitter上でデマの訂正を行った（12日15時32分）効果が大きい．

一般のユーザーが他のメディアや公式サイトの情報を拡散する場合には，URLなどを貼り付けてツイートを行う必要があるため，手間がかかる．さらに，元の情報がテレビなどリアルタイム性の高いメディアの場合，それをツイートした人物が信頼に値するかどうかはわからないため，本当にそのような放送があったのかどうか確認できないため信頼性が低くなる．

それに対して，公式アカウントによるツイートであれば，情報源として信頼に値することがわかり，かつワンクリックで情報を広めることができるため，情報が拡散したのだろうと推測される．

インターネットの影響力が拡大しても，あるいは，拡大したがゆえに，公的機関による公式発表の影響力は非常に大きい．その意味では，公式サイトや公式アカウントが迅速な対応を行うことは，デマ・流言を収束させるうえで重要な役割を果たしている．

一方で，早い段階でデマを否定している情報がTwitter上に流れていたにもかかわら

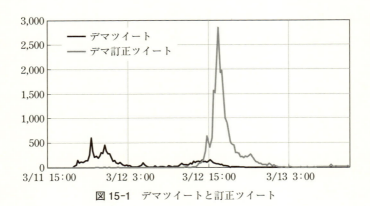

図15-1 デマツイートと訂正ツイート

ず，それが拡散されなかったことは，人びとが自由に情報拡散をすることの危険性も示していると言えるだろう．いかに「正しい情報」を「拡散されやすくするか」も公式サイトに求められる重要な課題である．そのためには，公的な機関が情報が拡散しているメディア上で活動することも重要である．

『ONE PIECE』作者による寄付

　このデマは，『ONE PIECE（ワンピース）』作者の尾田栄一郎氏が地震の被災者に15億円を寄付したというデマである．このデマの特徴は，他のメディアからTwitterに流入し拡散していったという点であろう．また，意図的なウソではあるが「良い話」として受け入れられやすいデマでもある．

　そもそもの発端は，2ちゃんねるに以下のような書き込みが行われたことにある．

> ワンピースの作者　尾田栄一郎氏，地震の被害者救済に15億円を寄付
> 1：以下，名無しにかわりましてVIPがお送りします（静岡県）：2011/03/13（日）00:25:05.75 ID:k9gblKpK0
> 尾田栄一郎
> 「自分が幸せになったということは，世の中から受けたひとつの借りだ」
> http://hibari.2ch.net/test/read.cgi/news4vip/1299943505/

　2ちゃんねるでは，この投稿の直後から情報源の要求や15億円は多すぎるといった書き込みが相次ぎ，あまり信用を得ていなかったようである．「感動した」「あれだけ人気があれば可能性はある」といった肯定的な意見も存在していたものの，おおむねネタとして受け取られていたようである．このような反応からも，2ちゃんねるユーザーが「嘘を嘘と見抜く」という意識を持っていることがうかがえる．

　一方，Twitter上には13日0:35にこの情報が投稿されたが，時間が深夜だったこともあり，しばらくは広まることはなかったが，13日夕方ごろから爆発的にツイートが増加した．この情報に対しては一部のユーザーが懐疑的な態度を示す一方で，多くの人に信じられながら拡散していった．ネタとして消費された2ちゃんねるとは大きな違いがある．

　このデマはTwitterではないところで始まり，Twitterに流入しそこで拡散したという点でコスモ石油の事例とは大きく異なっている．また，とくに訂正情報が情報源付きで流されたわけではない[8]にもかかわらず，デマが収束していったという点も大きく異なっている．デマにもその訂正にも確固たる情報源は存在しなかったが，良い話として

広まり，やはり誤報を広めるべきではないという判断で収束していったという一連の流れに，デマに対する人びとの行動原理の一端が表れているように思われる．

また，コスモ石油の場合と異なり，拡散が大規模になることはなかったが，その分訂正情報も少なく，長期間にわたってデマが拡散し続けていたのも興味深い点である．これには，情報源が不確かであるという点だけではなく，命の危険があるような情報ではないことも影響しているだろう．

3. 炎上の実態

炎上の種類

一言で「炎上」と言ってもさまざまなタイプがある．
ここでは，いくつかの炎上分類を紹介しつつ，それらの典型事例について紹介したい．

(1) 内容による分類

小林はその著書のなかで，炎上が発生する要因となった発言・行動の内容によって，下記のような六つの典型的な「炎上」パターンを定義している（小林 2011）．
- 「やらせ・捏造・自作自演」
- 「なりすまし」
- 「悪ノリ」
- 「不良品・疑惑・不透明な対応」
- 「コミュニティ慣習・規則の軽視」
- 「放言・暴言・逆ギレ」

である．いずれも犯罪ではないまでも，社会的規範や道徳，常識に反する（ように見える）発言・行動が元となっていることがわかる．

(2) 主体による分類

ソーシャルメディア上のリスク監視サービスを運営しているエルテスが2014年度にあった炎上事例742件を，「その炎上により影響を受ける主体」によって分類をしている[9]．
- 法人：31％，うち飲食：9％
- 芸能人・スポーツ選手・有名人：20％
- メディア（テレビ・新聞）・ジャーナリスト：14％

- 政治・外交ニュース・公務員：15%
- 一般個人：13%
- その他：6%

特筆すべきは，一般個人が13%を占めており，ジャーナリストや公務員などとほぼ同等である点であろう．ソーシャルメディア登場以前においては，このように一般個人が大勢からの批判にさらされる可能性は非常に少なかったはずである．しかし，個人個人が一つのメディアとなり得るソーシャルメディアにおいては，プラスの意味でも，マイナスの意味でも，一躍有名人になれる可能性があることを示唆していると言える．

STAP 細胞問題

STAP 細胞問題は，2014年1月に発表された『Nature』の論文から始まった．STAP

表 15-1 STAP 細胞問題に関する出来事の時系列

日付	出来事
2014年1月29日	STAP 論文の発表
2014年2月5日	論文の画像における不適切な処理の指摘とともに検証するサイトがオープン
2014年2月13日	論文の画像が不自然と指摘があり理化学研究所（以下，理研）が調査開始
2014年2月〜3月	各国研究者にて，実験を行うが論文の実験を再現できず
2014年3月10日	若山照彦氏（共著者）による論文撤回呼びかけ
2014年4月1日	理研が STAP 細胞の論文に不正があったとする調査結果を発表
2014年4月9日	小保方晴子氏（著者）の会見
2014年4月16日	笹井芳樹氏（著者）の会見
2014年5月8日	小保方氏の実験ノート公開
2014年6月4日	STAP 細胞の主要論文撤回に小保方氏が同意し署名
2014年6月30日	理研・小保方氏の検証実験参加を発表
2014年7月2日	『Nature』が論文を撤回
2014年8月5日	笹井氏が自殺
2014年8月27日	検証チームが「STAP 細胞は作製できていない」と中間報告
2014年10月9日	CBC の記者がノーベル物理学賞の会見で STAP 細胞について質問
2014年12月19日	小保方氏が STAP 細胞を作製できなかったとする検証結果を理研が発表
2014年12月26日	調査委員会が凍結保存されていた細胞が ES 細胞であったと発表

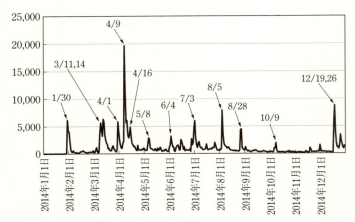

図 15-2 「STAP」を含むツイート数の変化
(2014/1/1-12/31, 全量の 10％, 分析データ提供：(株)ホットリンク)

細胞の存在の有無から論文に対する疑惑までを含めた長期にわたる話題であり，科学コミュニティに関連する多くの人びとにとって大きな話題であった．STAP 細胞問題における出来事の時系列を見てみたい（表 15-1）．

一方，Twitter 上で STAP 細胞事例に言及した投稿数は，図 15-2 のように推移した．

本事例は，出来事の時系列およびグラフが示すように，炎上が収束しかけるたびに新たな事実が明らかになり，それにより再度炎上する，という現象が複数回繰り返された．そのため，通常の炎上事例と比較して，長期間に渡り炎上状態が持続していることが特徴である．

異物混入問題

ここで扱う異物混入問題とは，まるか食品（ペヤング発売元）やマクドナルド社において異物が混入した商品が発見された一連の事例を指す．まるか食品においては 2014 年 12 月頭に，マクドナルドにおいては 2015 年 1 月頭にそれぞれ異物混入が発見された事例を皮切りに，いくつもの異物混入事例が次々と報道され，炎上した事例である．本事例では，表 15-2 のような時系列で出来事が起こった．

本事例は，テレビや新聞による報道を発端にソーシャルメディア上で炎上が広がったが，まとめサイトなどでその炎上が取り上げられることで，さらに炎上の拡散が進んだ事例である（図 15-3）．また，この事例も継続的に新しい情報が入ってきた点，また謝罪対応が不適切であった点から，STAP 細胞と同様に何度も炎上を繰り返した事例である．

表 15-2　異物混入問題に関する出来事の時系列

2014年12月3日	異物が混入したカップ焼きそば「ペヤング」の写真が投稿される
2014年12月11日	まるか食品がペヤングの販売休止を発表する
2014年12月20日	スパムアカウントによる「ペヤングにまた異物混入」とする投稿が拡散される
2015年1月5日	日本マクドナルドによる青森県での異物混入事例の発表について，新聞で報道される
2015年1月17日	日本マクドナルドにおけるあらたな異物混入事例が報道される．また異物混入に関するさまざまなネタが投稿される
2015年2月上旬	複数社における異物混入とそれに伴う商品回収が報道される
2015年2月10日	NHKで異物混入事件についての特別番組が放送される．
2015年4月下旬	異物混入事例に関するネタがいくつか投稿され，それが有名まとめサイトに取り上げられる．

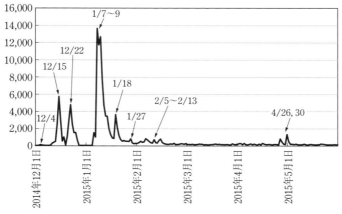

図 15-3　「異物混入」を含むツイート数の変化
（2014/12/1-2015/05/31，全量の 10%，分析データ提供：(株)ホットリンク）

4.　拡散の経路

　本稿では，デマ・噂と炎上事例について具体例を示しながら説明を行ってきた．ここで，これらの情報がインターネット上をどのように拡散していったのかを考えてみる．
　まず，デマ・流言について，東日本大震災の例を取って説明を行ったが，このときも

いくつかのデマは2ちゃんねるがスタート地点だったり，デマの否定がNHKなどのニュースソースによって行われたりと，拡散の要因となったTwitter以外のメディアが情報の拡散に大きな影響を与えていることがわかる．

また，炎上事例について見ると，多くの場合ブログやまとめサイト，ニュースサイトといった他のメディアを使った投稿が数多く存在し，拡散に大きな影響を与えている．とくに，このようなソースが付いていることで信頼性が向上し，より拡散しやすくなっている．一方で，まとめサイトやニュースサイトもTwitterで流れている情報を参照していることが多く，互いに相互補完関係にある．

現在Twitterを中心としたデマ・流言，炎上が拡散する経緯はおおむね以下のようなステップを踏んで進行していく．

（1）ステップ1

デマや流言，あるいは炎上の要因となるようなツイートがTwitterに投稿される．このツイートがTwitter上で拡散していったとすると，その時点で多くの人目に触れることになる．

なお，投稿されたツイートは必ずしも一次ソースではなく，他のサイトの情報をTwitter上で紹介することでスタートする拡散も存在する．

（2）ステップ2

Twitter上で拡散される情報に興味を持ったユーザーにより，その情報がTogetterのようなまとめサイトに投稿される．これによって，さらに多くの人びとの目に触れることになる．さらに，まとめサイトを見たユーザーが「Twitter[10]でこんなことが起きている」と2ちゃんねるに投稿する．それが十分盛り上がると，2ちゃんねるの情報が2ちゃんねるまとめサイトで読みやすいかたちで公開されるようになる．

この時点で，Twitterユーザー以外にも広く情報が拡散し，一つのメディアが持つ拡散力以上の拡散性を持って情報が広まることになる．

（3）ステップ3

Togetterや2ちゃんねるまとめサイトを読んだTwitterユーザーが，Twitter上にまとめサイトのURLを付与した投稿を行ったり，元のツイートをあらためてリツイートする．これによって，さらに情報がTwitter上で拡散される．

（4）ステップ4

ある程度の人数に情報が拡散されれば，今度はニュースサイトがそれらの情報を取り扱うようになる．とくに，ネットニュースサイトはネット上で起きている事象について取り上げることが多いため，それらのニュースサイトに記事が掲載されることになる．これによって，ソーシャルメディアや2ちゃんねるといった，いわばサブカルチャー的

なメディアに接する機会のない人びとへも情報が広がることになる．とくに，2016年現在の日本では，大手ポータルサイト Yahoo! Japan のトップページにニュース記事が掲載されているため，ここに情報が掲載されるとマス層へも情報が拡散するようになる．

この時点までくると，この話題は一般的に知られるものとなり，多数の人を巻き込んだデマ・流言あるいは，大規模な炎上として扱われるようになる．

以上のようなステップで拡散していく情報の流れのイメージを図15-4に示す．情報の拡散は一つのメディアによって行われるのではなく，複数メディアを行き来しながら成長し，拡散力を拡大していく．

情報の拡散力はメディアによって異なるが，一般的に情報が拡散すればするほど拡散力の高いメディアに到達する可能性が高く，より拡散しやすくなるポジティブフィードバックがかかる．

一方で，インターネットを介した情報拡散のこのような構造は，デマや流言が正しい情報に比べ拡散しにくくする効果を持つ．たとえば，ニュースサイトなどがデマであることに気づいて情報を掲載しなければ，その拡散力はニュースサイトを介さない場合と比べはるかに小さいものになるだろう．また，ニュースサイト自体の否定情報によって拡散は押さえられる方向に圧力がかかる．

しかし，万が一ニュースサイトなどが間違った情報を発信してしまった場合は，より被害が大きくなるだろう．従来のマスメディアであればインターネット上の情報をそのまま流すということはなく，誤報の可能性は十分に低く，デマ・流言を押さえる役割を果たしていた．しかしながら，現在では一部のネットニュースサイトなどが，情報の真

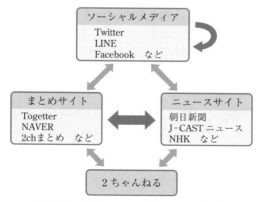

図15-4　複数メディアを介した情報拡散

偽を確かめることなく，ネット上に拡散された情報をそのまま配信することがある．このようなネットニュースのあり方は，デマや流言を拡散する可能性が高い．これらのメディアは「ネットで話題になっている」という書き方をしているため，事象が真実かどうかではなく，ネットで拡散しているのは真実であるというスタンスをとっているようである．そのため，誤報であるとは言いがたいが，結果としてデマ・流言，あるいは炎上を拡散する手助けをしているという意味では好ましい行動とは言えないだろう．

メディアが多様化した現代社会では，どのような情報が正しいのか，正しくないのかを見極めるのは，最終的には自分自身の判断力となる．その意味でも，情報に正しく接するというメディアリテラシーの向上は現代社会においては必要不可欠な能力であると言えよう．また，デマや流言を拡散するような人びととの接触をできるだけ避ける，あるいは逆に正しい情報を得ることができるスキルを持つ人びととの関係性を構築する，すなわち正しいソーシャルキャピタルを構築することも，情報化社会における重要なスキルとなるだろう．

5. ウェブ上の情報拡散の定式化

前節において，ソーシャルメディアにおけるデマ・流言および炎上が多数のメディアを介して拡散していくことを示し，このような事態を防止するため，個々人がどのように振る舞うべきかという規範を提示した．しかし，各ユーザーが高いリテラシーを得るには時間がかかると想定されるため，このようなボトムアップなアプローチのみでは，デマや流言，炎上対策としては不十分である．各ユーザーが高いリテラシーを持たない状態においても，デマや流言，炎上を防止，縮小できるシステムのようなトップダウンアプローチもとるべきであろう．そのようなシステムを構築するためには，ソーシャルメディア上の情報拡散を定式化し，数理モデルで表現する必要がある．

情報拡散に関する研究は，数十年前から行われてきた．当初は実世界でのコミュニケーションを対象として，伝染病感染を元とする SIR[11] と呼ばれるモデルやゲーム理論を用いたモデルなどが提案されてきた．しかし2000年以降，ブログをはじめとするソーシャルメディアの登場に伴い，ソーシャルメディアを対象とした情報拡散を分析する研究が爆発的に増加した．これは，既存のメディアと異なり，ソーシャルメディア上では多種多様なコミュニケーションについてのデータを収集することが可能になったためである．

本節では，情報拡散における話題・コミュニティの多様性を明らかにする研究，炎上を起こしやすいユーザーの特徴を明らかにする研究について紹介する．

情報拡散における話題・コミュニティの多様性の分析

炎上が発生している状態では，人びとは同一の話題（トピック）に対してさまざまな視点からの意見をソーシャルメディアに投稿し，議論しているため，一つの話題に対して多角的な視点が存在している．そのため，ある炎上が社会全体からどのように捉えられているのかを理解するためには，「誰が」「どのような話題」を投稿しているかを分析する必要がある．

ここでは，ある炎上にかかわった投稿のうち，類似した投稿を分類（クラスタリング）することで，類似したトピックのグループ（クラスタ）を抽出することを試みる．同様に，ある炎上にかかわったユーザーのうち，普段からコミュニケーションしているユーザーをクラスタリングすることで，ユーザーのグループ（コミュニティ）を抽出することを目指す．このような話題のクラスタとユーザーのコミュニティを用いることで，「どのような話題が」「どのようなコミュニティで拡散されたか」を明らかにする方法を紹介する．また，各話題が幅広い人びとに興味を持たれたのか，それとも特定の人びとにしか興味を持たれなかったのかを明らかにする方法について紹介する．

まず，ある炎上にかかわった投稿を話題ごとに分類する．具体的には，「ある二つの投稿について，二つの投稿をともにリツイートしたユーザーが多ければ多いほど，それらは類似している」と考え，類似していると判断された投稿同士をグルーピングする．次に，ユーザー同士のコミュニケーションに基づいてコミュニティの抽出を行う．具体的には，「ソーシャルメディア上で双方向にコミュニケーションをとっている人びとは類似したコミュニティに属している可能性が高い」と考え，コミュニティ抽出を行う．また各コミュニティを特徴づけるために，プロフィール文から，各コミュニティに特徴的な語を抽出する．

上記のように分類された話題とユーザーのコミュニティを用いて，それぞれの話題に対し，どのようなコミュニティがどのような情報に興味を持っていたかを分析することができる．

表 15-3，表 15-4 に STAP 細胞問題のデータから得られた話題クラスタとユーザーコミュニティをそれぞれ提示する．

これらの話題クラスタとユーザーコミュニティを掛け合わせることで，各話題に興味を持ったコミュニティの分布を明らかにすることができる．図 15-5 は STAP 細胞における上位 2 トピックに関連したコミュニティの分布を表している．ここから，STAP 問題に関係した小ネタ的なツイートに興味を持っていた人びとが所属するコミュニティはさまざまであることがわかった．つまり，小ネタ的ツイートはいろいろな種類の人びと

表 15-3 STAP 細胞問題から得られた話題クラスタ

ID	内容	ツイート数	総リツイート数
0	STAP 問題関連ネタ	13	72,377
1	研究者による解説	87	30,305
2	政府・マスコミ批判（陰謀論）	36	15,303
3	学術コミュニティ	18	12,858
7	バッシング批判	3	4,301
9	東浩紀氏（@hazuma）による批判	14	4,047
10	お笑い芸人	7	3,066
11	小保方氏会見関連	7	2,925
12	小保方氏会見感想	3	2,878
14	小保方氏会見実況	5	2,526

表 15-4 STAP 細胞問題から得られたユーザーコミュニティ

コミュニティ ID	コミュニティ名	メンバー数	特徴語
1	出版	36,626	編集, ライター, 出版, 勤務, デザイン, 個人
2	同人	21,910	同人, php, member, サークル, 発売, 連載
3	反原発	19,077	反対, 放射能, TPP, 守る, 自然, 子供
4	アニメ	14,975	奈々, 水樹, ゆかり, 同盟, エロゲ, ラノベ
5	ニコニコ動画	14,267	nicovideo, mylist, UTAU, ミク, ヘッダー, MMD
6	大学（関東）	13,970	UT, 早稲田, 東大, 東工大, 早稲田大学, 物理
7	エンジニア	12,309	エンジニア, Android, 開発, Ruby, プログラマ, Java
8	音楽	11,789	THE, ライブハウス, DJ, フェス, イベント, ドラム
9	オンラインゲーム	9,349	同人, php, member, サークル, モバマス, 幻想
10	サッカー	7,458	サポ, FC, リーグ, 試合, サポーター, 浦和レッズ

によって興味を持たれていたことがわかる．一方で，研究者による解説に興味を持っていたのは出版関係者が多かった．出版関係者にはウェブ上のサイトに記事を書くライ

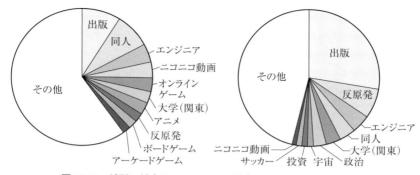

図 15-5 話題に対するコミュニティ分布
（左：STAP 細胞問題関連ネタ，右：研究者による解説）

ターなども含まれているため，こういった情報発信を行う人びとが，研究者が当該問題をどう捉えていたのかに興味を持っているということは当然なのかもしれない．

このように話題とユーザーの双方を分類し比較することで，炎上が起きた際の情報を可視化することができる．炎上が起きた際に，実際どのような切り口で語られていたのか，また，どのような人びとがそれを語っていたのかを分析することで，その情報が持つ多様性を明らかにすることができる．

炎上を起こしすいユーザー・発言の特徴

本項では，ユーザーの持つ属性から，そのユーザーの投稿が炎上しやすいか否かを予測するモデルを紹介する．言い換えれば，「どのような特徴を持つユーザー・投稿が，炎上を引き起こしやすいのか？」に対する解答を求める．

ユーザーの持つ特徴は無数にあるため，炎上を起こしやすいユーザーの特徴を明らかにするためには，実際の炎上事例を分析するアプローチが有効である．まず，炎上した事例と炎上しなかった事例（非炎上事例）を多数用意した後，それぞれの事例において炎上したユーザーの特徴を抽出する．たとえば，発言の極性（ポジティブかネガティブか）やリツイートされた平均回数，フォロワー数などである．これらに機械学習アプローチを適用することで，「炎上を起こしたユーザー・発言が共通して持つ特徴」であり，かつ，「炎上しなかったユーザー・発言が持っていない特徴」を明らかにすることができる．

岩崎祐貴らの研究（岩崎 2015）では，実際の炎上・非炎上事例を収集し，それらに決定木アルゴリズム（J48）を適用することで，図 15-6 のような決定木を構築し，そこから炎上したユーザーのみが持つ特徴を明らかにしている．結果として，世の中の評

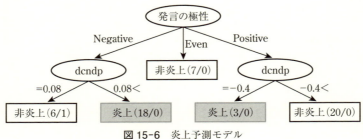

図 15-6 炎上予測モデル

判と異なる意見を持つユーザー，肯定的な発言より否定的な発言が炎上しやすいことがわかる．

このように機械学習のアプローチを用いることで，炎上しやすいユーザー・発言の特徴を知ることができる．これを活用すれば，炎上を起こしやすい特徴を抑えることで，炎上を抑制できる可能性がある．

6. 本稿のまとめ

本稿では，デマ・流言，炎上についてどのようにそれらの情報が拡散していったかを，具体的な例とともに紹介した．ソーシャルメディアの発展によって，

- 情報発信の容易性
- 情報の信頼性
- 情報の拡散性

が同時に確保されるようになった．これによってさまざまな情報が高い信頼性を持って広まりやすい環境が整った．一方で，ソーシャルメディアは情報拡散に大きな影響を与えているが，それだけではなく，複数のメディアを情報が行き来しながら拡散していく．現代社会において，ソーシャルメディアは重要な情報源の一つとなっており，世論形成にも大きく寄与している．一方で，大規模なソーシャルネットワークが形成されている現在，デマ・炎上の正しい姿を個人の視点から捉えることは困難である．

そこで，デマや炎上と行ったソーシャルメディアの情報拡散現象を，データを収集し分析することで，定量的な分析手法や予測モデルを構築することは広い視点を確保するために重要である．個人レベルでは得られない幅広い情報を得るための手段を，分析手法や予測モデルを通して提供することで，個々のユーザーのリテラシーによらずに，ソーシャルメディアを適切な情報収集ツールとして活用させることができるようになるだろう．

第16章

討論型世論調査（DP）
―― 反実仮想の世論形成装置

坂野　達郎

1.　ミニ・パブリックスによる討議民主主義の可能性

　討論型世論調査（Deliberative Polling® の頭文字を取り DP）は，世論調査（Poll）に討議（Deliberation）を組み込むことで，より熟慮された民意を捉えるために考案された手法である[1]．世論調査は，統計理論上は無作為抽出によって，母集団の意見分布を一定誤差内で推計できるという利点があるものの，その推計結果は，十分な議論を経ていない意見を補捉したもので，そのように補捉された民意の質には問題があるという批判がある．民意の質を高めるためには十分な討議を行うことが必要である．しかし，日本の有権者が全員同時に集まり，十分な討議を行うことは現実的ではない．十分な討議を行うためには，討議参加者の規模を抑える必要がある．一方，討議を重視した手法に，タウンミーティングなどの市民参加の手法がある．しかし，こういった場に集まる参加者の属性には偏りが生じることが多いため，意見の代表性が問題になる．代表性と討議の質をめぐる二律背反問題は，これまで決定的な解決策が見いだせないまま現在に至っている．

　フィシュキン（J. S. Fishkin）は，無作為に抽出した少数の市民を活用すれば代表性と討議の質の二律背反問題を克服できるはずだとの考えから，討論型世論調査を考案した．具体的には，100人から300人の市民を無作為抽出し，彼らを15人程度の小グループに分け，十分な情報提供の下で討議を行ってもらい，討議前後に同一のアンケート調

査を実施し，態度変化を比較することで，通常の世論調査では捉えることのできないより熟慮された民意を明らかにしようとするものである．

20世紀後半は，革新的な民主主義手法の模索と社会実験がにわかに活発になった時期である．その勢いは現在も衰えを見せていない．G. スミス（Smith 2009）は，そういった革新的手法のレビューを行っているが，なかでも無作為抽出された市民を政策決定に活用しようというアイデアを総称して，ミニ・パブリックスと呼んでいる．ミニ・パブリックスを活用しようというアイデアはDPだけではなく，さまざまな手法に取り入れられている．まず，公選首長と議員のアドバイザーを無作為抽出市民から構成するというR. ダール（Dahl 1970）の提案にヒントを得たクロスビー（N. Crosby）は，市民陪審を考案する[2]．ほぼ同時の1973年，P. ディーネル（P. Dienel）は，クロスビーの構想とは独立に無作為抽出市民を活用した市民参加手法の一つである計画細胞をドイツで考案する[3]．無作為抽出市民から少人数のパネルを構成し，ある政策に対して異なる意見を持つ専門家とステークホルダーの証言をもとに評決あるいは提言をまとめるという形式がこれらの手法によって確立する[4]．その後，1980年代後半から1990年代に入り，コンセンサス会議とDPが考案される[5]．日本でも，社会実験をとりあえず実施してみるという段階は一段落つき，次の段階を迎えている．海外では，さらに討議の結果を制度的な意思決定と結びつける試みが始まっている．カナダのブリティッシュコロンビア州では，無作為抽出市民が1年かけて作成した法案をもとにしてレファランダムが行われた[6]．また，米国のオレゴン州では，直接請求があった場合に，イニシアティブの内容を無作為抽出市民がレビューし，その報告書を全有権者に投票前情報として提供するという制度（Citizen Initiative Review）が導入されている[7]．

手法と理論の変革は，往々にして独立して起きるものである．ミニ・パブリックスの活用と討議民主主義理論の関係も，当初は独立していたように思われる．代表民主制の欠点は，代表性の歪みと集計主義にある[8]．代表性の歪みを正すことのほうに重きをおいて展開されたのが参加民主主義論である．市民陪審や計画細胞が構想された当時は，参加民主主義論が盛んに論じられていた時期にあたり，まだ討議民主主義論は登場していなかった．当時は，権力への参加という文脈において無作為抽出市民の活用が考えられていたように思われる．

その後，討議民主主義論が登場すると，ミニ・パブリックスは討議民主主義実現のための手法として注目されるようになる．権力への参加は，代表性の歪みを補正する手段にはなり得るものの，討議の質を必ずしも高めない．もし，討議の質を重視して選挙で選ばれた少数の政治家に討議を付託してしまえば，代表民主制に戻ってしまう．討議民主主義論のユニークな点は，市民の討議する力を引き出し活用することは代表性を犠牲

にすることなく達成可能であるということ，言い換えれば，代表性と討議の質の二律背反問題に対して第三のスタンスがありうることを理論的に示そうとした点にある[9]．ただし，理論上の可能性は，それを実現する手法がなければリアリティを持ち得ない．無作為抽出市民から構成されるミニ・パブリックスの代表性と討議を通じて形成される判断の合理性が，討議民主主義論側から注目を集めている理由はここにある．

2. ミニ・パブリックスで形成される意見と民意のズレ

　しかし，当初の期待に反してミニ・パブリックスの実社会へのインパクトはあまり大きいとは言えない．社会的に十分認知されていないという事情もあるが，ミニ・パブリックスに対する疑念や危惧があることも否めない．無作為に選ばれた市民が限られた時間の中で討議を行ったとしても，代表性と合理性を兼ね備えた意見が形成できると考えるのは現実的ではない，あるいは，提供される情報の中立性はどのように担保されるのかといった疑念を払拭するのは簡単なことではない．権力者や社会の支配層が，民意を操作するために利用しはしないかという危惧も無視するわけにはいかない．さらには，ミニ・パブリックスの意見を公的意思決定に直結して良いのかといった疑念もよく聞かれる（坂野 2014）．

　こういった疑念や危惧の中には，ミニ・パブリックスに対する単純な誤解に基づくものもあるが，それらを払拭するに足るだけの実証的な証拠が十分示されていないという事情もある．ミニ・パブリックスによる討議を用いれば，より代表性が高く，より合理的な判断に到達できるという前提は，先験的にその妥当性が保証されているものではなく，実証的に確かめられるべきものである．これまで実施されてきた社会実験には，統一的な枠組みに基づく評価が行われてこなかったために異なる手法間の比較が行えていないという問題がある．また，評価のほとんどは手法提唱者自身が行ってきたという点も割り引いて考えねばならない．そういったなかで，DPの評価は比較的体系的に行われている[10]．

　これまで積み重ねられてきたDPの評価を整理してみると，同手法はおおむね代表性と合理性という観点から見て優れた手法であることがわかる（Fishkin 2009; 坂野 2013）．まず，代表性について見てみると，多くの事例で，高学歴，男性，高齢者の比率が高くなる傾向があるものの，無作為抽出を採用しない自由参加の場に比べれば，母集団と格段に近い属性の参加者確保に成功している．討議の質に関しては，ほとんどのDPで，討議前後で有意に知識量が増加し，知識が増加するほど態度変化が起きやすいことが報告されている．価値判断について見てみると，特殊利益の支持が減り，一般利

益の支持が増加した事例が報告されている．

　しかし，こういった社会実験に基づく証拠を積み重ねていくことだけで，ミニ・パブリックスは社会に受け入れられるようになるのだろうか．ミニ・パブリックスが社会になかなか広がらない理由の大本には，民意や世論に対する考え方の違いがあるように思われる．民意や世論に対する考え方の違いに起因する対立は，実証的に決着をつけることができない分だけ厄介な問題である．

　フィシュキンは，Fishkin（2009）において，自然に存在するありのままの「生の意見（raw opinion）」と討議を通じて形成される「洗練された意見（refined opinion）」の対立について検討を行っている．彼によれば，この二つの立場の違いは，米国建国時のフェデラリストとアンチフェデラリストの対立にまで遡ることができる．マディソン（J. Madison）は，フェデラリスト No.10 において「（代表会議の役割は）少人数の選ばれた市民が討議を通じて公の見解（public views）を洗練（refine）すること」と述べている．これに対して，アンチフェデラリストの M. スミス（M. Smith）はニューヨーク州憲法批准コンベンションにおいて「代表会議は，市民（the people）を映し撮った真の写真（true picture）でなければならない」と反論した．前者にとって，政治に反映されるべき民意（public opinion）とは「洗練された意見」であるのに対して，後者にとっては「生の意見」であるとフィシュキンは述べている．

　民意をめぐるこの二つの考え方は，現在のわれわれの考え方にも影響を及ぼし続けている．民意が政治に反映されていないと感じるのは，「生の意見」と政策決定者の考えにズレがあるときであるし，一方，民主主義にとって重要なことは「洗練された意見」を形成することだという立場に立つと，討議を経ていない「生の意見」を民意として政策に反映させることには抵抗感が生まれてくる．「生の意見」と「洗練された意見」の対立は，代表性と合理性の対立の言い換えのように見える．実際，フィシュキンは，フェデラリストとアンチフェデラリストの対立をそのような文脈で捉え，ミニ・パブリックスを活用すれば代表性と合理性を兼ね備えた意見形成の場を作ることができるのだから，長年解決することができなかった代表性と合理性の二律背反問題を止揚できるとの議論を展開している．

　しかし，ランダムに抽出された市民による討議が代表性と合理性の対立を止揚するという上述の主張は，無条件で成立するかというと，ことはそう単純ではない．討議による意見変容の可能性を前提にすると，サンプリングバイアスとは異なる種類の代表性問題が生じるからである．無作為抽出によって一定誤差範囲にサンプリングバイアスを収めることができれば，ミニ・パブリックスの討議前の意見分布は，母集団の「生の意見」の近似になるという意味で代表性があるといえる．しかし，初期分布がいくら母集団の

意見分布に近くても，討議によって意見変容してしまえば，ミニ・パブリックスの意見と母集団の大多数を占める討議非参加者の「生の意見」との間にはズレが生じてしまう．前者のズレは，無作為抽出によって少なくとも統計理論上は取り除けるが，後者のズレは，サンプリングバイアスによって生じているわけではないので，代表者選出方法に無作為抽出を導入しても解決しない．このズレは，社会の大多数がミニ・パブリックスと同一条件の討議に参加していないことから生じるので，討議への全員参加が実現するか，他の何らかの理由で非参加者の意見が変わらない限り解消しない．

3. 代表性の意味の変質

　討議への全員参加が実現する可能性は，まったくないわけではない．フィシュキンは，合衆国憲法制定時において，全米の市民を巻き込んだ討議状況が出現したと論じている．しかし，彼も認めているように，そのような幸運な状況が生じる可能性は歴史上まれなことである．投票率さえままならないという現実に加えて，少人数だからこそ質の高い討議ができるという規模の問題も無視できない．討議参加者と非参加者の意見のズレを解消することは簡単なことではない．意見のズレを解消できないならば，数の上では圧倒的多数を占める非参加者は，少数者でしかないミニ・パブリックスの意見を代表性のある意見とみなすだろうか．

　意見に食い違いがある以上，非参加者はミニ・パブリックスの意見に道理があるとは感じられないだろうし，少数であるがゆえにより代表性が高いとは考えないのではないだろうか．それにもかかわらず，ミニ・パブリックスの意見のほうがより代表性が高いとどうして主張できるのだろうか．無作為抽出によってセレクションバイアスを取り払えるので代表性があるという主張が説得的でない以上，理由は他に求めざるを得ない．ここで，代表性に欠けることを認めつつ，討議を経た意見の合理性に訴えてみてはどうだろうか．この論法は，正当性の根拠にはなるかもしれない．しかし，それでは，代表性と合理性の二律背反問題を止揚したことにはならず，議論が振り出しに戻ってしまう．ここで真に問われていることは，無作為抽出によってセレクションバイアスを取り払えるかどうかではなく，代表性の意味の違いである．

　代表性の意味は，代表されるべき意見が何かによって違ってくる．意見変容を前提にしなければ，代表されるべきものが「生の意見」であることは明らかである．しかし，討議によって質の高い意見が形成される可能性があるならば，質的に問題がある「生の意見」を代表されるべき意見と考えることは適切とはいえなくなる．代わりに，討議によって形成される質的に優れた意見，先に紹介したフィシュキンの言い方では「洗練さ

れた意見」を，その候補に挙げることはそれほど不自然ではないだろう．代表されるべきものが「洗練された意見」でなければならないということを認めることは，実は，代表性の意味の変質を認めることに等しい．ある意見が「洗練された意見」を代表するためには，その意見も「洗練された意見」でなければならないからである．言い換えれば，ある意見に代表性があると主張するためには，その意見は合理的でなければならないことになる．

しかし質がどれほど高いとしても，少数意見に代表性があると主張するならば，これは一種のエリティズムにほかならない．合理的であることは，代表性の十分条件であって必要条件ではないことがわかる．民主的な立場に立って代表性があると主張するためには，どうしても母集団の意見と代表者の意見の一致，あるいはズレが小さいことを条件として追加する必要がある．ここで問題になるのは，「生の意見」は現存しているのに対して，洗練された母集団の意見は，全員が討議に参加することが困難なために現実社会には存在しないという事実である．代表されるべきはずの母集団の「洗練された意見」が現実には存在しないとしたら，ミニ・パブリックスの意見は何を代表していることになるのだろうか．

4.　反実仮想の民意

フィシュキンは，Fishkin（2009）において，反実仮想性という概念を持ち出し，この問題について議論を行っている（坂野 2014）．反実仮想（counterfactual）とは，事実に反する事態を想定することを意味する．主に，文法学，論理学で使われてきた概念である[11]．討議によって形成される「洗練された意見」は，討議参加者にとっては現実の結果であるが，討議に参加しなかった市民にとっては，討議に参加したとしたら自分も同じ意見になったかもしれないという意味で反実仮想的である．母社会の大多数が同一条件の討議に参加することが現実的ではない以上，討議参加の有無から生じる意見のズレを解消できる可能性は，討議に直接参加しないにもかかわらず討議非参加者の意見が変わる可能性に求めざるをえない．

そこで，フィシュキンは，全市民が理想的発話状況のもとで討議を行ったらどのような意見に達するだろうかという問いを投げかける．全市民が理想的発話状況のもとで討議を行うことを，理想的討議状況と呼ぶとすると，理想的討議状況は決して現実には実現しえない．しかし，そのような状況において市民はどのような意見に到達するのだろうかという反実仮想的な問いを立てることは可能である．また，実験的に統制された討議の場を現実世界の中に創りだし，反実仮想的な世界でしか存在しない民意に接近する

ことは可能であるというのが彼の主張である．DPはそのための有効な手段だと，彼は考えている．また，DPという意見形成装置は，理想的討議状況の代理装置（proxy）であるとも論じている．

フィシュキンのこの議論は，討議による意見変容を前提にするかぎり母集団の「洗練された民意」は，反実仮想的に想定された意見形成過程において形成されるものとしてしか定義できないという意味で反実仮想上の産物であること，したがって，それは決して事実そのものとしては知りえないこと，しかし，近似的な意思形成装置であれば現実に作れるし，そのような装置を用いて近づくことはできる存在であることを示した点で評価できる．

民意が反実仮想上のものであるとする考え方は，馴染みのないものであるだけに容易に実感を持って受け入れられない可能性は高い．第1節で紹介したように，これまで実施されてきた数多くの社会実験を通じて，DPで行われる討議がより合理的な意見形成に役立つことを示す実証的な証拠が積み重なってきている．それにもかかわらず，DPの影響力は期待されているほど大きいとは言えない．社会的影響力の弱さは，DPに限らず他のミニ・パブリックスを活用した手法に共通している．このことは，フィシュキンの反実仮想の議論では，DPで形成された意見を人びとはいかに受容するのかという問題に対する回答としてはまだ不十分であることを示している．また，議論の振り出しに戻ってしまった感はあるが，もう少しこの問題について考えてみよう．

5. 討議的に合理的であることと討議的に代表的であること

そもそも，討議をすることに意味があるのは，討議によってより優れた意見に変容する可能性があるからであり，かつ，ある意見が他の意見より優れているかどうかの判断が判断主体の違いを超えて一致しうるからである．ただし，討議を行えば必ず優れた意見が形成され，判断の一致がおこる保証はない．ましてや，討議に参加しなかった者が，討議の結果を聞かされて，その判断に同意する可能性はさらに低くなる．討議することに意味があるためには，もう少し強い条件を加える必要がある．

J. ハーバーマス（Habermas 1990）は，ある判断が他の判断より優れているかどうかの判断が判断主体の違いを超えて一致することは単なる偶然ではないと主張するために，理想的発話状況というコミュニケーション状況を反実仮想的に想定した．彼の議論では，事実判断および価値判断がより妥当な根拠を持っているかどうかという意味で合理的かどうかの判断は，理想的発話状況においては判断主体を超えて一致するものとされている．討議的な意味で合理的であるということは，理想的発話状況において妥当性

判断が判断主体を超えて一致することと言い換えることもできる[12]．そのようなコミュニケーション能力を持った存在としての人間を前提にしなければ，討議をすることの意味がなくなってしまうという問題提起でもある．

　この議論に従えば，市民が討議合理的な存在であり，かつ，社会に理想的発話状況が整っているのであれば，代表性と合理性の二律背反問題は論理のうえでは解消する．討議によって判断が一致すれば，そのような判断は合理的であると同時に，判断主体間でズレがないという意味で代表的でもあるからである．討議による意見変容を前提とするときの代表性を，討議的代表性と呼ぶことにする．討議的に代表性があることと討議的に合理的であることは，上述の議論に従えば定義上同値の概念であることがわかる．市民が討議合理的な判断力を持つ存在だとすると，理想的発話状況のもとでは，討議的な意味で合理性と代表性は一致する．ミニ・パブリックスと討議非参加者の意見のズレも，市民が討議合理的な判断力を持つ存在であり，無作為抽出された市民が理想的発話状況で討議を行い，かつ非参加者が理想的発話状況において自分の意見とミニ・パブリックスの意見を比較できることの3条件がそろえば解消することになる．

　これまでのDPの社会実験を振り返ると，市民は完全ではないかもしれないけれども討議合理的な判断力を持っており，ミニ・パブリックスという意見形成装置によって理想的発話状況により近づくことができるということはある程度示されたと考えてよいように思う．問題は，上記3条件のうちの第3番目の条件である．フィシュキンとハーバーマスの共通点は，反実仮想的に民意の形成過程を想定することによって代表性と合理性の対立を回避する論理的道筋を明らかにしたことにある．ただし，両者は，この第3条件に関して立場を異にしている．

　ハーバーマスは，第3条件の成立可能性に関して比較的楽観的である．それは，討議的合理性の力が支配的に作用する公共圏という領域が，市民の自発的なコミュニケーション的活動によって社会の中に形成されうるとの想定に表れている．一方，フィシュキンおよびミニ・パブリックス論者は，第3条件の成立可能性に関して悲観的である．彼らは，市民は自発的な力に従って公共圏という理念型に近づくことができるという想定には無理があると考えている．無作為抽出市民を用いる必要があると考えたのはそのためである．

　しかし，どちらの立場に立ったとしても，ミニ・パブリックスの有用性を主張する論拠には問題が生じてしまう．第3条件が成立しているとすれば，市民は公共圏において討議合理的な意見を形成できるので，ミニ・パブリックスは不要となる．成熟した市民社会では，ミニ・パブリックスは不要と言い換えることもできる．他方で，仮に理想的発話状況を期待することが極めて難しいとすると，ミニ・パブリックス自体がいかにう

まく機能したとしても討議参加者と非参加者の意見のズレは避けられないことになり，代表性問題を解決できないという自己矛盾に陥ってしまう．

この矛盾から抜け出すためには，第3条件は理念型として成立するが，現実社会では不完全な近似としてしか成立しないとの前提のもとに，ミニ・パブリックスでの意見形成が意味を持つのは，第3条件の成立の程度に依存していることを認めることしかないように思われる．現実の公共圏，あるいは市民社会とミニ・パブリックスは，どちらも単独では不完全な民意形成装置である．しかし，不完全であったとしても市民社会は，ミニ・パブリックスの意見をより良い集合的意見形成に活かすことができるし，不完全であるからこそ，ミニ・パブリックスの意見が市民社会における民意形成の質を高める可能性があると考えるべきなのではないだろうか．

ただし，なぜ，どのようにしてそのような可能性が生まれるのかという観点からの研究は，残念ながらほとんど行われていない．フィシュキンもハーバーマスも，人間は討議合理的な存在であるという前提から議論を組み立て始めているが，そもそも，なぜ討議することで間主観的に普遍的な判断を獲得することができるのか，そのメカニズムを実証的に説明していない．

そこで次に，筆者らが直近に行った高レベル放射性廃棄物処分方法をテーマとしたDPの結果を紹介しながら，この問題について考えてみたい．

6. 高レベル放射性廃棄物処分方法をテーマとしたWeb DP の社会実験

DPは，現在までに，少なくとも18か国で計70回以上実施されている[13]．日本では，東京工業大学坂野研究室が道州制をテーマに神奈川県と共同で2009年に日本初のDPを実施したことを皮切りにして，慶應義塾大学DP研究会が藤沢市総合計画に市民の意見を取り入れることを目的に実施，さらに2011年5月には社会保障をテーマにして全国規模のDPが日本でも実施され，現在まで7回行われている[14]．

こういったなかで筆者らは，2015年3月に，日本初のオンライン上のDPを，文科省科学省科研費の助成を受け実施した[15]．討議テーマは，高レベル放射性廃棄物処分方法についてである．日本学術会議は，日本原子力委員会からの審議依頼に対する回答として，政府の方針である地層処分に対して暫定保管，総量管理という考え方を提言として2012年にまとめた．Web DPでは，地層処分と学術会議提案をめぐり討議を行い，討議前後の政策態度の変容を計測した．

討議参加者は，インターネット調査会社（株）ネオマーケティング登録のモニターか

ら男女比，年齢分布，居住地分布，および Web 会議システム利用可能性という条件でスクリーニングをかけ，最終的には 101 人の有効参加者を得た．実験は，2015 年 1 月から応募を開始し，同年 3 月 1 日に討議実験を実施した．その間，被験者には，応募時（T1），討議直前（T2），討議直後（T3）の計 3 回，同一の質問紙調査を実施．コントロール群として，非参加者 1,000 名に対しても同一内容の質問紙調査を実施した．討議実験は，101 名を 1 グループ 6 名から 8 名となるように計 14 グループに分け，グループごとに自由討議を 75 分間行い，討議の最後に専門家に対する質問を作成，続く全体会で立場の異なる専門家との質疑を 70 分間行うこととし，これを計 2 回繰り返した．なお，グループ討議のモデレーターは，日本ファシリテーション協会の会員に依頼し，Web 会議システムは，（株）V-Cube のシステムを用いた．また，討議参加者には，T1 アンケートの直後に，A4 判 30 頁の討議用資料を事前に配布した．討議参加謝礼として，12,000 円に加えて，ヘッドセットの無償配布を行った．実験結果は以下のとおりである．

　参加者のデモグラフィックな特徴は，討議参加者の学歴が非参加者に比べて高い傾向があったものの，性別，年齢，居住地，職業については有意差のないサンプルを得ることができた．プロセスに対する参加者評価は，これまで行った実空間の DP とほぼ同様に 8 割から 9 割の参加者がポジティブに評価をしている．また，政策に関連する知識を問う 8 問の質問に対し，討議用資料配布前時点（T1）の平均正解設問数は 1.6 問，配布後討議前時点（T2）で 3.2 問，討議後（T3）に 4.6 問と増加し，資料を事前に読むことの効果だけでなく，討議参加による学習効果も確認された．

　次に，政策態度の変容についてその概略を紹介する．①政府の既定方針である地層処分の賛成者割合は，討議前（T1）に 32.7% であったものが，討議後（T3）には 48.5% に増加した．しかし，興味深いことに，②学術会議提案（暫定保管）に対する賛成者も，60.4%（T1）から 75.2%（T3）に増加した．この結果は，地層処分の安全性に対する認識が高まったことが大きな原因になっているためと考えられる．③実際，現在の科学技術で確実に放射性廃棄物を生活圏から隔離できると考えている者は，5% を超えることはなかったものの，将来も隔離できないと考える者の割合は，36.6%（T1）から 11.9%（T3）に減少した．ただし，隔離技術が実現するまでにかかる時間については，T1 では 10 年から 30 年とする者が多かったのに対して，T3 では 50 から 100 年にシフトした．安全性認識が高まったとはいっても，大半の人びとはリスクをゼロにすることは当面困難と考えており，時間をかけて国民的討議をする必要があると考える人が増えたものと推察される．倫理判断の変化について最終処分場の受け入れ態度を例にして見てみると，④自地域で受け入れてもよいとの回答は，11.9%（T1）から 23.8%（T3）にまで増加する．便益は望むが負担は避けるという NIMBY[16] 的態度が減少したことを示している．

以上の結果は，事実判断においては，DPの形式で行われる討議によって，漠然とした不安がより客観的なリスクとして捉えられるようになったことを，また，倫理判断においては，個別利益から一般利益に基づく政策態度が形成されたことを示唆している．これまでも，真実判断および倫理的判断に関して，より討議合理的な判断が形成されることは，実空間上のDPでは報告されている．今回，ウェブ上のDPにおいても同様の効果を支持する証拠が得られたことの意義は大きいと考えている．

7. 反実仮想的に思考するための条件

今回のWeb DP実験で扱った高レベル放射性廃棄物処分方法は，数万年を超えるリスク判断と将来世代への責任が問われる問題である．人間は数万年以上生きることはできないので，直接的な経験を活かすことはできない．経験することも想像することもできないために，自分自身の判断を持つことが難しいだけでなく，他者の意見の妥当性を判断すること，あるいは他者の意見に共感することも困難な問題である．今回の実験は，そういった困難があるにもかかわらず，討議をすることで判断形成されたことを示している．直接経験が欠如しているにも関わらずなぜ判断形成できるのかという問題は，他者には決してなれないにもかかわらず，われわれはなぜ他者の意見や判断を理解できるのかという問題と共通の構造をしている．このことは，討議参加していない者が，討議に参加している者と同様に参加者の形成した判断を理解し，判断形成に活かすことができるとしたらそれはなぜなのかという問題とも共通している．直接経験できない世界について想像力を働かせるという意味では，反実仮想的思考とも関連していることがわかる．

現在，この問題を理解するための手がかりとしてスロビックら（Slovic et al. 2004）の提唱する思考の二重過程モデルに着目している．彼らは，思考には経験的思考と分析的思考という2種類のプロセスがあり，従来は，分析的思考は合理的だが経験的思考は合理的ではないと考えられていたが，感情を用いる経験的思考も合理的な判断が可能であるし，感情は思考をガイドする手がかりとしての役割を担っているため，分析的思考を阻害することはなく，むしろ感情が適切に付与され更新されることで，経験的思考と分析的思考が相互補完的に働き，均衡のとれた思考モードによる意思決定が可能となると述べている．

高レベル放射性廃棄物処分問題のように高度な科学技術が生み出す問題は，経験できない，想像できない問題であるがゆえに，イメージが感情に結びつかないか，過度な感情と結びついてしまう可能性がある．そのため，感情による経験的思考と分析的思考に

対する適切なガイドがなされない．人と対面して話をし，あるいは討議することは，今まで感情が適切に付与されてこなかったイメージに対して適切な感情の付与が可能となり，単なる資料の提供や専門家の説明による一方向からの情報提供よりも，バランスのとれた判断形成を促す力があるのではないだろうか．

スロビックらのモデルに基づき，ミニ・パブリックスの有用性を実証し，ミクロ—マクロ問題を解決する方策を見つけ出すことに今後とも取り組んでいきたい．

第 III 部

ソーシャルメディアと
アクティビズム

第17章

「tsudaる」からポスト「ポリタス」まで

対談：
津田大介（ジャーナリスト／メディア・アクティビスト．ポリタス編集長）
遠藤　薫（学習院大学教授）

ネットの変容

遠藤　ジャーナリズムとネットの関係もずいぶん変化が早いと思いますが，その辺はいかがですか．

津田　僕が『Twitter社会論』という本を出したのは2009年の11月なのですが，その翌年には一気にユースト（Ustream）とかニコ生（ニコニコ生放送）がブームになって，これがテレビの新しいオルタナティブだとか，新しいジャーナリズムができるのではとか言われたのに，それが意外と伸びなかったんですよね．見込み違いでした．

遠藤　ユーストは終わっちゃいましたしね，日本では．

津田　そうなんですよね．でも，当時の胎動みたいなものを象徴するのは，2011年3月10日の『クローズアップ現代』だと思っています．実は僕がゲストだったのです．

遠藤　東日本大震災のまさに前の日ですよね．「テレビはいらない？！～急成長するインターネット放送～」というタイトルでした．

津田　NHKがニコ生とコラボした番組なのですが，放送後に出演者やスタッフが別のスタジオに移動して，その深掘りみたいなものとか，取材はしたが使えなかった裏話みたいな話をしました．テレビのテーマに興味を持った人は本放送後ネット番組を見るという連動が，有機的にできたケースです．そのあと，スタッフと打上げに行ったら，NHKの人たちの興奮がすごいのですよ．「いや，俺たち歴史見届けたよね」みたいな，

「メディア業界変わるよ，NHK もちゃんとネットを使っていかなきゃ」みたいな．ああ，本当に今，メディアは変わり目にあると思っていた翌日にあの震災が起きたのです．その後すぐ NHK の災害報道番組を，中学生がユースト上で違法配信して認められることがあったり，その後，ニコ生も認められるようになった．あれもやはり前日にそのコラボがあったから話がスムーズだった．だから，いまだに 10 日から 11 日の流れは忘れられないというか，日本のメディア史に残る転換点，一つの事件だったかなと思います．

遠藤 ただ，やはり 3 月 11 日はなかったらよかったのにと思ってしまいますけどね．3 月 10 日からどんどん積み上げて明るくなっていったら，もっとよかったなと．

津田 そうなんですよね．もっと健全になったと思うのですがね．原発事故に関してはジャーナリストはすごく試されましたよね．もちろん政府が情報を出さない状況もあったと思うのですが，あれだけの未曾有の原発事故があって，それを語れる専門家がマスメディアの中にいたかというと，NHK にしかいなかったのです．

遠藤 民放は気の毒と言えば気の毒ですね．

津田 マスメディアは，原子力の専門家とか，大学教授に電話をかけましたが，あのときに専門家はみんな官邸に集められていて，記者は連絡をつけられなかった．

遠藤 専門家だからといって，未来をピシャッと予言できるわけでもないし．

津田 そうなのですね．池上彰さんが言っていたのは，「わからないものはわからない」という報道の仕方も必要だということ．100% 確度が取れたものだけを流すとなると，本当に伝えなければいけないメッセージが伝わらない．

遠藤 ただ，従来マスメディアというのは，「正確な情報源」であるということを自分たちのアイデンティティにしてきたので，それが崩れてしまうと，ネットとどこが違うのという話になりかねないのですけどね．

津田 おっしゃるとおりで．そこの方法論みたいなものを問われた部分はすごくあると思うのです．あのときは警戒範囲内 20km 以内が立入禁止に，30km 以内が警戒区域となったのですが，マスコミは自主的にそれより広い立入禁止区域を作って，記者は引き上げたのです．南相馬にも記者クラブはあったのですが，在京メディアは全員消えました．70〜90km 以内は立入禁止という自主ルールを作ったからです．僕はそのときにひどいなと思ったのです．せめてそれを一般に公表するべきだと，「政府はこういう発

表をしています．しかし，われわれは取材の結果，これでは危険があるのではないかと思ったので，記者を70km以内には立ち入らせないようにしました」ということや，「原発に関しての報道は現地の取材ではなく，東電への取材で報道します」と言えば，国民へのメッセージになりますよね．ところが，そういうことをしたら国民は混乱するから言わないのだという話になる．でも，「国民が混乱する」ってメディアの人間が言うことですかね？　まんま権力者の発想ではないですか．

遠藤　あのときの状況は非常に錯綜していて，現場の記者は行きたくても，管理職から止められてしまうということもあった．管理職だって，「ジャーナリストは行くべきではないか」と「いや，部下を守らなければ」の狭間で悩んでいた人もいた．

津田　せめぎ合いですね．聞かない記者はたくさんいて，入って取材をしているのですが，命令違反だということで記事が載らないと言っていました．

遠藤　震災以前からだと思うのですが，「〜という危険があるから〜すべきではない（したら責められる）」という意識が蔓延していて，それでみんなが萎縮してしまって，結局，「自分はやりたかったのにできなかった」，「どうせ何もやらせてくれない」というような不満や被害者意識ばかりが蔓延してしまったような，残念なところがあるのかなと思います．それは現在までずっと続いているように思います．

テレビの録画規制問題

遠藤　先ほど，4Kにしたら録画が禁止，というニュースが流れていて，ちょっとびっくりしました．

津田　愚かですよね．そんなことしたら単にみんなテレビ見なくなるだけなのに．

遠藤　ねえ．

津田　地デジになって，コピー・ワンスになってから，圧倒的にテレビ離れが進みましたからね．その後ダビング10に仕様を変えましたが，それだって使いづらいですからね．

遠藤　全然使えないですよ．メディア研究者にも大変不自由なことになりました．

津田　そうですよね．

遠藤　研究などどうでもいいとお考えの方も多いかもしれません．しかし，研究者が解釈したり，批判したりすることで，番組が改善されたり，視聴者の関心も集まるという面もあるのに，それを禁じたら，テレビ自身の進化も止まってしまう．2011年7月からテレビ研究は死んだも同然なのです．それは実はテレビが死んだということかもしれません．なのに，誰も気がついていない．

津田　新聞もそうなのですよ．僕はデジタル著作権のライターが出自なのです．フェア・ユースというのがアメリカにありますね．利用態様で見て付加価値が生まれており，それが経済的に大きく市場を荒らさないものだったら，オーケーになるという法理．日本の著作権法にも包括的に一般でオーケーと認めるフェア・ユースを導入しないと，ネットサービスは無理だよという議論がずっとあります．知財本部も 2008 年とか 2009 年ぐらいに日本版フェア・ユースを入れろと文化庁に言っているのです．

遠藤　われわれ研究者も今でもずっと言っていますよ．

津田　でも，コンテンツホルダーが全部反対しているのですよね．新聞協会も審議会のヒアリングでフェア・ユース規定には反対だと言うのです．僕は「それは報道機関の自殺ですよ」と言いました．だって，フェア・ユースは報道の自由を拡張してくれるものなのだから．たしかにあなた方の新聞は知財で保護されているかもしれないが，同時に利用する立場でもあって，報道の自由を守るにはフェア・ユースは望ましいものではないですかと言ったら，新聞協会の人は黙ってしまった．要するに新聞協会の知財部の人は，自分たちの知財を守ることしか考えてないのです．

遠藤　現場の記者と話すと，それは変ですねと賛成してくれるのに，なぜか上のほうへ行くと，突然駄目になって，不思議な話ですね．

津田　結局テレビも新聞でもそうでしょうが，上の人たちは自分たちが定年になるまで，自分たちの給料を保証してくれればいいという感じだと思いますよね．

遠藤　それで組織がアウトになってしまったら，責任取ってくれるのですかね．

津田　取りようがないですよね．そういうことをしている間に Amazon のジェフ・ベゾス CEO が「ワシントンポスト」を買う，みたいなことが起きているわけですから．ライブドア騒動．堀江貴文さんのやり方は僕は強引だったと思いますが，ポイントは突いていた．あれを拒否したのであれば，自分たちの側から変わっていかなければいけないにもかかわらず，まだやはりそこを変えられてない．

遠藤　ホリエモンの事件があったときに，私ネットをやっているというので，新聞の何とかプレスみたいな所でしゃべったら，ネットの味方かとさんざん批判されました．私は何の味方でもない，ただの一研究者でございます．

津田　ひどかったですよ．2007 年，2008 年ぐらいは僕もネットとテレビ，これからどう融合していくのか議論するシンポジウムに呼ばれたのです．そこには民放連のお偉いさんもいたのですが，事前の打合せで「ネットと放送の融

合について話しましょう」と言ったら，「"融合"はやめてください，"連携"でお願いします」と．
遠藤 今はみんな「通信と放送の融合」と言っていますけれどね．
津田 その頃に比べれば，この7, 8年でだいぶ日本も進んだと思いますよ．進んだきっかけは遠藤さんが先ほどおっしゃったように震災なんでしょうね．

デジタル著作権問題から始まる

遠藤 ちょっと話を戻しますが，デジタル著作権の話からキャリアを始められた．
津田 僕の仕事のキャリアはだいぶ変わっています．最初から話すと，高校時代が新聞部で，テレビも好きで，深夜番組をよく見ていました．大学時代は，授業をまったく受けない非常に駄目な学生でしたが，雑誌は好きで，いろいろな雑誌を読んでいるうちに，雑誌を作りたいなと思うようになりました．でも，ちょうどインターネットも来て，パソコンも使い始めて，インターネットで情報を発信するのもおもしろいなと思ったんですね．世代的には堀江さんが1つ上で，サイバーエージェントの藤田（晋）社長が同じ年で，Googleの創業者二人も同じ年だから，僕が大学のときにストレートにインターネットが来た，ど真ん中世代なのですね．そういう学生のうちにネットを使って起業している人が多かったので，大学時代にもう少し友達が多かったら僕も起業していたかもしれません．でも，アクティブではなかったし，いずれはライターになりたいなと思っていたので，とりあえず経験を積もうと思って，出版社を受けました．筆記や作文は全部通ったのですが，面接で全部落とされたんです．人格を否定されたような気がして落ち込みましたね．
遠藤 理由は聞かれたのですか．
津田 最終面接まで行くのですが，雑誌を作りたいと志望動機に書くと，社長から「編集部志望ということですが，うちは販売とか，営業などの部署もあるし，ほかの事業もやっているし，そういうのは興味がないのですか」と言われて，「興味ないです！　僕は雑誌を作りたいです！」と言ったら，落とされましたね（笑）
遠藤 そんなこと言ったってね．
津田 今だったら，逆に営業に2年いた経験が編集に役立ったりというのもわかるでしょうが，当時はやりたくないことをやりたいと言ってもしょうがないだろうと思ったのでしょう．それで途方にくれているときに，パソコンライターのアシスタント仕事を紹介してもらって，アルバイトから始めたのです．1997年ぐらいなので，Windows 95は出ていて，98登場前夜．パソコンもインターネットも使いづらかった．本がないと

まったくわからないので，パソコン雑誌やインターネット雑誌はすごく売れていたのです．大学では勉強もしていないし，専門スキルや知識があるわけではない．ただ，パソコンとかインターネットの知識は人並み以上にあったので，これを活かすしかないなと．こんなに雑誌があるのだったら，絶対書き手も足りないと思いジュンク堂書店へ行って，パソコン雑誌と書籍を出している媒体の住所を150ぐらい調べて，売込みの葉書を出しました．150個送って，1割返事が来たら15個じゃないですか．その半分が新規の仕事になったら6，7個になる．やってみたら結構そのシミュレーションどおりになって，僕も雑誌でライターデビューできたのです．そのときに書いていたのが日経BPの雑誌とか，あとは『週刊SPA！』とか．それが僕のライターのキャリアのはじめです．

遠藤 あの頃は，そういうキャリアの抜け道みたいなのがあって，おもしろかったですね．今はそんな話をしても，「それは昔だからです」とか言われてしまう．

津田 絶対その時代，その時代に合った抜け道があると思うんですよね．僕がラッキーだったのは，実は1997年ってメディアでいうと雑誌の売上げがピークなのです．音楽CDも1998年がピークで，あらゆるパッケージのコンテンツがピーク．翌年にdocomoのiモードが始まって，プレイステーション2が発売されて，DVDがすごく売れるようになって，メディアシフトが始まった．1997年だったので，雑誌はたくさんあり，出版社側も余裕があったのです．

遠藤 もうバブルが消えたのに，世の中全体がそれに気がつかなかったみたいな．

津田 1999年には，いろいろな媒体と仕事をしていて，自分で「ネオローグ」という会社をつくって，もう17年になります．編集プロダクションにしようと思ったのです．

遠藤 それはインターネットの雑誌を作ろうと．

津田 その頃，インターネット雑誌が15誌ぐらいあって，そのうち11誌で書いてました．わりと売れっ子だったのです．会社はそのときは4，5人雇って，結構いい感じでやれていたのですが，2001年の終わりから2002年頃から雲行きが怪しくなってきました．雑誌がどんどん休刊し始めたのです．

遠藤 すごい勢いで消えましたね．

津田 その理由は，二つあって，一つはADSLで常時接続になったということ，もう一つはGoogleです．1998年にGoogleが出てきて，日本にも入ってきた．それまでは，ネットのつなぎ方がわからない，つないでも何をしていいかわからないというので，みんな雑誌を見ながらURLを打ち込んでいたわけです．でも，われわれは雑誌記事で読者のインターネットのリテラシーを上げる啓蒙をやっていた．その結果，みんなADSLにして，Googleを使うようになって，雑誌が必要なくなっちゃったのです．それが今

の活動につながる一つの原体験ですね.

　あとは著作権が原体験という意味でいうと，1999年にNapsterという音楽ファイル交換ソフトの元祖にはまったのです．MP3を持っている者同士がネットでつながって交換することのインパクトはすごかった．Napsterには音楽ファイルを持っている人同士のコミュニケーション機能，チャット機能があって，使用していると，外人からいきなりメッセージが来るのです．SNSみたいなもの，ソーシャルメディアみたいなものの元祖でもあった．音楽ファイルを交換していると，いろいろなことを思うのです．欲しかったらCDを買っていたのだけれども，CD化されていないアナログのレア音源とか，たまたま聴きたいけれど手元にないCDをNapsterで落とすと，すぐパソコンで再生して聴ける．便利だけど，別に金払うよな，1曲100円払えと言ったら，払うよなと思った．あとからよく考えてみると，それはiTunesなんですよね．情報が無料でやりとりできるようになることは，音楽の世界には破壊的なインパクトがあった．今後間違いなくミュージシャンは大変になるなと思ったのと同時に，ライターの世界も同じだと思ったんですね．こんなふうに自由にいろいろな人たちが文章を書いて流通するようになると，これはいずれただ単に実用的な記事を書いているライターは仕事がなくなると思ったのです．だったら，そうではないやり方で生き残れるようにしようと思った．そのときに，この分野を重点的に取材しようと思ったのです．1999年に音楽配信をソニーが始めたので，意識的にそういう仕事を増やすようにしました．3年ぐらいたって，どんどん雑誌が潰れ始めた．それがブログブームの1年ぐらい前で,「音楽配信メモ」というデジタル音楽のブログを2002年の1月11日に始めました．当時よく言われていたのが，結局フリーライターの上がりは三つしかない．一つは名前で勝負できるジャーナリストとか作家になる．もう一つは編プロを作って大きくする．あとはその能力を生かして就職する．その頃から40代，50代を過ぎたフリーライターはどんどん仕事がなくなっていった．編集者のほうが若くなるから，編集者は若いライターを使いたがる，そういう構造的な問題があった．ブログを見た編集者から「それで1冊書きませんか」という依頼が来て，単行本を書くことになり，それで，IT・音楽ジャーナリストを名乗り始めて，2004年ぐらいからフリーライターからジョブ・チェンジをしたのです．そこから今に至るみたいな感じです．

音楽とIT

遠藤　私が最初に津田さんの名前を聞いたのは，音楽の著作権の話のときに，坂本龍一さんたちと運動してましたよね．私自身は「運動」ではなく,「研究」としてその動き

について論文を書いていたりしました．

津田 輸入権とかいろいろありましたよね．

遠藤 もともと音楽が好きだと何度もおっしゃっている．ITもいいネタだという話もしている．でも，それは単にいいネタを組み合わせた話なのか，それとも津田さんの中で音楽とITのつながりがもっと何かあるのか．

津田 ああ，なるほど．それは，大変良い質問ですね．僕は怠惰な学生でしたが，卒業が近くなると，将来のことを考えなければいけなくなってくる．大学では音楽のサークルで曲を作ったりもしていたのですが，音楽業界に行くか，それとも高校で新聞部だったから，新聞とかマスコミとか雑誌などの出版業界に行くのかと，大学の3年生ぐらいのときに悩んだのです．でも本当にプロになってやっていけるかどうかと突き付けられたとき，ミュージシャンよりは物書きのほうが自分は才能があるのではないかと思って，出版社を受けてライターになりました．ただNapsterというのがすごく僕の書き手としてのスタンスを決めた部分がある．

遠藤 社会的にインパクトありましたよね．

津田 そうなんですよ．遠藤さんみたいな研究者だったら，そういう論文を書かれた人もいたかもしれないのですが，当時僕が読んでいた文章で，Napsterがどれだけ大きなインパクトがあるのかというのを適正に論じている論者が誰もいなかったのですね．あれ，ここ空いていると思ったのですよ．インターネットのライターではトップになれない，音楽の評論家でも絶対トップになれない．だが，このインターネットと音楽を組み合わせた現象を論じる論者としては，誰もライバルがいない．一人しかいないなら自分が一番だと思ってやったのです．

世代について

遠藤 どんな音楽が好きなのですか．

津田 音楽は何でも好きですけれども，最初は，普通にBOØWYやブルーハーツみたいな，要するにバンドブームから入りました．大学入った頃にはテクノも聴くようになったし，インストも作っていたし，ボーカルと一緒にポップスみたいなのも作っていたし，だから聴かないのはジャズとクラシックぐらいかなみたいな感じだったのですね．

遠藤 歌謡曲は．

津田 歌謡曲も結構聴きましたよ．ちょうどモーニング娘。もブームだったから，普通に聴いていましたし，僕にとってのリア充の扉だったのではないですかね，音楽が．僕は小学校，中学校ぐらいまではテレビゲームが大好きで，どちらかというとオタクっぽいものが好きだったけど，オタクにもなり切れないみたいな性格で．

遠藤 すみません，何年生まれですか．

津田 1973年です．だから，メディアとしても中途半端な世代で，小学校3年生のときにファミコンが出ているのですよ．小学校3年までは遊びというと外で鬼ごっこやったり，ゴム飛びやったりみたいな，ドロケイやったりみたいなものが主流だったのです．それが，ファミコンが登場したことで，一気に外遊びから中遊びになる．

遠藤 ドロケイ，懐しい．

津田 そういう世代ですね．もう一つは，やはり携帯電話ですよね．大学卒業する頃に携帯電話が一般化したので，高校生ぐらいまでは女の子の所に電話かけると，自宅にかけてお父さんが出てみたいな世界でしたね．ですから，そのコミュニケーション環境の変化もわかっているのと，もう一つは大学時代にインターネット．

遠藤 大学に入ったのが．

津田 1993年ですね．僕は一浪しているので．

遠藤 1993年に政府がアメリカからの輸入を増やす方針をとってMacがドドドドドと入ってきた．

津田 ああ，そうなのですね．でも，当時は高かったですよね，1993年ですし．

遠藤 まだ高かった．でも，それ以前から比べたらガーンと落ちて，1995年ぐらいになると，WWWも本格的に始まるのですが，1993年というのはまだ何もかもがテキストベースみたいな時代ですよね．

津田 SE/30とかLCシリーズが出てきたり，そのぐらいですよね，多分．

遠藤 実際のところ，音楽は2本柱みたいにずっとくっついているじゃないですか．

津田　そうですよね．よく考えてみたら，子供の頃から音楽は身近にありました．小2からピアノを習って中学は吹奏楽部に入りました．父親は音楽が趣味ではないけど，家にはステレオセットがあった．うちは裕福な家庭ではなかったけれど，ステレオセットがあったのは大きかったですね．

遠藤　小・中学校はどこか聞いてしまっていいですか．

津田　僕は，東京都北区の滝野川という町出身です．

遠藤　やはり団地ですか．

津田　狭い家ですけれど借地で自宅の家を建てていました．父親は学生運動をやっていて，結局就職せず社会党系の社青同（日本社会主義青年同盟）を経て労働組合の専従をやったり，国会議員の私設秘書をやっていました．一方，母親は外語大（東京外国語大学）の職員でした．実質的に家計は母親が支えていましたね．地元の公立小学校と公立中学校に行って，板橋にある都立北園高校に行きました．学区の上から3番目ぐらいのギリギリ進学校ですね．遠藤さんは，どちらですか出身は．

遠藤　私は，父親がものすごい転職好きの人なので，引っ越しが多くて，小学校1年までは横須賀です．それから，東京の武蔵小山というか，お不動さん（目黒不動）に移って，それから埼玉に引っ越して．

津田　じゃあ，神奈川と埼玉を行き来していたんですね．

遠藤　でも，学校はほぼずっと東京だったので，地元が全然ない根無し草もいいところ．地元がある人は羨ましいですね．

津田　北区はあまり文化がない所で，僕は結局地元を捨てちゃいましたけど．

遠藤　捨てたのですか．

津田　わりと早い段階で家を出て，高円寺に移ってしまったので．でも，地元という意味では高校がすごく楽しかったのです．北園は全国でも珍しい校則が一切ない高校で，制服もなかった，大学みたいな高校だったのですね．だから，校門も常に開きっ放し．教師も変わり者が多くて，「学会の発表があるから休講」とかいって，やけに休講になってました．休講になると皆外にボウリングとか1時間遊びに行って，「もうたるくなったから帰るのやめようか」みたいな感じです．あの高校生活が僕の今の性格とかライフスタイルをつくった部分は大きいと思います．

新聞部の思い出

遠藤　そういう高校文化が，今は瀕死の状態にあるみたいですね．

津田　でしょうね．うちの高校はまだ自由っぽいですけれども．高校のときの新聞部の

経験はすごく自分にとっては大きいです．新聞部の活動としては年2回北園新聞を出せばいいんですが，1年やってみたらあまりおもしろくなかった．もちろん企画を立てて取材して，原稿を書くのはすごくおもしろいんだけど．年に2回出す正式な新聞だけだと頻度少なくてつまらないなと．そこで部長になった2年生からはゲリラ的に新聞を発行しようと思って，ワープロ専用機――東芝のルポの最新機種とニコンの一眼レフをドーンと買って，印刷所行かず，学内で新聞作って，原本ができたら生徒会室に行って，わら半紙の印刷機で勝手に全校生徒分1,200刷って配るということを，月に1回ぐらいの頻度でやっていました．それまで年間2回発行するものを，年12回発行に変えた．それで，自分でメディアを作ることの楽しさや，実際やってみれば結構DIYで全部できるのだということを学びました．

遠藤　何を書いたのですか．

津田　学校の問題を取り上げていましたよ．あとはちょうど湾岸戦争が始まっていたので，高校生のくせに「湾岸戦争はおかしい，正義なんてない」みたいなコラムを書いたりとか，あとは文化面もありました．本当に新聞ぽい新聞だったなと．

遠藤　何かメディアを作るというところ，やはりそちらが重要なのですかね．

津田　よかったことも悪かったことも含めて楽しい経験でした．しかも年に2回出る新聞は，下に近所の文房具屋さんとかの広告が入っていたのですね．1枠4,000円のスペースが20個ぐらいあった．でも，僕らの前の代の新聞はこの広告枠が全部埋まっていないんですよ．それで自分が営業しようと思ったんです．僕は一人でその近くのお弁当屋さんとか中華料理屋さんとか，ローラー作戦で回って広告営業をしたら，全部の枠が埋まりました．新聞が出ると大体現金で3，4万ぐらい入ってくる．新聞部の連中とその大金を持って繁華街に遊びに行く――そんな高校生活でした．

遠藤　それ，おかしいじゃん．

津田　え，何でですか？

遠藤　いや，営業しているじゃないですか．先ほど，営業が嫌だから出版社嫌だと．

津田　あ，たしかにそう言いました．

遠藤　だから，それは出版社がきっと嫌いだった．

津田　いや，僕は入りたくなかったわけではないんですが……．

遠藤　本当．

津田　でも，遠藤さんに指摘されて初めてそのことに気づきました．たしかに高校の新聞部時代，僕は営業を楽しんでた．その経緯や経験を就活のときにはすっかり忘れていた．子供だったんでしょうね．でも，一番楽しい瞬間は何かというと，新聞ができて朝7時に行って，できた新聞を配っている瞬間と，みんな読んで休み時間のときに来て，

「おもしろいよ，これ」みたいなことを言ってもらう，その瞬間なんですね．それは自分がTwitterをやめられない理由でもあるんですが，何かの情報を発信したときにレスポンスがあることが僕にとっての一番の快楽で，その体験があるから，いまだに僕は大人にならずにいるのかなとも思います．

パーソナルヒストリー

遠藤 兄弟はいらっしゃるのですか．

津田 妹がいます．うちは左翼的な家庭だったんですけど，妹はまったく左翼にならずに，美大に行きました．

遠藤 鍵っ子なんですか．

津田 鍵っ子ですね．母親は外語大の職員だったんですが，僕が小学校2年生ぐらいのときに体調を悪くしてしまいました．倉庫で作業をしていたら，ロッカーの上のダンボールとかいろいろな荷物が首に落ちてきて，むち打ち症になってしまったのです．当然労災が認められ，最初は時短勤務をしていたんですけど，ある程度日数がたったら，職場は「もう治ったならきちんと普通に通常勤務しろ」と言ってきた．それは承服しかねるということで，職場を相手取って労災認定の裁判をしたのです．当時外語大は国立大学だったので，国を相手取っての裁判になって，結局それは僕が7歳のときから高校2年生の17歳までずっと裁判をやっていた．最高裁までいったので，10年かかりました．自分の家族が思春期にずっと裁判をやっていたということも，僕の人格形成には大きな影響を与えています．国はすごいなと思うのが，医師が当然裁判で出るわけですよね．この荷物が落ちてきたことと，今は働けないことに因果関係があるかということで，一審のときはもちろん因果関係があるということで勝ったのですけれども，高裁になったらその同じ医師がまったく真逆のことを言い出すのですよ．いや，もう治ってるでしょうと言い出して，どんな圧力があったのかはわからないのですけれど，高裁で逆転判決を受け，最高裁への上告も棄却された．だから「権力は何でもやるんだな」ということが自分の中で原点としてあるのです．目の前で見ていますからね，母親が調子悪いのを．小・中学生のときには帰るとずっと親が寝たきりみたいというのはありました．とはいっても，うちの母親もすごい人で，父親の稼ぎは少ないけれど，父親の思想，信条は尊敬しているので，私が家庭を支えなきゃと，どんなに体調が悪くても働いていました．そんな家庭で育ちました．

"tsudaる"ということ

遠藤 話は飛びますけど，音楽著作権の話の後，tsudaるに行きますよね．

津田 そうですね．ライターになり，それで単行本を書いて，ジャーナリストにジョブチェンジしました．でも単行本ってあまり売れないじゃないですか．

遠藤 うん，儲からないんですよね．

津田 かけた労力にまったく見合わない．ただ，単行本書いたことで講演に呼ばれるようになったんですよ．派生効果がたくさんあるということは学んで，その後，転機になったのは，毎年1回，有楽町のイイノホールで開催されていたJASRACシンポジウムに招かれたことです．著作権業界とか音楽業界の関係者が一堂に会するシンポジウムで，2004年のとき，そこに呼ばれたのです．それがすごく評判がよかったみたいで．

遠藤 何で評判よかったんですか．

津田 異質だったんじゃないですか．ちょうどiPodが出てきた2005年の文化庁の審議会で，保償金を掛けるべきか，掛けないべきかというので委員が真っ二つに割れたんです．翌年からそのことを話し合う専門の委員会を作りましょうとなり，僕がユーザー代表であり，デジタルに詳しい専門家として2006年に委員会に呼ばれました．結果的には，それも僕にとっての転機でした．審議会って結局，その審議会で出た結論というのが政策になり，国会に提出されて法律になって変わっていく．そもそも議員立法って2割ぐらいしかないし，ほとんどの政策は審議会で決められる．その審議会に31歳で参加しているような人間はそもそもほとんどいない．なるほど，いくら音楽好きが何か思っていても実際の政治には反映されないわけだと思って，政策の形成過程に興味が出たんです．これを変えるにはどうすればいいんだろうと思って，官僚の人に，「何でインターネットユーザーとか音楽ユーザーの人を参加させないんですか？ ユーザーの声をちゃんと聞くべきだ」と言ったら，「ユーザーの意見と言っても，多様だし，そもそも団体がない」と言うわけです．それを聞いて僕もカチンときて，インターネットユーザー協会という団体を2008年に立ち上げたわけです．でも，団体つくっても文化庁は全然呼んでくれませんでした．5年ぐらいやってようやく呼ばれるようになりました．

　著作権問題を追いかけていたら審議会に呼ばれ，審議会に呼ばれたことで政策の形成過程に自分も参加することになった．そんなかたちで政治に興味が出てきたタイミングで，ちょうど2009年に民主党の政権交代があって，Twitterと政治の距離も近くなった．そのときに「これからはネットと政治だな」と思ったんです．

遠藤 tsudaるは．

津田 Twitterは，シリコンバレーの新しいウェブサービスとか，業界の動向をウォッ

チしているエンジニアが一緒にナタリーという音楽サービスを開発をしていたときに教えてくれたんです．「もうブログの時代は終わったよ．これからはTwitterだよ．アメリカですごい流行ってるんだ」と2007年の3月に教えてもらって，始めました．ちょうどその頃，月額固定料金で外出先でも高速通信できるイーモバイルがサービスインして，外でも仕事ができるようになった．それが2007年3月で，すぐ導入し，その翌月にTwitterを始めた．当時審議会のメンバーになっていたんですが，審議会の議論って大体つまらないんです．

遠藤 うん．

津田 なので僕はノートPC開いてネットにつないで，議論用に資料調べなどをしていました．そんなとき「そう言えば俺，Twitter始めたよな」と気づいて，審議会のテキスト中継を始めたんです．今は審議会に出ています．今，こんな議論がされています．こんな流れになってきそうだとか，この委員から変な発言があったぞみたいなことを逐次Twitterに上げていったら，「今日傍聴に行きたかったけれども行けなかったからTwitterで流してもらえると有り難い」的な反応が来たんです．それでTwitterで審議会を速報するのはアリだなと思って，2007年の夏くらいから自分が出席している審議会だけでなく，取材で訪れたシンポジウムなどでも中継を始めたんです．最初はタイムラインが埋まるからやめてくれという反応もあったんですけど，意外と評判が評判を呼んでいって，シンポジウムに行ったらほぼ毎回するようになりました．つまらないシンポジウムを聞いても集中するから眠くならないし，シンポジウムが終わった瞬間，僕の作業も終了する．終わったあと記事にまとめるという憂鬱な作業がなくなるから，これは手離れがいいやと思って．

遠藤 レポートなら儲かるけど，tsudaるは儲からないでしょう．

津田 僕はこの行為が最速のジャーナリズムだと思って意識的にやっていたんです．地道に2年間ぐらいやっていたら，2009年の4月か5月に上智大学でやったシンポジウムで，300人の教室に500人くらい集まって，それがものすごく話題を集めて，僕のテキスト中継を「tsudaる」と呼ぶ人が出てきた．それが後に言葉になったんです．だから，中継を始めてから「tsudaる」と言われるまでには2年ぐらいの時間があるんです．

遠藤 すごい労力ですよね．

津田 あれはずっとやり続けましたね．楽しかったんだと思いますよ．

遠藤　手，痛くなったんじゃないですか？

津田　Twitter をこんな使い方をしている人間は自分しかいないだろうという部分，Twitter でジャーナリズムの可能性を探りたい部分，これをやっていると専門技能として認められて何かほかの仕事につながるんじゃないかなという色気みたいな部分があったんでしょうね．2006年から2009年までは僕，模索期なんですよ．お金もなかったし．でも，悩んでいると同時にTwitterでそういうことは続けていて，結局，それが『Twitter社会論』という本に結実したんですね．それが5万部ぐらい売れて，テレビやラジオから呼ばれてしゃべるようになって，自分にとってもう一つの大きな転機になったという感じです．

遠藤　あのときは真似した人もいっぱいいましたね．でも，みんな結局，途中で．

津田　やめました．飽きましたよね，みんなね．辛いしね．

遠藤　うん，やっぱり辛いですか．

津田　辛いですけど，それ以上に向き，不向きがありましたね．そのまま全部打てるわけじゃないから，リアルタイムに発言内容を咀嚼して，リアルタイムに編集する能力が必要なので．

遠藤　あれをやってくれる人が世の中に何人かいて，ずっとやってくれると，とても嬉しいなと思うんだけれども，でも残念ながら現状，津田さんもやめちゃった．

津田　やめてるわけでもないですけどね．でも，まあ減りましたね．

遠藤　ライブツイートというのが，どのぐらい世界でやられているのかよくわからないですけれども，ライブツイートと言うと非常に一般的な手法として出てくるわけですけど，tsuda ると言うと完全に属人性みたいなところがあるじゃないですか．そこで何か違うことってあるんですかね．

津田　ライブツイートっていうのは英語圏の文字数を基本にしていますよね．日本語って英語に比べて3倍ぐらい情報量詰め込めるんです．英語で「information」はスペース含めて12文字必要だけど，日本語だと「情報」の2文字で済みますからね．その違いは大きい．あとは，結構，みんな雑なんですよね．中継はいいんだけど，誰が話しているのかわからない．要約が間違っていたり，数字も間違っていたり，そういうのもあって結構，主催者側がナーバスになって訂正させたり，やめてくださいみたいなことがあったんです．

遠藤　学会のとき，いちいち「tsuda る，やめてください」とか言ってましたね．

津田　ですよね．だけど，僕は「これは，自分が言いたいニュアンスとは違うので消してくれ」って言われたことは，1回もないんですよね．それは自分にとっては誇りではあるんですけど．

遠藤　いい手法であるならば，かつ，日本語で合っているんだったら，何かもうちょっと手法として確立させて教育するとか．
津田　そうなんですよね．ある程度授業で実際にやらせたりもしています．シンポジウムでなくて，例えば社内会議とかで議事録まとめるのにも役立つものなんで，それなりにノウハウ化している部分はあるんですけどね．
遠藤　それこそパッケージングして売ると売れるかもしれない．
津田　一定のところまでいけるようなメソッド化って必要ですよね．そうそう．こういうのを作ってまして．（パソコンを見せる）
遠藤　こういうのは教育プログラムみたいに体系化するといいと思います．
津田　よく言っているのが，人って何かしゃべった後に結構，同じ内容を言い直したりする．だから，最初のほうの話は全部カットして，「つまり」とか「要するに」みたいなのが出てきたら，その後を拾おうみたいな．

ジャーナリズムに向かって

遠藤　tsuda るがあって，それで知名度がガーッと上がって．
津田　Twitter とかどんどん伸びてきて，イランの大統領選挙のときに Twitter が使われるとか，いわゆるアラブの春以前から，民主化運動的な用途で使われて，急に Twitter にスポットが当たり始めると，急にジャーナリズム系のシンポに呼ばれるようになったんです．新聞の未来はどうなるのか，ネットの未来はどうなるのか，ジャーナリズムの未来はどうなるのか．Twitter はどうなるのか．実際に審議会の専門委員もやってましたし，その頃からテレビ局や新聞社との距離が近くなっていきました．
遠藤　ジャーナリスト化みたいな感じで．
津田　そうなんですよ．
遠藤　創るメディアというか使うメディアというか，それも随分変わりましたね．
津田　だから普通の人と違いますね．みんな新聞とかテレビという既存メディアでジャーナリストになって，フリーになるんですけど，僕の場合は逆に，使っているツールの側から結果的にテレビに出てしゃべるようになったわけだから．
遠藤　ジャーナリスト化したことは，よかったんですか．
津田　2003 年に IT ジャーナリスト，2004 年に IT・音楽ジャーナリストと名乗り，それで 2009 年からメディアのことも書くからメディアジャーナリストにして，2011 年からジャーナリスト／メディア・アクティビストになりました．肩書きがいつもしっくりこなくて悩むんですよね．

遠藤 メディアを創るという意味では同じかもしれないけれど，政治的に寄ってきてるじゃないですか．

津田 そうですね．ただ，IT 系のライターになってから自分の中でルールに課していることがあって，新しいものが出たらとにかく試す．とにかく誰よりも早いアーリーアダプターになろうと自分で決めている．それはメディアを職業にしている人間の義務だと思っているんですね．新し物好きというのもあるんですけど．

進化するソーシャルメディア

遠藤 LINE もやっていますか．

津田 LINE やっていますよ．

遠藤 インスタ（Instagram）も．

津田 インスタでも僕，tsuda というアカウント取れてますから．公開された 3 日後にアプリ入れて，インスタのフォロワーも 2 万 3,000 人ぐらいいます．好きですよ．

遠藤 どこら辺が．

津田 何かやっぱり，言葉を使わないでできるっていうことがいいというのと，写真撮るのって楽しいんだなというのは思いましたけどね．

遠藤 LINE は．

津田 LINE は，連絡用のツールですね．結局，メールの代わりなので．だから，何でしょうね，電子メールが僕は溜めがちなので，スマホに来た LINE だったら，すぐ返事もできるし，LINE があれば僕は LINE を選びますね．

遠藤 LINE ジャーナリズム，LINE NEWS とかやっていますよね．

津田 タイムラインの機能はあるけれども，あまり開かれていない，オープンのサービスではないので．ただ，LINE LIVE はちょっと気になっています．もしかしたら Ustream や YouTube Live の代わりになっていく可能性はあると思うので．

遠藤 そうすると，やっぱり Twitter の存在が大きくて，他は一応やってるみたいな．

津田 ニューヨーク・タイムズのインスタはすごくいいですよね．インスタはジャーナリズムに使えると思います．僕もそういうことを多少はやっています．

遠藤 大統領選でもインスタが随分使われているみたい．

津田 ああ，そうですね．

遠藤 最初，ヒラリーがガーッとインスタで伸びたんですよ．今，トランプがガンガン．トランプってネットとは合わない感じがするんだけど，でも，インスタやるんだと．

津田 スタッフが有能だったんでしょうね．

遠藤 まあ，そうなんですけどね．

津田 だから，今，日本でも 800 万人超えたというデータがありましたが，この間中高で情報リテラシーの講演をやったときに，「インスタやってる子」と聞いたら，中学生でも 1，2 割ぐらいの子は手を挙げましたね．

遠藤 最近 LINE や Instagram の調査をして，この本にも調査結果を載せているのですが，インスタの利用者はまだ少ないんですよ．ところが，10 代女子，20 代女子の利用率は 70，80％行っちゃうんです．

津田 でしょうね．

遠藤 しかも，毎日ポストするとか，全然今までのソーシャルメディアとは感じが違う．だから，これからすごいぞと思ってるんですけどね．

津田 そうですよね．

生き残りの戦略

遠藤 でも，新しいメディアをどういうふうに使っていくかという方向と，もう一つは「ゼゼヒヒ」（インターネット国民投票）とか「津田メルマガ」とか「ポリタス」とか，そういうやり方に進んでいる？

津田 そうですね．2，3 年おきに自分はジョブ・チェンジをしているし，していかないと生き残れないという，危機意識も多分あるんですよね．

遠藤 それは個人的な問題ですか．それとも社会的な問題ですか．

津田 どっちもじゃないですかね．サステイナブルに自分が生き残っていくためには，この変化が早いメディアの世界で，新しいことを常に取り入れていかなきゃいけない．だから，個人的な理由としては，自分が生き残るための戦略．社会的な部分で言えば，どこのメディアもすごく変化して，インターネットにどんどん食われているなかでどうすればいいのかと悩んでいるところは多いと思うんです．そんななかで，僕はそこまで旧メディアに否定的なことは言わないじゃないですか．一応僕はネットも新聞もテレビもすべてにリスペクトがあるので，呼んでも大丈夫かなみたいな感じで便利に使われている部分もあるのかなと．

遠藤 今，労働市場の流動化が進んでいるじゃないですか．そうすると，誰でもサバイブするために，いろいろ自分を常に変えていくとか，複数の戦略を持ってるというのは，一つのモデルですかね．個人的な問題ですかね．

津田 フリーランスの人にはそう言いたいですね．でも，多分，会社員もそうでしょうね．結局，山一証券や東芝があんなことになるなんて誰も思ってなかったでしょう．

遠藤　すごいですよね，シャープも買収されたしね．
津田　そういうことが起きるような時代になったなかで，会社内フリーランスというか，会社の外に，何かが断ち切られたときにそれでも死なないための生命線を確保しておくということはすごく大事だと思います．だから，テレビに毎日出て，ラジオでもレギュラーを持っていて，新聞にも書いて，週刊誌で連載もして，でも自分の有料のメルマガも，無料の情報発信もやっていて，ネットの放送も出てるみたいな．すべてやっている人は多分僕以外いない．
遠藤　そうすると，今後の方向性も，それをどんどん拡大する感じで．
津田　でしょうね．だから，全部やって．やっぱり全部でやってるし，そこの流動化はすごく進み始めた．ようやくBuzzFeedが出て，朝日新聞の古田大輔さんが転職したりとか，毎日新聞の石戸諭さんが行ったりみたいな，そういう現象が起きてるときにその状況のなかできちんと，どこでもちゃんとメディアの文法に合わせて情報を発信する．実はこの『間メディア社会の〈ジャーナリズム〉』とか，遠藤さんの本の影響は大きいんですよ．結局もうブームが作れなくなったじゃないですか．今もうみんな自分でメディア．僕はやっぱり伝えたいとか，何か主張したいというのがあったときに，テレビでだけ言っても駄目だなと思うし，ネットでだけ言っても駄目．同じことをテレビの文法ではしゃべる，新聞ではこう書く，ネットではこう書く，Twitterではこう書くという風に，同じメッセージをメディアによって使い分けて，同時にたくさんやるというようにしないと，多分伝わる人数が増えない．そのような間メディア社会のなかで，そういうことをせっせとやるしかないという意識はすごくあって，それは遠藤さんの本を読んだからという部分があるんです．
遠藤　そこのところ大文字にしてください（笑）．
津田　そうしないと本当に伝わんないなと感じますね．だから，ネットでいくらポリタスがシェアされたって，読んでない高齢者には伝わんないし．でも逆に，ラジオでしゃべったことが高齢者にすごく伝わっていてうれしいこともある．かつてマスメディアは本当にマスに届けられたんだけど，今もう世代も超えたマスメディアというのはなくなりつつあるので，発信する側が工夫するしかないということです．
遠藤　最近，マスメディアの方も自分で諦めちゃってるみたいな．
津田　そうそう．だから，諦めんなよって．
遠藤　そうなんですよ．
津田　だから，テレビ局はネット放送をやればいいんですよ．
遠藤　テレビ局も動画配信がどんどん出てきて，そうするとテレビの概念自体が今ガタガタになり始めちゃって．ネットで動画配信でいいんだというふうなことを言いつつ，

でも，マスメディア的な上から目線はまだあるみたいな．

津田 まさに遠藤さんがおっしゃるとおり，この間のパリ同時多発テロなんて典型的ですよ．「もう速報はさ，Twitterでやられてるから，テレビで速報する意味ないじゃん」とかテレビ人が言っていてガッカリしました．違うんだって．視聴者のほうはみんな見たくてテレビをつけているのに，やってないからしょうがなくネット行っているんだと．9.11のときは，民放まで含めて，全部特番やってただろと．あのときと今回を比較をしたときに，やっぱり「ああ，テレビってもう見るべきメディアでもない．こんなときにそれを報じられないんだったら，もうネットでいいや」となってしまうのが，なんでわからないんだろう．

遠藤 わかってないですね．

津田 CNNはそこをすごくうまくやってたんですよね．CNNだって，別に同時多発テロが起きた直後にすぐ何かできるわけじゃない．やってたのはフランスのテレビ局の画面を3局分分割表示した報道引用で，ここのテレビ局がこんな情報を報じたということで2時間とか3時間ぐらい時間をつないで，その後，情報が入ってきたら，自然にそのまま報道特別番組に変わっていった．それなら日本でもできるでしょう？

遠藤 それが，できないんですよね．

津田 自信を失ってるんでしょう．

遠藤 テレビ業界にも新しい考えの人をドーンと突っ込んで変えていくのがいいんだと思うんですけど．そういう意味では『ホウドウキョク』は新しいタイプの番組じゃないですか．まだ始まったばっかりですけど．

津田 取り組みはおもしろいんですけど，フジテレビが今もう赤字になって，そういうなかでスタートしちゃったから予算的に難しいですよね．1年前の4月だったから始められたので，これが2016年4月オープンだったら企画がボツになっていたでしょう．やめられないっていう意味で，よかったかなと思いますね．残念なのは，ネットの『ホウドウキョク』と実際の報道局の溝が大きすぎることですね．全然連携しない．インサイダーとしては，本当にもうそんなこと言っている場合かと思うんですけれども．

遠藤 今のはショックが大きいな．

津田 大きな会社って，もうどこもそうなっちゃうんだろうなという．

遠藤 だったら津田さんも今度は新しいテレビ局を作ろう．

津田 本当はね，最終的にはそういうこと

もできればいいなと思いますけどね．

遠藤 昔に比べたらね，設備投資，少なくてもできちゃうわけだから．

津田 ラジオ局だったら結構作れるんですよ．コミュニティ FM が今，サイマルでネットで放送できちゃうから．例えばフジの良くないところは，全部自前でやろうとするんですよね．『ホウドウキョク』だって，全部，自社のエンジニアに作らせてるんですけど，それがまた出来が悪いんですよ．それはもう LINE とか，サイバーエージェントとかに任せればいいじゃんみたいな話なんです．それをやらないから，中途半端で，ユーザーにとっては使いづらいものができてしまう．テレ朝は今度，アメーバと一緒にやりますから，コンテンツを作ることに注力して，システムはアメーバを使う．その辺のバランスが一番いいのは，やっぱり日テレじゃないですか．Hulu も持ってるし，ちゃんとネットもやってるし，全部囲いこもうとする．今，TVer ってあるじゃないですか．

遠藤 そうそう，あれいいですね．

津田 いいんですけど，フジとテレ東だけは，自分のフジテレビオンデマンドのアプリに飛ばされるんです．愚かだなあと．あそこでもフジは何をやっているんだろうと．

遠藤 だから，1 回前のコンセプトを全部ガチャッて壊して，新しく見えてくるもので作りつつ，ただし，じゃあ昔，何が良かったのかというのをきちっと思い出して，それを作り込まないといけないんだと思うのですよね．この間もちょっと別のシンポでしゃべってたんですけど，昔，映画というのがメインのメディアだった頃には，地域と映画館が一体化した感じのコミュニケーション空間ができていて，それがテレビになって，家族という空間になった．さらにソーシャルメディアだと，もっと小さな空間になっちゃって，それはそれでいいんだけれども，それを今度どうやってつないでいくかというのが問題で．それをつなぐ役割を，以前は私はマスメディアがやるんじゃないかと思っていたんだけど，どうも駄目っぽいので．

津田 駄目ですね，多分．

遠藤 じゃあ，何があるのかなというのを．

津田 おっしゃるとおりで，映画がかつて娯楽の最上級にあったなかで出てきたテレビというのは，挑戦者だった．だからこそ新しいチャレンジをして，人びとの支持を得たんだけど，王者の時代が長すぎたんでしょうね．とっくにネットに飲み込まれてしまっているのに，まだ王者の感覚でいるから，いろいろなことがへりくだってできない．またテレビがちゃんと挑戦者に戻れるかどうかでしょうね．今の経営陣がいなく

なった後に．

遠藤 挑戦者としてのマスメディアというのはいいかも．

津田 やると思いますよ．だから，新聞だってこれからは挑戦者．でも，僕は意外としぶといんじゃないかなと思っていて，能力がある人はやっぱりマスメディアに集中していますから，ネット業界に比べても人材はまだ厚いので．だから新聞がネットを使って何をやるか，テレビ局がネットを使って何をやるか．ネットはそういう意味で誰にでも開かれていると思いますけれどもね．あとはキーポイントになるのはYahoo!かなと思いますね．Yahoo!が今BuzzFeed買ったり，実際に新聞記者を去年だけで大量に雇っている．それで，給料も新聞社と同じぐらい保障しているので，本格的な人材流動化が始まりつつある．Yahoo!トピックスを持っていることも強い．

遠藤 あれはね，すごくたくさんの人が見てる．

津田 ハフィントンポストがあまりうまくいってないのは面がないのです．たしかに記者は連れてきたんだけど，露出するところが弱かった．でも，Yahoo!は制作能力とともに，今ヤフトピという最強の面を持っているので．

遠藤 新聞を完全に超えちゃってるし．

津田 そうなんですよ．

遠藤 テレビに迫りつつあるし，新聞社やテレビ局のサイトも凌駕しちゃったから．

津田 BuzzFeedなんて日本じゃうまくいかないよ，という人は結構いるんだけど，僕はそんなことないと思っていて，それはヤフトピがあるから．ヤフトピに対して，BuzzFeed Japanがどんどん流し込んでいけば，それは大変なことになる．その意味での本気でのネットメディアからの新聞への逆襲やテレビへの逆襲が始まるのは今年かなとは思っています．

遠藤 ネットにおけるマスメディアの作り方も，考えたほうがいいかもしれない．

津田 でも，もう何度もテレビも新聞もけつに火がついたなんて言われていますけど，ようやくじゃないですか．本気で炎上し始めて，「あちっ」て言い始めるのが．

遠藤 そういう感じで，何かすてきな未来が来るといいですね．

津田 僕もそういう意味では悩み続けると思いますよ．ポリタスも大赤字なので．

遠藤 大赤字なんですか．

津田 原稿料払っていますしね．だから，大赤字です．でも，何かしらで僕はマネタイズもできるんじゃないか．でも，ナタリーだって，最初，大赤字ですからね．

遠藤 ちなみに，津田さんの財政的には，今どんな感じなんですか．

津田 ナタリーが1年半前にKDDIにバイアウトしたんですよ．それである程度はお金が入ってきたので，1〜2年はやせ我慢できるかなと．

遠藤　お金持ち状態．

津田　メディアを作ってメディアをバイアウトさせて，バイアウトさせたもので政治のメディア，ポリタスを作っているという．多分そんなジャーナリストは日本で誰もいないと思うので，その意味で僕は変わっているんだろうなと．ただ，赤字のメディアを続けてもサステイナブルじゃない．ポリタスは赤字でも続けられるけれども，ちゃんとそれを黒字化して，良いメディアになったら，またどこか協業できるところに売ってもいいわけだし，そういうことも含めて考えなきゃなとは思ってますけどね．自分でビジネスをやったことはすごくよかった．いろんなことに手を出してきたのが，それなりにみんな実を結んでいますしね．だから，毎日牛丼みたいな生活ではなくなりました．行っているお店は，ガード下の居酒屋とか，そんな所ばっかりですけどね．

遠藤　次に狙うのは，とりあえず．

津田　何でしょうね．古舘（伊知郎）さんが（『報道ステーション』を）降りて，東浩紀とかホリエモンが，後任は津田大介がいいんじゃないかみたいなことを言ってくれた．実現するわけないなとは思ったんですけど，もし来たら，多分受けたと思うんです．そういう意味では，自分が今CSでやってる番組は，じっくりと話を聞く良い番組になってるので，やっぱりちゃんと自分の番組持ちたいな．あとはポリタスをちゃんと軌道に乗せて黒字化するということですね．

遠藤　どういうふうになると軌道に乗ったことになるのですか．

津田　無料でやりたいんで，メルマガは有料でやってるんで，ポリタスは地上波テレビモデルというか，その企画ごとにスポンサーをトップ営業で取ってきてやるというのがいいかなと思うんです．だから，システムさえ作ってしまえば，あとはコンテンツだけなので，黒字化も別にそんな難しいと思ってないんですよ．

遠藤　ポリタスはどのくらいアクセスがあるんですか．

津田　高橋源一郎さんの原稿とか，遠藤さんの原稿も結構見られてました．戦後特集とかは何百万ページビューくらいだったと思います．ただ，やっぱり特集ごとになっちゃってるんで，雑誌のような連載と特集みたいな感じで，もっと更新頻度を上げて，みんなが見るサイトにしつつ，あとは広告をきちんと入れていって回せれば．

遠藤　最初，津田メルマガと連携してやってましたよね．

津田　結局リソースの問題なんですね．社内リ

ソースも，うちは僕以外で8名しかスタッフいないので，その辺は悩みながらやっている感じです．でも，続けていろいろ模索してやるということが大事かなとは思ってます．まだ，でも，できること全然少ないですよ．ポリタスの影響力なんかないし．でも，やっぱりネットは新聞やテレビの隙間を埋めていくものだと思うので．マスメディアって大事だと思う．だからマスメディアの仕事をしつつ，自分のネットメディアでマスメディアでは足りないことをきちんとやっていくという二段構えです．あとはオフィスが新しくなったんで，コミュニティスペースみたいな感じのことをや

りたいなということと，いずれは何かエージェンシーをやりたいですね．人材の．やりたいことが多いんですよ．好奇心が強くて，かつ飽きっぽいので，人と同じところの競合が多い所に行ってもしょうがないと．結局，競合がいないジャンルでトップを取ったほうが結果的には正しいというのはすごく共感する．

遠藤 うちの母の遺言ですけどね（笑）．

津田 それはそうですね．5年後まったく違うことやってる可能性もありますから．

遠藤 そのほうがおもしろいですね．予想がつくことは大しておもしろくない．

津田 そうなんですよ．

遠藤 だから，テレビ局を1個買い取るとか，そういうのがおもしろい．

津田 そうですよね．でもね，財団とか作りたいですね．ファンドマネージャーに聞いたら，50億ぐらい用意すれば作れると．すごい単純な話で，優秀なファンドマネージャーを雇うだけで，50億で年間1，2億運用費が出るので，その運用益の部分を助成に使えばいい．そうすると，別に100年サステイナブルにできると．

遠藤 財団て，そんなに種がなくても作れちゃうし，作ってからかき集めるという手口もある．

津田 そう．だから5億集めて，5億だったら運用益5000万だったら5000万でいろんな助成をやっていくというだけでも，意義が認められる可能性はあるから．

遠藤 そう，そう．

津田 そのお金をうまく使って，テレビ局を買いますか．

遠藤 買ってください．

津田 でもね，ちょっと今日，発見でした．たしかに「営業やりたくないです」って言ってても，やってたんですよね．すっかり忘れてた．

遠藤 今だってやってるわけですよね．

津田 そうですね．そういう意味でやってますよね．ナタリーが潰れそうになったときにも，着メロ業者も調べたら 300 ぐらいあったので，それに全部，絨毯爆撃していったんです．そうしたら月 10 万とか 30 万でニュース買ってくれるっていう会社が何個か出てきて，それで結構持ち直した．やってることは変わってないですね，高校のときからね．

遠藤 やりたいことのビジョンが見えていれば，営業もやるし，何でもやっちゃうけれども，それがないと，「えっ，やだ」というだけの話なんだと思う．

津田 自分がやりたいかと思うかどうかが重要なところでしょうね．

遠藤 そう．これからも御活躍ください．

津田 頑張ります．

付記：本対談は，2016 年 1 月 14 日に収録されたものである．

第IV部

ソーシャルメディアと〈世論〉,そして社会変動

終章

デジタルネイティブ・ジャーナリズムの新しい動きとビッグデータ

遠藤　薫

1. はじめに

　2010年代も後半に入り，ジャーナリズムあるいはより広く社会的コミュニケーションのあり方も大きく変わりつつある．

　既存のマスメディアは，デジタル化を急務としており，また，それにとどまらず，ビジネスモデルの根本的な変容も迫られている．

　本書を終えるにあたって，今後のジャーナリズムと世論形成にかかわる諸問題を概観しておくことにしよう．

2. ジャーナリズム環境の変化

新聞社の状況

　既存ジャーナリズムは，具体的にどのように変わりつつあるのだろうか．

　図18-1は，日本の新聞社の売上高の推移を示したものであるが，2014年度の総売上高は2004年のおよそ4分の3に減少している．

　このような状況は世界的な傾向であり，たとえば，世界的に影響力を持つ『ニューヨーク・タイムズ』は，経営難を乗り切るために，2014年に大幅なリストラを断行した．

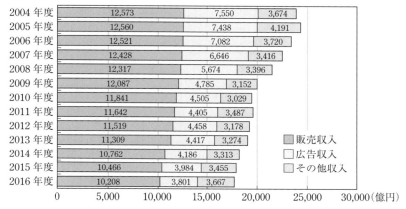

図 18-1 日本の新聞社の売上高の推移（日本新聞協会のデータ[1]による）

各社とも，紙媒体から課金制デジタル媒体への移行をはかっているが，必ずしもうまくいっているとはいえない．

テレビ局の状況

表 18-1 は，民間放送事業における売上高の推移（総務省データによる[2]）である．新聞社ほどではないが，良い状況とはいえない．

『「民放のメディア価値向上に向けた検討」報告書【テレビ編】について』[3]は，こうした状況に対する対応として，「民放テレビ事業者によるインターネット配信事業への参入は，テレビ受像機でのテレビ視聴が少ない若年層，M1 対策として地上波視聴を補完する意味合いがある．無料配信事業を中心に，増え続けるインターネット広告費を放送事業者の収入に取り込むべきである．ネット配信ではターゲティング広告が可能なため，テレビ放送を補う意味でも有効である」と論じている．

表 18-1　民間放送事業における売上高の推移（総務省データ[2]）

(単位：億円，％)

年度	17	18	19	20	21	22	23	24	25	26	27	28
地上系民間放送事業者※2	26,138	26,091	25,848	24,493	22,574	22,655	22,502	22,870	23,216	23,375	23,461	23,773
（対前年増減率）	(▲0.1)	(▲0.2)	(▲0.9)	(▲5.2)	(▲7.8)	(0.4)	(▲0.7)	1.6	1.5	0.7	0.4	1.3
（うち）コミュニティ放送	140	144	148	150	123	116	120	115	124	127	126	136
（対前年増減率）	(0.0)	(2.9)	(2.8)	(1.4)	(▲18.0)	(▲5.7)	(3.3)	(▲3.6)	7.6	2.7	(▲1.0)	7.9
衛星系民間放送事業者※3	3,414	3,525	3,737	3,905	3,887	4,185	4,490	4,510	4,491	3,661	3,809	3,463
（対前年増減率）	(8.1)	(3.3)	(6.0)	(4.5)	(▲0.5)	(7.7)	(7.3)	(0.4)	(▲0.4)	(▲18.5)	4.0	(▲9.1)
有線テレビジョン放送事業者※4	3,850	4,050	4,746	4,667	5,134	5,437	5,177	4,931	5,030	4,975	5,003	5,031
（対前年増減率）	(9.0)	(5.2)	(17.2)	(▲1.7)	(10.0)	(5.9)	(▲4.8)	(▲4.8)	2.0	(▲1.1)	0.6	0.6
合計	33,402	33,666	34,331	33,065	31,595	32,277	32,169	32,310	32,737	32,011	32,273	32,267
（対前年増減率）		(0.8)	(2.0)	(▲3.7)	(▲4.4)	(2.2)	(▲0.3)	0.4	1.3	(▲2.2)	0.8	(▲0.0)

※1：この資料は，民間放送事業者の各年度の事業収支結果の報告に基づき，収支状況をとりまとめたもの．
　2：一般財団法人道路交通情報通信システムセンター（超短波文字多重放送単営社）については，株式会社形態の放送事業者とは運営形態が異なるため除外している．
　3：衛星基幹放送及び衛星一般放送事業に係る営業収益を対象に集計している．
　4：平成22年度までは自主放送を行う旧許可施設を有する営利法人（旧許可施設には，旧電気通信役務利用放送法の登録を受けた設備で旧有線テレビジョン放送法の旧許可施設と同等の放送方式のものを含む．），平成23年度からは登録に係る自主放送を行う有線電気通信設備を有する営利法人を対象に集計している（いずれも，IPマルチキャスト方式による事業者等を除く）．
　5：四捨五入のため合計が一致しないことがある．

デジタルネイティブ・ジャーナリズムの展開とモバイルニュースの進行

　一方，既存報道組織がその経営方針を変えるというのではなく，最初からデジタル・ネイティブな報道を行ってきたものも増加しつつある．

　詳しくは，遠藤（2014）を参照されたいが，とくに近年では，モバイル機器を介したニュース配信が盛んになっている．

　若年層に人気のLINEが始めたLINE LIVEやLINE NEWSの動向も注目されている．

3. 動画配信サービスの台頭
――ジャーナリズムからコンテンツ提供へ

動画配信ビジネスの動向

2015年9月1日夜から，Netflix日本がストリーミングのみのサービスを開始した．

Netflixとは，1997年に創業，1998年にサービス開始した世界的動画配信サービスである．革新的レコメンド機能を特長とし，世界各国ではユーザーの75％がレコメンド結果から視聴しているといわれる．2015年6月期決算では米国内加入者総数は4230万人，世界全体では6560万人であった．

日本向けビジネスとしては，フジテレビジョンと組んだ『テラスハウス』や，オリジ

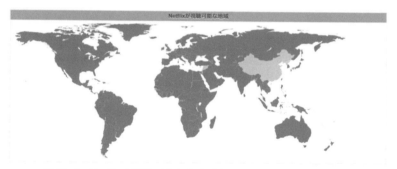

図18-2　Netflixが視聴可能な地域（出典：Netflix社公式サイト[4]）

図18-3　さまざまな動画配信サービス
　　　　（左：TVer, 中：Hulu, 右：Netflix. 2015年11月時点での公式サイト[5]）

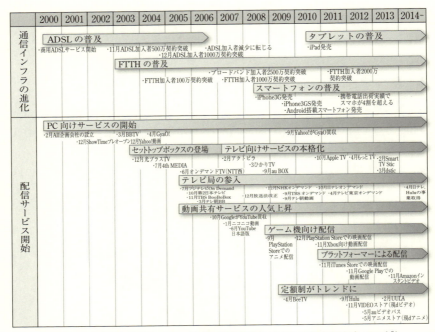

図 18-4　動画配信サービスの動向（『動画配信ビジネス調査報告書 2014』[6]）

ナルドラマ『アンダーウェア』（主演：桐谷美玲），『火花』映像化など日本オリジナルコンテンツが企画されている（2015 年 10 月現在）．

Netflix だけでなく，現在，さまざまな動画配信サービスが始まっている．日本における主な動画配信サービスを図 18-3 に示す．

動画配信サービスは，2000 年代から始まり，2005 年前後から本格化した．近年では，モバイル端末からの利用も増えている（図 18-4 参照）．

動画配信の利用状況

現在，実際に日本ではどのくらいの利用者がいるのだろうか．

図 18-5 に，遠藤が 2015 年 11 月に実施した調査から，各動画配信サービス（有料）の利用者率を示す．全年代では，Hulu，ニコニコ動画プレミアム，Google ストアが並んでいるが，20 代のみに限定すると，ニコニコ動画プレミアムが一頭地を抜いている．

3. 動画配信サービスの台頭　283

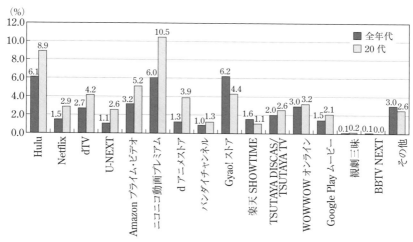

図 18-5　動画配信サービスの利用率
（「2015 年 11 月調査」[7]，全年代サンプル数：2,665，20 代：618）

その一方……

その一方，初期に人気を集めた動画配信サービスでも，うまくいかない場合もある．

たとえば，自由な立場からのジャーナリズム発信を可能にする媒体として期待された Ustream は，2016 年 1 月に日本から事業を撤退した．

Ustream は，2007 年にアメリカでサービスを開始し，2010 年 5 月に日本法人が立ち上がった．とくに 2011 年 3 月に起きた東日本大震災で注目を集め，2012 年には月間ページビュー 1700 万，ユニークユーザー 800 万超を達成した．しかしその後伸び悩み，2015 年 12 月に日本法人撤退を決定した．

アメリカでは Ustream は堅調に事業を続けているので，必ずしも事業自体が失敗で

表 18-2　Ustream とニコニコ動画の比較

Ustream	ニコニコ動画
プラットフォーム・ビジネス	コンテンツ・ビジネス
コンテンツ制作者へ課金	コンテンツ視聴者に課金（月額課金）
モバイル対応などで遅れ	モバイル対応も迅速
ブランドイメージ低下	ブランドイメージ向上

あるとはいえない．表18-2に，相変わらず好調なニコニコ動画との比較を示したが，むしろ日本的ネット状況とはうまくあわなかったということかもしれない．

マスメディアの対応——ネット連動型番組への期待

こうした動向に対応して，2013年頃からマスメディア側はネット連動番組の拡大を方向性として打ち出した．たとえば，以下のような例がある．

NEWS WEB

2013年4月1日から始まったNHKのインターネット連動ニュース番組である（図18-6）．インターネットのニュースサイト「NHK NEWS WEB」と連動して，1日のニュースを伝える．また，Twitterを通じて，ニュースに対する疑問・質問ツイートを番組内で紹介する．実際に番組に届いていたツイートの数を，視聴者の関心度を表す一つの目安として，ほぼリアルタイムで表示する（「つぶやきカウンター」）．それに限らず，1日数千万件にのぼる日本語のツイートすべてを分析し，前日に比べて多くつぶやかれた「単語」をランキング化して表示する（「つぶやきビッグデータ」）などを特徴とした．2016年4月4日からは『ニュースチェック11』に衣替えした．

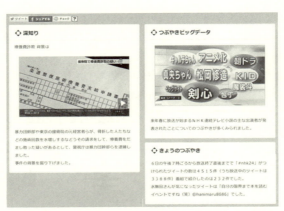

図18-6 2015年11月6日放送分の『NEWS WEB』[8]

BSフジ（いきつけ）

2012年に始まった「常連客の牧村（勝村政信）が"いきつけ"のBARでマスター（マギー）とともに"役に立ちそうで立たない"大人の会話を繰り広げる．小ネタの散りばめられた，小粋な大人の空間を共有する5分間（公式サイトの紹介）」番組である（図

4. ビッグデータ・ジャーナリズム　285

図 18-7　『いきつけ』番組公式サイト[9]　　図 18-8　『いきつけ』YouTube チャンネル[10]

18-7）．過去の放送分や WEB 限定動画を YouTube の専用チャンネルなどで配信していた（図 18-8）．この番組は 2016 年 9 月 26 日に終了したが，ネット連動の試みはその後もさまざまに模索されている．

4.　ビッグデータ・ジャーナリズム

ビッグデータとジャーナリズム

　近年，ビッグデータに注目が集まっている．

　ビッグデータは，まさに間メディア社会において，さまざまなメディアが多層的に存在し，かつ相互に交錯するところから補足される大量のデータである．これらをいかに適切に活用するかに，われわれの社会の今後がかかっているといっても過言ではない．

ビッグデータはジャーナリズムに何をもたらすか

　ビッグデータは，われわれの社会に何をもたらすか．ジャーナリズムあるいは〈世論〉形成という観点から考えてみよう．

　メディアに関連して，ビッグデータの使い道としてもっとも容易に思いつくのは，先にも述べた「レコメンド」機能である．諸個人のばらばらな行動データを集積することによって，属性や傾向性の分布から，特定の個人の嗜好を判断する機能である．これは，個人にとって自ら必要な情報を探索する手間を省き，効率的な情報収集を可能にするという利点がある．

図 18-9 ビッグデータを構成する各種データ（例）
（出典：総務省情報通信審議会 ICT 基本戦略ボード[11]）

　と同時に，レコメンド機能に依存してしまうと，市井の個人はこれまでの自分の傾向性をさらに強化する情報ばかりに触れることになれば，個人は個人のなかに閉鎖し，他者との関係性を構成できない，言い換えれば公共圏が構成されることが不可能になってしまう恐れがある．サンスティーンらが指摘する「集団分極化」あるいは「個人分極化」といえるような状況に陥る危険も考えられるのである．
　これを防ぐため，レコメンド機能のなかには，ランダムに関係のない情報を提供する機能を埋め込んでいるものもあるという．しかしそれによって，本来の意味での「公共圏」が形成できるのかについては，疑問も大きい．

メディアがつくるコミュニティの変化

　このことから，社会のドミナントなメディアが変化することによって，社会における「コミュニティ」（意識を共有する人びとの集合）がどのように変化してきたのかを考えてみよう．
　まず，20世紀初頭から，人びとの娯楽メディアの中心に躍り出たのが，映画（館）であった．映画館は，かつて，地域の象徴的「場所」であり，人びとはそこで，地域コ

●データの収集・把握技術，大量のデータを分析可能な状態で蓄積する技術，大量のデータを高速で分析する技術などビッグデータ活用を支える技術や各種サービスが登場し，様々な活用例を生み出している．

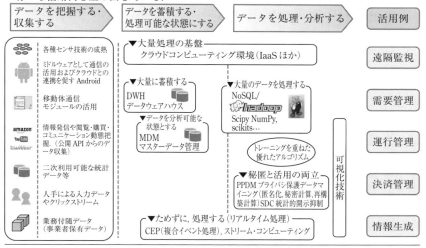

図 18-10 ビッグデータ活用のイメージ（出典：情報通信審議会 ICT 基本戦略ボード[12]）

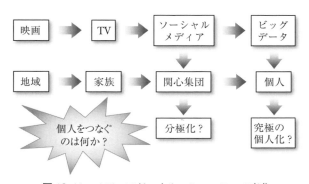

図 18-11 メディアがつくるコミュニティの変化

ミュニティの意識を培った．20 世紀後半になると，映画に替わって，テレビが娯楽の王座を占めることになった．テレビは，茶の間の特等席に鎮座して，家族団らんを象徴するものとなった．娯楽の中心が家庭の内部に移動したことにより，地域との関係よりも，家族という単位の緊密性が強くなった．さらに 21 世紀になってソーシャルメディアに人びとが没頭するようになると，その端末は個人に帰属し，人びとの関係性は家族

から関心集団へと移行した．スマホなどのモバイル端末ともなれば，まさに個人と一体化したものとなった．その結果，家族のつながりも弱くなり，人びとの個人化はさらに進んだといえる．もし，この究極的に個人化した人びとが「全体」というものを感じる経路があるとしたら，それが「ビッグデータ」という表示であるかもしれない．もっとも，ビッグデータが表示するのは，特定の個人から見た「全体」，いわば「葦の髄から天井を覗く」状況を生み出すだけかもしれない．このどちらを選ぶかが，われわれの智恵にかかっているのだろう．

5. 社会に影響を与えるドキュメンタリー

間メディア社会におけるジャーナリズムの可能性

　間メディア社会においては，従来のマスコミュニケーション機能だけでなく，ソーシャルメディア，双方向コミュニケーション，マルチメディア情報通信，ビッグデータやオープンデータなどの駆使が可能になる．その結果，集合知を集めたり，わかりやすいビジュアル・プレゼンテーションが可能になったり，討論型世論調査（熟議型民主主義）を開催したり，これまでよりも具体的なデータ実証が可能になる．

　これらのメリットを活かし，かつ，コストや人的資源を投入することのできるマスメディア型報道機関のメリットを活かすのは，独自の視点から原質を掘り下げる調査報道（ドキュメンタリー・コンテンツ）かもしれない．

日本におけるドキュメンタリー

　日本におけるテレビ・ドキュメンタリーの系譜としては，NHK 総合で1957年に始

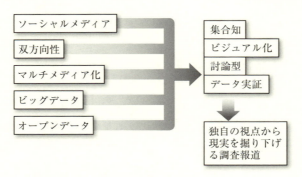

図 18-12　間メディア社会における調査報道

まった『日本の素顔』や，『現代の映像』（1964 ～ 1971 年），『現代の映像』（1964 ～ 1971 年），『ドキュメンタリー』（1971 ～ 1976 年），『NHK 特集』（1976 ～ 1989 年），『NHK スペシャル』（1989 年～）や『ETV 特集』などがある．

また民放でも，1960 年代，優れたドキュメンタリーが数多くつくられた．しかし，1960 年代半ば，テレビ番組への政治介入が顕著になった．TBS は，1969 年，すべてのドキュメンタリーの廃止を決定した．1970 年の大阪万博に象徴された経済の時代への

『NHK スペシャル』無縁社会～"無縁死"3 万 2 千人の衝撃～（2010.1.31）

『ETV 特集』ネットワークでつくる放射能汚染地図（2011.5.11）

『NHK スペシャル』生活保護 3 兆円の衝撃（2011）

『ETV 特集』僕たちだって働きたい（2006.12.13）

図 18-13　社会に影響を与えたドキュメンタリーの例[13]

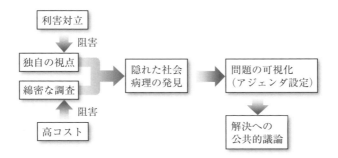

図 18-14　ドキュメンタリーの社会的影響

転換は，社会派ドキュメンタリーを次第に片隅に追いやった（池田 2009）．

それでも，現在でも多くの優れたドキュメンタリー番組がつくられており，社会に大きなインパクトを与えるものもある．

ドキュメンタリー番組の社会的影響の及ぼし方を図化したのが，図 18-14 である．間メディア社会においては，ドキュメンタリーのかたちによるアジェンダ設定を行うのも，報道機関の役割といえるのではないか．

6.　ジャーナリズムの危機

ジャーナリズムの失敗とネット炎上

しかしながら，現実には，「ジャーナリズムの失敗」の例が近年とみに目立つようになっている．

たとえば，2014 年 1 月末，理化学研究所の小保方晴子氏が STAP 研究を発表して一躍ジャーナリズムの寵児となった．しかしその後，とくにネットを中心に，さまざまな研究不正を行っていたのではないかという疑問が噴出した．その結果，本人同意のうえで論文は撤回に至り，一連の現象と細胞は科学的根拠を失った．画像 2 点の不正が認定されていたが，新たな科学的疑義についての調査や小保方自身による検証実験（再現実験）により理化学研究所の処分検討が一旦停止し，大きな議論となった（Wikipedia など参照）．

また，2015 年夏には，アートディレクターの佐野研二郎氏がデザインした 2020 年東

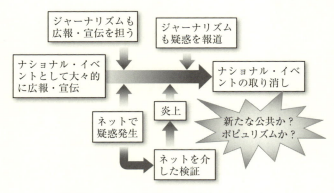

図 18-15　ジャーナリズムの失敗とネット炎上

京オリンピック・パラリンピックのエンブレムについて，ネットからさまざまな疑問が出される事態となった．結局，大会組織委員会が2015年9月1日，正式に使用中止を決めた．

　これらはいずれも，ジャーナリズム自体が過ちを犯したわけではないが，権威あると考えられる機関が推奨した人物に対して，まったく無批判に賞賛し，膨大な記事を出したところが共通している．そして，ネットから疑問が提示されると，当初は，「ネットの悪意ある中傷」というような扱いをするが，やがて態度を翻し，今度はかつて賞賛した人物に対して過剰なまでの批判報道を行う，という展開も共通している．

ジャーナリズムとは何か？──「ネットと放送の融合」という罠

　さらに問題であるのは，たとえば「面白動画紹介」などのタイトルで，YouTubeなどでアクセスの多い動画をそのまま流すような番組（情報番組のコーナーであることも多い）である．マスメディアがマスメディアであることの意義が見えないばかりではなく，ネット上で「パクツイ」（他人のおもしろいツイートを盗用すること），「バイラル・メディア」（ネットでアクセス数の多い記事を集めてニュースサイトのように装う媒体）などと批判される行為と同様の倫理的問題が問われる．

　また，むしろ，そのようなネットと放送の関係を，将来的な「ネットと放送の融合」のあり方と捉えているような番組もある．たとえば，「ネットで話題になっている情報」を取り上げ，それを紹介するようなものである．マスメディアは，その組織力と分析力で，現実に斬り込んでいくことを使命としていたはずである．それなのに，単に「ネッ

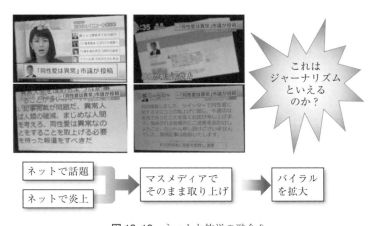

図18-16　ネットと放送の融合？

292　終章　デジタルネイティブ・ジャーナリズムの新しい動きとビッグデータ

- 香港，学生4千人が抗議　行政長官公舎前を封鎖（9/26）
- 10万人が参加－香港デモ＝長官，民主派の要求拒否－中心部の交通まひ続く（9/30）
- 米大統領，香港民主派を支持＝中国外相に平和的対処求める（10/2）
- 民主派と占拠反対派が衝突＝政府との対話中止も（10/3）
- 占拠現場衝突で20人逮捕＝マフィアが介入か（10/4）

図 18-17　ニコ生による香港でも中継放送（ロイター提供）[14]

トの話題」の報道メディアであることを良しとするのは，自らのポジションを放棄するのも同様であろう．

ソーシャルメディアとジャーナリズム

一方，ソーシャルメディアでは，次々と新たな試みが行われている．

東日本大震災のときに注目された特性だが，ソーシャルメディアを媒介とする報道では，特定の「番組枠」にしばられず，報道すべき事件が起これば，最初から最後まで「ダダ漏れ」[15]中継することが可能である．

『ホウドウキョク 24』の試み

2015年4月1日，フジテレビが『ホウドウキョク 24』を開設した．これは，「フジテレビがスマートフォン専門放送局のNOTTV（docomo）とパソコンのオンデマンド配

図 18-18　WEB『ホウドウキョク』[16]

信を使い，地上波などで放送する報道番組の再配信ではなく，ホウドウキョク 24 のオリジナルコンテンツで，生放送を中心軸に，速報性のあるニュースを即座に提供するほか，地上波の番組では伝えきれなかった細かい情報，系列ローカル局を含めた地上波で放送されなかったニュース素材も順次配信する」というものだった．フジテレビの発表によれば，コンテンツビュー数は 2017 年 10 月に約 1 億に達した．

しかし，J-Cast ニュース（2018 年 4 月 2 日付）によれば，「17 年夏から秋にかけて，サイト上で公開していた独自のニュース番組が相次いで終了．18 年 3 月には，すべての番組の放送が終わ」り，新たなネットメディア「FNN.jp プライムオンライン」の開設が 2018 年 4 月 2 日に発表されたという．

まだしばらくは，さまざまな試行錯誤が繰り返されるのだろう．

7. おわりに——間メディア性の新たな段階

以上，ジャーナリズムあるいは世論形成の新たな状況について概観してきたが，遠藤が以前から指摘してきているように，社会におけるコミュニケーションは，対面コミュニケーション，マスコミュニケーション，ソーシャルメディアコミュニケーションが，重層的に併存し，相互作用を行う「間メディア環境」としてあり続けることは疑えない．

最後に，この間メディア環境をさらに多次元化する新たな動きを紹介しておこう．2016 年 1 月 5 日付けの朝日新聞は次のような記事を掲載した．

> ニューヨーク・タイムズ（NYT ログイン前の続き）は昨年 11 月，日曜版の定期購読者約 100 万人に対し，頭に着けて手軽に VR を体験できる段ボール製の「カードボード・ビューアー」を配った．あわせて，VR の専用アプリと，難民の子どもたちの境遇を追った約 11 分の VR 向けドキュメンタリーも公開した．
>
> ウォールストリート・ジャーナルや AP も VR を使った報道を始めた．AP の担当者，ポール・チェンは「例えば北朝鮮やキューバなど，AP ならではの取材網を使い，ユーザーに現地を『経験』してもらうことも一つの案だ」と話す．
>
> 米テレビ業界も VR への進出を始めている．昨年秋には CNN とベンチャー企業が提携し，米大統領選に向けた民主党の候補者討論会を中継．視聴者が舞台に立っているかのように感じられる VR 映像を配信した．[17]

このような動きが本格化したとき，〈世論〉形成にどのような影響が生じるのか，さらに注目していきたい．

あとがき

　また痛ましいテロ事件が起こった．
　2016年7月7日，バングラデシュの首都ダッカで爆弾テロが起こり，十数名の死傷者がでた．ダッカでは，その6日前の7月1日にもレストラン襲撃事件が起こり，日本人7人を含む人質20人が犠牲になった．
　本書第8章で考察したパリ同時多発テロ事件（2015年11月）からこれらダッカ事件の間のほんの半年間でも，あまりに多すぎるテロ事件が世界中で起こっている．
　2010年から2012年にかけて，ジャスミン革命，アラブ革命など，中東では歴史的な民主化運動のうねりがあった．ソーシャルメディアのグローバルな浸透を背景に，草の根的な異議申し立てが社会を動かす例証と考えられた．その後，アメリカのオキュパイ・ウォール・ストリート運動（2011年），台湾のひまわり運動（2014年），香港の雨傘革命（2014年）などがこれに続いた．
　しかしその反面，本書第12章でも論じられているように，ソーシャルメディアが，反社会的なグループによるグローバルな宣伝・勧誘活動の媒体ともなっている．
　このようなソーシャルメディアの二面性は，さまざまな場面で現れる．東日本大震災のときに萌芽的に始まった放送とソーシャルメディアの連携は，2016年4月の熊本地震では成熟したかたちで作動した．だが，デマの発生を完全に防ぐことはできなかった．
　日常的なコミュニケーションでも，ソーシャルメディアは人びとの交流の場を多元化，多様化しているが，一方で，ネットを舞台にした炎上，バッシング，スキャンダルの拡散が，時には社会的な大問題になることもある．
　ことに2016年の米大統領選以降，世界の指導者たちの情報戦略は，ソーシャルメディアの負の側面を拡大しているようにさえ感じられる．
　強力な社会的ツールは，同時に大きな反作用も引き起こす．この当たり前の認識を踏まえて，私たちはメディアの発達に見合う，メディア・リテラシーを展開していく必要がある．本書が，そのための一助となれば，幸いである．
　本書もまた，『インターネットと〈世論〉形成』（2004年）以来の一連のシリーズと同様，東京電機大学出版局の坂元真理さんに大変お世話になった．深く感謝いたします．

2016年7月　猛暑の東京にて
遠藤　薫

注

序章
1. この意味で,『インターネットと〈世論〉形成』の第Ⅰ部と重複する部分も多い.

第1章
1. 社会の人びとが個人的利害を離れて総体として持つ意志. ルソーの概念による.
2. テレビ朝日金曜24:20〜24:50の人気バラエティ番組『タモリ倶楽部』(1982年10月8日開始)の定番コーナー「誰が言ったか知らないが, 言われてみれば確かに聞こえる『空耳アワー』」は, こうした経験をネタにしたエンターテインメントである.
3. 『負け犬の遠吠え』(酒井順子, 2003, 講談社)のヒットから「負け犬(30代以上, 未婚, 子なしの女性)」,「勝ち犬」という言葉が流行語になり, それと連動するように「勝ち組」,「負け組」という言葉も2000年代半ばに頻繁に使われている. これはブラジルのそれとはほとんど無関係であるが, 流行語化の経緯の事例として興味深い.
4. この場合の「コミュニケーション・メディア」という用語は, 一般的な意味とは異なっている.
5. 繰り返し注意しておくが, ルーマンのいう「コミュニケーション・メディア」とは, 一般に言うそれではなく, 社会における「権力」,「信頼」,「愛」といった作動を指す.
6. その結果, しばしば,「技術決定論」として批判されることも多い. けれども, たしかに素朴な技術決定論的な「メディア論」も存在するが, 同時に, 技術決定論に対する批判には,「技術も社会を規定する要因の一つ」であることを無視した乱暴な議論も多いのである.

第3章
1. 調査主体:独立行政法人通信総合研究所・東京大学社会情報研究所, 共同研究者:橋元良明・三上俊治・吉井博明・遠藤薫・石井健一・小笠原盛浩.
2. 遠藤薫, 小林宏一, 原由美子, 西村博之により2003年10月に行われた日本社会情報学会大会基調シンポジウム(「メディアが結ぶ安心信頼社会」『日本社会情報学会学会誌』16(1), 2004年3月号, 5-39)の中での発言.

第 4 章

1. 総務省,『平成 27 年版情報通信白書』p. 199.
2. LINE,「【コーポレート】2015 年 7–9 月期,業績についてのお知らせ」2015 年 10 月 29 日 (http://linecorp.com/ja/pr/news/ja/2015/1133).
3. 本稿の分析で用いる「ソーシャルメディアに関する意識調査」(2015 年 11 月調査) の概要は,以下のとおりである.

    調査対象:東京都に住む満 18 歳以上 70 歳未満の男女
    標本数:2,665
    調査主体:遠藤薫 (研究代表)
    調査実施期間:2015 年 11 月
    調査方法:インターネット・モニター調査

付表 1 ソーシャルメディア意識調査

年齢	度数	%	累積%
18 歳〜22 歳	47	1.8	1.8
23 歳〜29 歳	618	23.2	25.0
30 歳〜39 歳	500	18.8	43.8
40 歳〜49 歳	500	18.8	62.6
50 歳〜59 歳	500	18.8	81.4
60 歳〜69 歳	500	18.8	100.2
合計	2665	100.0	

最終学歴	度数	%	累積%
小学校	2	0.1	0.1
中学校 (旧制尋常小学校,高等小学校を含む)	34	1.3	1.4
高校 (旧制中学校,実業学校,師範学校,女学校を含む)	471	17.7	19.1
短大・高専 (旧制高校)	333	12.5	31.6
大学	1552	58.2	89.8
大学院	168	6.3	96.1
その他	105	3.9	100.0
合計	2665	100.0	

昨年1年間の世帯年収（税込み）	度数	%	累積%
200万円未満	203	7.6	7.6
200万円以上～400万円未満	483	18.1	25.7
400万円以上～600万円未満	527	19.8	45.5
600万円以上～800万円未満	378	14.2	59.7
800万円以上～1,000万円未満	283	10.6	70.3
1,000万円以上～1,200万円未満	154	5.8	76.1
1,200万円以上～1,400万円未満	86	3.2	79.3
1,400万円以上	144	5.4	84.7
わからない・答えたくない	407	15.3	100.0
合計	2665	100.0	

付表2 ソーシャルメディア意識調査（20代のみ）

性別	度数	%	有効%	累積%
男性	293	47.4	47.4	47.4
女性	325	52.6	52.6	100.0
合計	618	100.0	100.0	

年齢	度数	%	有効%	累積%
20.0	33	5.3	5.3	5.3
21.0	54	8.7	8.7	14.1
22.0	31	5.0	5.0	19.1
23.0	50	8.1	8.1	27.2
24.0	40	6.5	6.5	33.7
25.0	64	10.4	10.4	44.0
26.0	70	11.3	11.3	55.3
27.0	82	13.3	13.3	68.6
28.0	90	14.6	14.6	83.2
29.0	104	16.8	16.8	100.0
合計	618	100.0	100.0	
平均	25.5			

学歴	度数	%	有効%	累積%
中学校	11	1.8	1.8	1.8
高校	86	13.9	13.9	15.7
短大・高専	41	6.6	6.6	22.3
大学	394	63.8	63.8	86.1
大学院	53	8.6	8.6	94.7
その他	33	5.3	5.3	100.0
合計	618	100.0	100.0	

仕事	度数	%	有効%	累積%
正社員	250	40.5	40.5	40.5
非正規社員	130	21.0	21.0	61.5
専業主婦・主夫	46	7.4	7.4	68.9
学生・生徒	127	20.6	20.6	89.5
無職	57	9.2	9.2	98.7
その他	8	1.3	1.3	100.0
合計	618	100.0	100.0	

4. Statista "Statistics" (https://www.statista.com/).
5. 定義は確定していないが，一般ユーザーによるニュースサイト，あるいは，一般ユーザーの投稿によって構成されるニュースサイト．
6. 一般ユーザーが自分のブックマークをネット上で公開し，他のユーザーと共有する．
7. 利用者数のデータ出所は次のとおり．2ちゃんねる (http://merge.geo.jp/history/count7r)，Facebook (https://www.statista.com/statistics/264810/number-of-monthly-active-facebook-users-worldwide/)，Twitter (https://www.statista.com/statistics/282087/number-of-monthly-active-twitter-users/)，LINE (https://www.statista.com/statistics/560545/number-of-monthly-active-line-app-users-japan/)，Instagram (https://www.statista.com/statistics/253577/number-of-monthly-active-instagram-users/)，YouTube (https://youtube-creators.googleblog.com/2018/07/mid-year-update-on-our-five-creator.html)，Wikipedia (https://ja.wikipedia.org/wiki/Wikipedia:日本語版の統計).
8. アメリカの調査機関 Pew Research Center の報告書，"Social Media Usage: 2005-2015" (http://www.pewinternet.org/2015/10/08/social-networking-usage-2005-2015/，2015年10月8日閲覧）は，アメリカでは，2008年以降，ソーシャルメディアの利用率は，女性が

男性を上回っていると報告している．

9. 10代女性のTwitterおよびLINEの利用率の低さについては，考察すべきとも考えられるが，今回の調査では10代のサンプル数が少ないので，考察の対象としない．
10. 10代が最も利用率が高いソーシャルメディアも多いが，10代はサンプル数が少ないので，20代に着目した．
11. PewResearchCenter, "Social Media Fact Sheet", FEBRUARY 5, 2018 (http://www.pewinternet.org/fact-sheet/social-media/).
12. PewResearchCenter, "MOBILE MESSAGING AND SOCIAL MEDIA 2015", AUGUST 19, 2015, (http://www.pewinternet.org/2015/08/19/mobile-messaging-and-social-media-2015-main-findings/).

第5章

1. LINE株式会社，「【コーポレート】2015年7-9月期，業績についてのお知らせ」2015年10月29日（http://linecorp.com/ja/pr/news/ja/2015/1133，2015年12月8日閲覧）．
2. Instagram, "Celebrating a Community of 400 Million", Sep. 22, 2015 (http://blog.instagram.com/post/129662501137/150922-400million，2015年12月8日閲覧）．
3. 第4章，注3参照．
4. 「2015年7-9月期，業績についてのお知らせ」（LINE，2015年10月29日）．
5. 「対話アプリの米ワッツアップ，利用者9億人に」（日本経済新聞，2015年9月4日）．
6. 「カカオ，ゲーム収入減り営業益47％減」（日本経済新聞，2015年11月13日）．
7. 「スマホでコミュニケーション「LINE」型が主流に」（日本経済新聞，2015年6月1日）．
8. 「LINE登録ユーザー数，5.6億人突破実際利用は1.7億人」（日本経済新聞，2014年10月9日）．
9. 「テンセント，7〜9月31％増益」（日本経済新聞，2015年11月11日）．
10. LINE（http://line.me/ja/）．
11. 同上．
12. 第4章，注10参照．
13. NAVERまとめ，「「LINE用語」あなたはいくつ分かりますか？LINE用語辞典」（http://matome.naver.jp/odai/2140307686725928801，2015年12月23日閲覧）など参照．
14. Instagram, "Celebrating a Community of 400 Million" (https://www.instagram.com/press/，2015年9月）．
15. 同上．
16. NASA（https://www.instagram.com/nasa/，2016年1月5日閲覧），kensingtonroyal（https://www.instagram.com/kensingtonroyal/，2016年1月5日閲覧），渡辺直美（https://www.instagram.com/watanabenaomi703/?hl=ja;，2016年1月5日閲覧）．
17. ferret, 「一瞬で世界と繋がるインスタグラム（Instagram）のジャンル別人気ハッシュタ

グまとめ」(https://ferret-plus.com/1367, 2015年12月6日).
18. Fashion Marketing Journal,「インスタグラム「2015年トレンドハッシュタグランキング」発表」2015年12月20日 (http://www.fashionsnap.com/the-posts/2015-12-20/instagram-tag-2015/).
19. #おうちごはん (https://www.instagram.com/explore/tags/%E3%81%8A%E3%81%86%E3%81%A1%E3%81%94%E3%81%AF%E3%82%93/, 2016年1月5日閲覧), #love (https://www.instagram.com/explore/tags/love/, 2016年1月5日閲覧), #おそろコーデ (https://www.instagram.com/explore/tags/%E3%81%8A%E3%81%9D%E3%82%8D%E3%82%B3%E3%83%BC%E3%83%87/, 2016年1月5日閲覧), #おひとりさま (https://www.instagram.com/explore/tags/%E3%81%8A%E3%81%B2%E3%81%A8%E3%82%8A%E3%81%95%E3%81%BE/, 2016年1月5日閲覧).
20. #timetoact (https://www.instagram.com/explore/tags/timetoact/, 2016年1月5日閲覧), #TimeToAct photo campaign (https://storify.com/foreignoffice/global-summit-to-end-sexual-violence-in-conflict, 2016年1月5日閲覧), #thegreateastjapanearthquake (#http://pitake.com/tag/thegreateastjapanearthquake, 2016年1月5日閲覧), #occupywallstreet (https://www.instagram.com/explore/tags/occupywallstreet/, 2016年1月5日閲覧).
21. Barack Obama (https://www.instagram.com/barackobama/, 2016年1月5日閲覧, フォロワー5.7m人), Hillary Clinton (https://www.instagram.com/hillaryclinton/, 2016年1月5日閲覧, フォロワー628k人), Donald J. Trump (https://www.instagram.com/realdonaldtrump/?hl=ja, 2016年1月5日閲覧, フォロワー824k人).

第6章

1. キデイランド,「キデイランド原宿店建替えに関するお知らせ」2010年6月10日 (http://www.takaratomy.co.jp/release/pdf/i100610.pdf).
2. FASHION PRESS,「Amazonが神宮前にハロウィンカフェをオープン――仮装コスチュームを試着可能」(http://www.fashion-press.net/news/19186).
3. 毎日新聞,「ハロウィーン:駅前埋める仮装の若者 東京・渋谷」2015年10月31日 (http://mainichi.jp/movie/movie.html?id=905796462002&fm=mnm).
4. 朝日新聞,「魔女・ゾンビ・アニメキャラ…ハロウィーンで街は沸騰」, 2015年10月31日 (http://www.asahi.com/articles/ASHB05J5THB0UTIL012.html?iref=com_rnavi_arank_nr05).
5. 第4章, 注3参照.
6. 山田(2007)などによれば, バレンタインデーは, 1936年に
7. 「日本で初めてのハロウィンはいつから? 日本ハロウィンの歴史」(http://www.yuuenchi.com/日本最初のハロウィン/, 2016年1月10日閲覧).
8. 「ディズニー・ハロウィーン」(https://ja.wikipedia.org/wiki/ディズニー・ハロウィーン/,

2016年1月10日閲覧).
9. 東京ディズニーランド（https://www.tokyodisneyresort.jp/tdl/），ユニバーサル・スタジオ・ジャパン（https://www.usj.co.jp/）.
10. 「原宿表参道ハローハロウィーンパンプキンパレード」(http://omotesando.or.jp/halloween/?page_id=10).
11. 東京新聞，「川崎駅周辺でハロウィーン2500人パレード　国内最大級の草分け」2015年10月22日 (http://www.tokyo-np.co.jp/article/kanagawa/list/201510/CK2015102202000181.html).
12. 六本木ハロウィン（http://6hallo.com/），池袋ハロウィンコスプレフェス（http://ikebukurocosplay.jp/index_2015.html），ラチッタデッラ（http://lacittadella.co.jp/halloween/），たまプラ中央ハロウィン実行委員会（https://www.facebook.com/TamapuraChubuHalloween/）.
13. https://www.google.co.jp/trends/explore#q=ハロウィン%2C%20バレンタイン%2C%20クリスマス&cmpt=q&tz=Etc%2FGMT-9，2015年12月25日閲覧.
14. 同上.
15. 数字は，「ハロウィン」とともに使われる割合が最も高い語を100とし，それと比較して各語がどのくらいの割合で「ハロウィン」と一緒に使われているかを示す相対的な値.
16. ハッシュタグとは，Twitterなどのソーシャルメディアで，先頭にハッシュ記号（#）をつけた語句．そのメッセージが特定のテーマに関連したものであることを示す．第5章参照.
17. #ハロウィン（https://twitter.com/search?q=%23ハロウィン）.
18. #ハロウィン（http://iconosquare.com/tag/ハロウィン）.
19. 図中左下の数字は，表6-1と同じ意味．図中右下の数字は，「ハロウィン」という言葉の検索が最も多い国を100とし，それと比較して他の国の検索量を表す相対的な値.
20. 図中右下の数字は，図6-10と同じ意味.
21. #hallowen（https://twitter.com/hashtag/hallowen?vertical=default）.
22. #halloween（https://www.instagram.com/explore/tags/halloween/）.
23. 詳しくは遠藤（2009a）などを参照.
24. この，現代的流行と民俗的古層との関係について，遠藤は，遠藤（2009a, 1996: 2010, 2014, 2015）などで繰り返し論じてきた．しかし，一般の流行論ではきわめてないがしろにされている論点でもある.
25. 詳しくは別稿に譲る.
26. 柳田國男も，「正月十五日のごときは，盆と亥子との二大節とともに，ほとんど子供デーといってもよろしいくらいの，子供を重んずる日であって，多くの場合には道路に立ち塞がって通行人に物をねだり，くれぬ時は縄を引っ張って通さず，または雑言をする．あるいは夜分人家の門を叩いて，餅や銭紙を貰いまわり，はなはだしきは花嫁の尻を打つがごとき無作法をあえてし，しかもこの日に限ってこれを制する者もないのが，近頃までの田

舎の習いであっ」たと述べている（柳田 1922）．
27. 総務省，『平成 24 年度情報通信白書』．

第 7 章

1. たとえば，日本では『機動戦士ガンダム』『新世紀エヴァンゲリオン』など，海外では『スタートレック』が有名．
2. Taka，「本日 8 月 2 日は『天空の城ラピュタ・バルス祭り』発祥は 10 年以上前の『2 ちゃんねる』？」『ガジェット通信』2013 年 8 月 2 日（http://getnews.jp/archives/391243，2016 年 1 月 19 日閲覧）．
3. 数値は，「バルス」の検索量が最も高かったとき（2013 年 8 月）を 100 として，隔月の検索量を相対的に表した数値．
4. データ出所：イマツイ「1 月 15 日バルス祭りのツイート全量をリアルタイム計測・中継！」（http://imatsui.com/staff_tweets/post_48/）．
5. データ出所：イマツイ「2016 年バルス祭りを振り返って」（http://imatsui.com/staff_tweets/post_51/）．
6. http://headlines.yahoo.co.jp/hl?a=20160116-00000006-impress-sci
7. それ以前のパソコン通信時代から小規模に行われていたことは考えられる．
8. 2001 年末，米『タイム』誌が毎年行っている「パーソン・オブ・ザ・イヤー」のオンライン投票に，2 ちゃんねるユーザーらが「田代まさし」への大量投票を行った出来事を指す．
9. 2003 年 4 月，2 ちゃんねるユーザーらの呼びかけによって，プロ野球オールスターゲームファン投票に，川崎憲次郎投手に大量投票が行われた出来事．
10. https://www.youtube.com/watch?v=5_v7QrIW0zY（再生回数 30,650,398，2016 年 2 月 8 日時点）．
11. http://www.oprah.com/entertainment/Oprahs-Kickoff-Party-Flash-Mob-Dance
12. USJ プレスリリース，2015 年 10 月 14 日（https://www.usj.co.jp/company/news/2015/1014.html）．
13. USJ プレスリリース，2015 年 10 月 31 日（https://www.usj.co.jp/company/news/2015/1031.html）．
14. 注 9 と同じ．
15. https://www.youtube.com/watch?v=hMnk7lh9M3o，2016 年 1 月 24 日．
16. https://trends.google.co.jp/trends/explore?date=all&geo=JP&q=ステマ，バイラル，炎上，自作自演，フェイク，2018 年 8 月 2 日検索．

第 8 章

1. Islamic State in Iraq and the Levant（イラク・レバントのイスラム国）．IS（Islamic State：

イスラム国），ISIS (Islamic State in Iraq and Syria：イラク・シャームのイスラム国），ダーイシュなどということもある．

2. http://www.asahi.com/articles/ASHCH5G3FHCHUHBI02G.html?iref=reca
3. http://www3.nhk.or.jp/news/
4. https://www.whitehouse.gov/blog/2015/11/13/watch-president-obamas-statement-attacks-paris
5. https://commons.wikimedia.org/wiki/File:Jesuischarliebhh.jpg
6. https://twitter.com/search?q=%23JeSuisCharlie&src=typd，2016年2月14日．
7. http://www.lemonde.fr/societe/
8. http://www.nytimes.com/live/paris-attacks-live-updates/
9. http://live.aljazeera.com/event/Paris_Attacks_4
10. http://www.asahi.com/special/timeline/20151114-france/
11. https://blog.twitter.com/
12. https://www.facebook.com/zuck
13. https://www.youtube.com/
14. http://www.apple.com/
15. https://www.amazon.com/
16. https://www.youtube.com/user/AnonymousWorldvoce
17. 左：ニューヨーク貿易センタービル（https://t.co/K4qNQc52sT），中：https://twitter.com/TimeOutLondon/status/665598935763951617，右：遠藤撮影．
18. https://twitter.com/DRogozin/status/635534179531407364
19. UNHCR（国連難民高等弁務官事務所）によると，「難民」とは，「人種，宗教，国籍，政治的意見やまたは特定の社会集団に属するなどの理由で，自国にいると迫害を受けるかあるいは迫害を受ける恐れがあるために他国に逃れた」人びとと定義される（http://www.unhcr.or.jp/html/ref-unhcr/refugee/，2016年2月13日最終閲覧）．
20. http://www.unhcr.org/5943e8a34.pdf
21. 同上．
22. https://twitter.com/kyeslam/status/639260208741482496
23. 日本経済新聞，2015年10月16日．
24. 原文は英語．訳文は imadr.net/wordpress/wp.../9dd1a2bb594498efdce926e66d7fbe4c.pdf による．
25. https://support.twitter.com/articles/253501

第9章

1. この点，制度設計の残された課題や，その解禁プロセスの課題など，詳しくは西田（2013b, 2013a）など参照のこと．

2. それらの記録は，現在も以下の毎日新聞社のサイトから読むことができる．
   2014年衆院選：「2014衆院選：イメージ政治の時代―毎日新聞×立命館大「インターネットと政治」共同研究」（http://senkyo.mainichi.jp/47shu/analyze/08.html）．
   2014年東京都知事選：「本紙・立命館大共同研究−毎日新聞」（http://senkyo.mainichi.jp/tochiji/analyze/）．
   2013年衆院選：「2013参院選：参院選期間中のツイッター分析−毎日jp（毎日新聞）」（http://senkyo.mainichi.jp/2013san/analyze/20130731.html）．
3. 「イメージ政治の時代：毎日新聞・立命館大「インターネットと政治」共同研究　巻頭言−毎日新聞」（http://mainichi.jp/feature/news/20141206mog00m010002000c.html）．
4. 「衆院選：有権者…政治にいら立ち，あきらめの感情も−毎日新聞」（http://mainichi.jp/feature/news/20141208mog00m010014000c.html）参照のこと．
5. フライシュマン・ヒラード・ジャパン代表取締役社長の田中慎一氏へのインタビューはじめ，ネット選挙との関係など詳しくは，西田（2013a, 2013b）など参照のこと．
6. 自民党のネット選挙運動の取り組みについては，前掲拙著や，NHKの『クローズアップ現代』「検証"ネット選挙"」など参照のこと（http://www.nhk.or.jp/gendai/kiroku/detail02_3383_1.html）．さらに小泉内閣以後の変化についても，西田（2015b）参照のこと．
7. 諸外国に目を向けてみると，イギリスやアメリカでは，もう一歩踏み込んで，政策に行動経済学的知見を導入し，国民の「自発的」参加を促す動きもある．イギリスには内閣府から独立した「The Behavioural Insights Team」という組織がある．行動経済学や社会人類学の学位をもった専門人材が在籍し，科学的な知見に基づく政策デザインをコンサルティングしている．「The Behavioural Insights Team」について，詳しくは，URL参照のこと（http://www.behaviouralinsights.co.uk/）．
8. NHK『クローズアップ現代』「検証"ネット選挙"」（http://www.nhk.or.jp/gendai/kiroku/detail02_3383_1.html）参照のこと．
9. 2013年参院選の宮城選挙区や，2014年の松戸市議選におけるDELI候補の事例などを念頭に置いている．前者については西田（2013b），後者については西田（2015a）などを参照のこと．

第10章

1. 「平成26年11月18日　安倍内閣総理大臣記者会見」（http://www.kantei.go.jp/jp/96_abe/statement/2014/1118kaiken.html）．
2. NHK放送文化研究所政治意識月例調査（2013〜2014年）による．
3. 「東日本大震災と2014年衆議院選挙に関する調査（事後）」
   調査主体：遠藤薫
   実施時期：2014年12月15日〜18日
   調査対象：満20歳以上80歳未満の男女

調査方法：インターネットモニター調査，国勢調査に基づいて県別性別年代別に割当

標本数：3,090

4. データ出所：「平成 26 年 12 月 14 日執行衆議院議員総選挙・最高裁判所裁判官国民審査結果調」(http://www.soumu.go.jp/main_content/000328960.pdf).

5. 「東日本大震災と 2014 年衆議院選挙に関する調査（事前）」

調査主体：遠藤薫

実施時期：2014 年 11 月 29 日～12 月 1 日

調査対象：満 20 歳以上 80 歳未満の男女

調査方法：インターネットモニター調査，国勢調査に基づいて県別性別年代別に割当

標本数：5,497

6. 「平成 26 年 11 月 21 日安倍内閣総理大臣記者会見」(http://www.kantei.go.jp/jp/96_abe/statement/2014/1121kaiken.html).

7. https://www.jimin.jp/election/results/sen_shu47/index.html

8. https://www.youtube.com/watch?v=wObNcHUzRZ0（再生回数：45,372，2014 年 12 月 24 日時点）.

9. http://www.dpj.or.jp/pr

10. https://www.youtube.com/watch?v=-ZegL8KOtTM（再生回数：113,416，2014 年 12 月 24 日時点）.

11. J-Cast ニュース,「「夢は正社員になること！」民主党 CM に疑問や「違和感」」2014 年 12 月 8 日 18:42 (http://www.j-cast.com/2014/12/08222713.html).

12. NHK 放送文化研究所,「第 9 回「日本人の意識」調査(2013)結果の概要」(http://www.nhk.or.jp/bunken/summary/yoron/social/pdf/140520.pdf).

第 11 章

1. Stroud (2010), および, Levendusky (2009) などを参照.

2. http://www.theguardian.com/technology/2007/jul/25/media.newmedia, 2015 年 6 月 20 日閲覧.

3. https://blog.twitter.com/2012/twitter-turns-six, 2015 年 6 月 20 日閲覧.

4. http://www.people-press.org/files/legacy-pdf/72.pdf, 2015 年 6 月 20 日閲覧.

5. http://usatoday30.usatoday.com/tech/news/techinnovations/2005-11-21-video-websites_x.htm, 2015 年 6 月 20 日閲覧.

6. http://newsroom.fb.com/company-info/, 2016 年 6 月 19 日閲覧.

7. http://www.nytimes.com/2008/07/07/technology/07hughes.html?pagewanted=all&_r=0, 2015 年 6 月 20 日閲覧.

8. http://www.mybarackobama.com, 2008 年 11 月 1 日閲覧.

9. 日本とアメリカの選挙規制と選挙産業の比較については, 前嶋 (2011c), および, 清原ほ

か（2013）を参照.
10. 筆者も加入しているアメリカ政治コンサルタント協会（American Association of Political Consultants）の 2008 年以降，ソーシャルメディアの選挙利用に関するセミナーが継続的に開かれている．同協会については http://www.theaapc.org/ を参照.
11. http://abcnews.go.com/Politics/facebook-twitter-predict-2010-midterm-election-results/story?id=12227898，2015 年 6 月 20 日閲覧.
12. http://www.pewinternet.org/files/old-media//Files/Reports/2012/PIP_SocialMediaAndPolitical Engagement_PDF.pdf，2015 年 6 月 20 日閲覧.
13. http://www.alfranken.com/，2015 年 9 月 30 日閲覧.
14. 2014 年 8，10 月に筆者がワシントン，ロサンゼルスで行った調査より（聞き取りおよび，選挙動員の同行調査）.
15. 前嶋（2013），および，前嶋（2012c）を参照.
16. "Facebook's Restrictions on User Data Cast a Long Shadow," Wall Street Journal, Sep. 21, 2015 (http://www.wsj.com/articles/facebooks-restrictions-on-user-data-cast-a-long-shadow-1442881332，2015 年 9 月 21 日閲覧).

第 12 章

1. Jāyīn: al-Ḥamla al-Urdunīya lil-Tagīra
2. Shabāb 24 Ādhār
3. いずれの投稿も原稿執筆時点ではすでに確認されず，またヒクマ・フォーラムについてはドメインが販売されていたことから，すでにサイトそのものが閉鎖されているものと思われる.
4. 次の記事を参照．http://www.nytimes.com/2004/05/12/world/struggle-for-iraq-revenge-killing-iraq-tape-shows-decapitation-american.html.
5. ダビクは以下のサイトで閲覧可能．http://www.clarionproject.org/news/islamic-state-isis-isil-propaganda-magazine-dabiq.
6. その後 2015 年 11 月，アメリカ軍による無人機攻撃によってジハーディ・ジョンが殺害されたことが判明した．無人機攻撃はシリアの都市ラッカで行われ，車両に乗り込んだ彼を狙い撃ちにしたものだった．アメリカ軍が死亡をほぼ確信していると発表するなか，2016 年 1 月には ISIL 機関紙「ダビク」が，彼の死亡を正式に発表している（http://www.afpbb.com/articles/-/3073788）.
7. http://www.nytimes.com/2014/06/28/opinion/sylvie-kauffmann-frances-homegrown-jihadists.html や http://www.parismatch.com/Actu/Societe/Djihadistes-francais-Les-enfants-perdus-de-la-famille-Bons-544458 を参照.
8. http://pc.nikkeibp.co.jp/atcl/NPC/15/262980/020400009/
9. http://www.theatlantic.com/international/archive/2014/06/isis-iraq-twitter-social-media-

strategy/372856/
10. http://www.independent.co.uk/news/world/middle-east/iraq-crisis-exclusive-isis-jihadists-using-world-cup-and-premier-league-hashtags-to-promote-extremist-propaganda-on-twitter-9555167.html
11. http://pastebin.com/G663HnDa
12. http://pastebin.com/rADcSLyq
13. https://support.twitter.com/articles/253501
14. http://www.independent.co.uk/life-style/gadgets-and-tech/news/anonymous-vows-to-take-down-isis-how-twitter-has-become-a-battleground-for-propaganda-10037989.html.
    http://news.mynavi.jp/column/secdoor/018/
15. http://countercurrentnews.com/2015/02/white-house-responds-to-anonymous-opisis-cyber-attacks-against-terror-group/
16. https://www.rt.com/news/322427-anonymous-isis-twitter-accounts/
17. http://www.ibtimes.co.uk/anonymous-opparis-hacktivists-publish-noobs-guide-fighting-isis-online-1529173
18. その後Twitter社は，2015年半ばから2016年2月までに12万5千件のISIL関連アカウントを停止したと発表している（https://blog.twitter.com/2016/combating-violent-extremism）．
19. 主犯とみられるジュナイド・フセイン（Junaid Hussain, 1994-2015年）は，2012年に英元首相トニー・ブレア氏のメールアドレスに侵入した罪で逮捕・服役の経歴を持つパキスタン系イギリス人の若者である．以下の記事を参照．
    http://www.foxnews.com/world/2014/09/14/digital-jihad-isis-al-qaeda-seek-cyber-caliphate-to-launch-attacks-on-us/
    http://www.dailymail.co.uk/news/article-2751896/Islamic-State-jihadists-planning-encryption-protected-cyber-caliphate-carry-hacking-attacks-West.html
    彼は以前アノニマスとも一時親交があったハッカー集団「チームポイズン（TeaMp0isoN）」の一員だった．2015年8月，米軍主導の有志連合は，シリアへの空爆によって「サイバージハーディスト」であるジュナイド・フセインを「強い自信をもって」殺害したと述べている．ISILから死亡については語られていないが，彼の妻がその死を認めており，また，その後彼が活動を再開したとの報道もない．詳しくは以下を参照．
    http://www.huffingtonpost.jp/2015/08/27/islamic-state-junaid-hussain-killed-us-airstrike_n_8051858.html
    http://www.birminghammail.co.uk/news/midlands-news/isis-terrorist-junaid-hussain-killed-10069425
20. 彼らはアノニマスと同様，犯行声明をテキスト保存サイトPastebinに投稿し，その際に当該ファイルへのリンクを掲載している．現在，Pastebinの当該ページは削除されている．

21. TV5MONDE の公式声明は以下を参照．
    https://japon.tv5monde.com/Resources/Articles/Events/2015/04/TV5MONDE%E3%82%B5%E3%82%A4%E3%83%8F%E3%83%BC%E6%94%BB%E6%92%83%E3%81%AB%E3%81%A4%E3%81%84%E3%81%A6?lang=ja-JP
    なおこの事件をめぐる報道については http://www.afpbb.com/articles/-/3044998 や http://wired.jp/2015/04/13/hacked-french-network/ も参照．
22. ISIL とテレグラムについては次を参照．
    http://www.newsweekjapan.jp/stories/world/2016/02/isis-43_1.php
    http://www.businessinsider.com/telegram-blocks-isis-channels-2015-11
    また，テレグラムを利用して ISIL とその支持団体がニューヨーク市民 3500 人の「殺害リスト」を公表したというニュースもある．リストには氏名のほか住所や電話番号なども含まれる．こうした殺害指示に関しては ISIL は何度も行っており，それほど特異なことではなく，リストも氏名の重複や正しくない情報なども混じっている．しかしリストに掲載された一般市民にとって恐怖を与えることも確かだ．次の記事が詳しい．
    http://motherboard.vice.com/read/when-isis-calls-you-out-by-name
    http://jp.wsj.com/articles/SB10359106571790804599004582059153359829874
    2016 年 6 月にも新たなリストが公表されていることからもわかるとおり，定期的に行われるものであることが推察される．
    http://www.vocativ.com/326931/new-isis-kill-list-claims-to-target-thousands-of-americans/
23. http://www.huffingtonpost.jp/techcrunch-japan/isis-has-his-own-chat-app_b_9005784.html，
    http://fortune.com/2016/01/13/isis-has-its-own-secure-messaging-app/ を参照．
24. http://www.afpbb.com/articles/-/3090361 などを参照．また彼の犯行動機については，同性愛への嫌悪など個人的な事情も指摘されており，過激派思想と個人的事情の両側面から捉えられるべきである．

第 13 章

1. 本論では，「よろん（輿論）」とは公的に議論された意見としている．「せろん（世論）」とは社会の人びとがある出来事に対する意見としている．そのため，本論では輿論と世論を区別して使っている．
2. ネット上の「サクラ」行為，あるいはサクラ行為を行っている団体・組織・個人を指す．「ネット水軍」が，ブログや微博の特定のコメントに世論誘導する．
3. 「人肉捜索」ともいう．ネット上で特定の人物を捜索すること．
4. 習近平，「講好中国故事，伝播好中国声音」新華網，2013 年 9 月 20 日（http://news.xinhuanet.com/video/2013-08/20/c_125210825.htm）．
5. 「胡錦涛在人民日報社考察工作時的講話」『人民日報（海外版）』2008 年 6 月 21 日，第 1 版．
6. 「黄海波嫖娼却大受賛誉太荒唐」2014 年 5 月 23 日（http://view.news.qq.com/original/

intouchtoday/n2798.html).
7. 呉俊・陳俊「為『次悪』叫好，只会模糊社会道徳底線」(http://news.xinhuanet.com/2014-05/19/c_1110760677.htm).
8. 1958年から1961年までの3年間，中国が施行した農業と工業の増産政策である．
9. 「第十二次（回）中国互联网発展状况調查統計報告」(http://www.cnnic.net.cn/hlwfzyj/hlwxzbg/hlwtjbg/201206/t20120612_26703.htm).
10. 「『新華発布』上線与移動支付跨界融合」(http://news.xinhuanet.com/mrdx/2013-07/08/c_132521365.htm).
11. 「重塑以価値観為核心的網絡文化建設」(http://news.xinhuanet.com/newmedia/2009-03/19/content_11034442.htm).

第14章

1. 本稿におけるソーシャルメディアの定義は，第4章に従うものである．
2. たとえば，1999年の「東芝アフターサービス事件」などが挙げられる．これは東芝のカスタマー・センターの担当者から「暴言」を浴びせられたとして，あるユーザーが電話でのやりとりの音声データを自身のウェブサイトで公開したことに端を発する．このサイトはすぐに話題となり，東芝への非難が高まった．最終的には東芝の副社長が「暴言」の事実を認め，記者会見で謝罪した（矢野 2015: 24-9）．
3. ネット上に不利益な記録が残り続けることは世界的に問題視されており，2014年にはEU司法裁判所で「忘れられる権利」が認められ，Googleに検索結果の削除命令が下されている（神田 2015: 1章）．
4. https://www.youtube.com/watch?v=C4rOeTU0Vt4．DL：2015年6月30日．
5. YouTubeなどにおけるアクセス解析機能の総称．
6. http://www.j-cast.com/2014/04/08201572.html?p=2．DL：2015年6月26日．
7. http://matome.naver.jp/odai/2137484087126101501/2137484261927088603．DL：2015年7月3日．
8. ネット上でコンタクトを取り合った不特定多数の人びとが，公共の場などで突発的なパフォーマンスを行ったりすること．
9. こうした傾向は，第2節で言及したソーシャルメディア疲れを導くものでもある．絶えざる自己確認への要請のために自己表出を続けることが心理的な負担となるのだ．
10. NSAによって運営されているとされるネット空間の監視システム．スノーデンの告発により，存在が明らかになった．
11. 合衆国の元CIA，NSA職員．NSAによる個人情報収集を告発し，亡命した．
12. ただし独裁国家などではそのかぎりでない．

第 15 章

1. 西鉄バスジャック事件のインタビューに答えて．
2. 実名制ではない．本名に限らない個人が一意に認識可能なハンドルネームなどを利用する制度を指す．
3. 受動的に情報を受け取れるメディア．自分から情報を取りにいかなくても，メールのように情報が送られてくるメディアを「Push 型」と呼ぶ．ニュースサイトのように，ユーザーが自ら見に行かなければ情報を得られない場合は「Pull 型」と呼ぶ．
4. などと偉そうに書いているが，一般的にはソーシャルメディアを仕事中に見ているほうがたちが悪いだろう．
5. the hostile expression of strong emotions and feelings
6. a hostile and insulting interaction between Internet users
7. https://en.wikipedia.org/wiki/Flaming_%28Internet%29
8. 尾田栄一郎氏が 15 億円寄付して「いない」という確証は誰にもなかったはずである．
9. http://www.eltes-orm.com/article/detail.php?b=305
10. バカッターなどと揶揄されることが多い．
11. Susceptible（感受性保持者），Infected（感染者），Recovered（免疫保持者）の略．

第 16 章

1. Deliberative Polling® は，ジェイムズ・フィシュキン（James Fishkin）の主催するスタンフォード大学 Center for Deliberative Democracy（CCD）が，商標登録をしており，同センターの承認が得られないと DP を名乗ることができない．DP について紹介，および言及している論文，著書は，フィシュキン自身によるものは，Fishkin（1991, 1995, 2009）．日本での紹介も多数あるが，初期のものとしては，篠原（2004），柳瀬（2005），坂野（2006），曽根（2007），日本初の DP が行われて以降のものとしては，坂野（2010, 2011, 2012），村上・荒牧（2011），曽根ほか（2013）を参照．
2. Dahl（1970）の市民陪審に与えた影響は，Crosby et al.（1986）を参照．
3. Carson and Martin（1999）は，市民陪審と計画細胞は非常に似た手法であり，かつ，ほぼ同時期に作られているものの，両者の設立に関係性はなく独自に作られたとしている．
4. 市民陪審については，榊原（2012），計画細胞については，篠藤（2012）参照．
5. コンセンサス会議についての現状については，三上（2012）参照．
6. British Columbia Citizens' Assembly については，岡田（2012）参照．
7. Citizen Initiative Review Oregon については，オレゴン州のウェブサイト参照（http://www.oregon.gov/circ/Pages/index.aspx）．
8. ミニ・パブリックスを活用した手法は，無作為抽出市民から構成されるミニ・パブリックスの代表性は選挙によって選出される代表者グループよりも高いという代表性に関する前提と，そのように選出された市民による討議の場は，理想的発話状況に近づけやすいとい

う討議合理性に関する前提がある．坂野（2013, 2014）は，これらの前提が，J. コーエン（Cohen 1989）の指摘する代表民主制の二つの欠点（代表性の歪みと討議の欠如）の裏返しになっていることを指摘し，討議民主主義論とミニ・パブリックスの関係について論じている．

9. 討議民主主義論の草分け的存在であるCohen（1989），Cohen and Sabel（1997）は，ミニ・パブリックスを討議デモクラシーと結びつけてはいない．しかし，市民の討議する力がボランタリーにネットワークされる状況に着目して，代表性と討議の質が両立しうることを示したことが，多くの民主議論者が刺激し，後に開花する討議民主主義論につながったと考えられる．

10. Fishkin et al.（2006），DP をパブリック・コンサルテーションの手法として評価する際の4基準を提示している．①討議参加者の代表性は十分と言えるか，②討議によって意味ある意見変化が起きたか，③討議倫理に基づいたプロセスが実現しているのか，④討議後の意見は正当なものとして受け入れられ公共政策に影響を及ぼしているのか．なお，DPの実証的評価の概要は，坂野（2011, 2012, 2013）参照．

11. 近年では，反実仮想的な思考が，認識，動機，行動といった心理へ及ぼす影響に注目が集まっている．反実的思考が，感情や認知に及ぼす影響については，Roese and Olson（1995），Epstude and Roese（2008）参照．

12. Habermas（1998）では，討議的合理性（discursive rationality）とコミュニケーション的合理性（communicative rationality）は区別して用いられている．しかし，Habermas（1975）では，討議的に形成された意思の合理性（rationality of discursively formed will）について触れており，この時点での記述からは，コミュニケーション的合理性との違いを明確に見出すことは難しい．Warren（1993）は，このことを引用して，ハーバーマスの主張の最も興味深い点は，理想的なコミュニケーションコミュニティでは，個人の自律性と集合的意思が同時に形成され，両者のズレがなくなるとしている点であると指摘している．また，討議的合理性という用語は，少数の研究者にしか使われていないものの，コミュニケーション的合理性に対する関心が高まってから，ほぼ同義の概念として使われようになっている．この点については，Weinberger（1998），Dryzek（1990）を参照．これらのことから，本論では，コミュニケーション的合理性とほぼ同義の用語として，討議的合理性という言葉を用いている．

13. Fishkin（2014）参照．なお，スタンフォード大学 CDD（Center for Deliberative Democracy）のウェブページで事例紹介が行われている．紹介されている事例が変わるため，すべての事例は確認できないが，現在紹介されている事例は，18か国39事例である（http://cdd.stanford.edu/，2015年11月20アクセス）．

14. スタンフォード大学 CDD の承認を得て行われた DP は，慶應義塾大学 DP 研究センター（http://keiodp.sfc.keio.ac.jp/）が5回，東京工業大学坂野研究室が1回，北海道大学科学技術コミュニケーション教育研究部門（CoSTEP）が1回行ったもののみである．

15. この実験は，日本学術会議社会学委員会の下に設置された討論型世論調査分科会の監修の下に，東京工業大学社会理工学研究科坂野研究室が科学研究費助成金（平成 13 年度から 15 年度文部科学省科学研究費・基盤（C）「Web 会議システムを用いたオンライン DP（討議型世論調査）の社会実験（研究代表者・坂野達郎）」）を得て行った．
16. Not In My Back Yard の頭文字をとり，迷惑施設は自分の庭に来てほしくないという態度．

終章

1. 日本新聞協会,「新聞社の総売上高の推移」(http://www.pressnet.or.jp/data/finance/finance01.php，2018 年 8 月 2 日閲覧).
2. http://www.soumu.go.jp/johotsusintokei/field/data/gt030301.pdf，2018 年 8 月 2 日閲覧．
3. 日本民間放送連盟，2015 年 9 月 30 日公表（www.j-ba.or.jp/category/topics/jba101587，2016 年 2 月 12 日閲覧).
4. https://help.netflix.com/ja/node/412，2016 年 2 月 12 日閲覧．
5. TVer（http://tver.jp/），Hulu（http://www.hulu.jp/），Netflix（https://www.netflix.com/jp/).
6. 甲斐祐樹著，インプレス総合研究所編，2014,『動画配信ビジネス調査報告書 2014』インプレスビジネスメディア，p. 31.
7. 第 4 章，注 3 参照．
8. http://www3.nhk.or.jp/news/newsweb/
9. http://www.bsfuji.tv/ikitsuke/，2016 年 1 月 16 日閲覧．
10. https://www.youtube.com/user/ikitsuke，2016 年 1 月 16 日閲覧．
11. 総務省情報通信審議会 ICT 基本戦略ボード「ビッグデータの活用に関するアドホックグループ」資料．
12. 同上．
13. 『NHK スペシャル』「無縁社会〜"無縁死"3 万 2 千人の衝撃〜」2010 年 1 月 31 日．
    『ETV 特集』「ネットワークでつくる放射能汚染地図」2011 年 5 月 11 日．
    『NHK スペシャル』「生活保護 3 兆円の衝撃」2011 年．
    『ETV 特集』「僕たちだって働きたい〜ニート脱出への挑戦」2006 年 12 月 13 日．
14. ニコニコ生放送,「【ロイター通信】香港民主化要求デモ生中継（10/4 〜 5:00）」(http://live.nicovideo.jp/watch/lv195415598，2014 年 10 月 4 日 22:45).
15. 「ダダ漏れ」とは，ネット用語としては,「編集せずにネット中継すること」を意味し，2010 年頃流行語のようになった．
16. WEB『ホウドウキョク』(http://www.houdoukyoku.jp/pc/，2015 年 11 月 25 日).

参考文献

序章
遠藤薫, 2004, 『インターネットと〈世論〉形成――間メディア的言説の連鎖と抗争』東京電機大学出版局.

第1章
Bourdieu, P., 1973, "L'opinion publique n'existe pas," *les Temps Modernes*. (= 1991, 田原音和監訳『社会学の社会学』藤原書店.)

Champagne, P., [1990] 2001, *Faire L'opinion*: *Le nouveau jeu politique*, Editions de Minuit, Paris. (= 2004, 宮島喬訳『世論をつくる――象徴闘争と民主主義』藤原書店.)

Crossley, N., 1996, *Intersubjecyivity*: *The Fabric of Social Becoming*, Sage Publications Ltd.. (= 2003, 西原和久訳『間主観性と公共性――社会生成の現場』新泉社.)

Heidegger, M., 1960, *Der Ursprung des Kunstwerkes*, Mit Genehmigung des Verlages Vittorio Klostermann, Frankfurt am Main. (= 2002, 関口浩訳『芸術作品の根源』平凡社.)

Lippmann, W., 1922, *Public Opinion*. (= 1987, 掛川トミ子訳『世論 上/下』岩波文庫.)

Luhmann, N., 1968, *Vertrauen*: *Ein Mechanismus der Reduktion sozialer Komplexitat*, Stuttgart: Ferdinand Enke Verlag. (= 1988, 野崎和義・土方透訳『信頼――社会の複雑性とその縮減』未来社.)

Maturana, H. R. and Varela, F. J., 1980, *Autopoiesis and Cognition*: *The Realization of the Living*, Dordrecht, Holland: D. Reidel Publishing Company. (= 1991, 河本英夫訳『オートポイエーシス・システム』国文社.)

岡田直之, 2001, 『世論の政治社会学』東京大学出版会.

Russett, B., 1993, *Grasping the Democratic Peace*: *Principles for a Post-Cold War World*, Princeton University Press. (= 1996, 鴨武彦訳『パクス・デモクラティア――冷戦後世界への原理』東京大学出版会.)

佐藤卓己, 2008, 『輿論と世論――日本的民意の系譜学（新潮選書）』新潮社.

佐藤嘉倫, 1998, 『意図的社会変動の理論――合理的選択理論による分析』東京大学出版会.

第 2 章

Bourdieu, P., [1994] 1997, *Sur la Television: suivi de L'Emprise du journalisme*, Paris: Editions du Seuil. (= 2000, 櫻本陽一訳『メディア批判』藤原書店.)

Champagne, P., [1990] 2001, *Faire L'opinion: Le nouveau jeu politique*, Editions de Minuit, Paris. (= 2004, 宮島喬訳『世論をつくる——象徴闘争と民主主義』藤原書店.)

Dahl, R. A., 1998, *On Democracy*, New Haven, London: Yale University Press. (= 2001, 中村孝文訳『デモクラシーとは何か』岩波書店.)

遠藤薫, 1999, 「仮想性への投企——バーチャルコミュニティと近代」『社会学評論』48 (4): 50-64.

――――, 2000, 『電子社会論——電子的想像力のリアリティと社会変容』実教出版.

――――, 2003, 「E-democracy のための E-learning——ゲーミングによる e-討議リテラシーの習得」『日本社会情報学会誌』15(2): 5-14.

Habermas, J., 1990, *Strukturwandel der Öffentlichkeit: Untersuchungen zu einer Kategorie der burgerlichen Gesellschaft*, Frankfurt am Main: Suhrkamp Verlag. (= 1994, 細谷貞雄・山田正行訳『公共性の構造転換』未来社.)

干川剛史, 2001, 『公共圏の社会学——デジタル・ネットワーキングによる公共圏構築へ向けて』法律文化社.

池田謙一, 1993, 『社会イメージの心理学』サイエンス社.

Kornhauser, W., 1959, *The Politics of Mass Society*, The Free Press & Co., U.S.A.. (= [1961] 1986, 辻村明訳『大衆社会の政治』24 版, 東京創元社.)

Marx, C. and Angels, F., 1848, *Manifest der Kommunistischen Partei*. (= 1971, 大内兵衛・向坂逸郎訳『共産党宣言』岩波書店.)

Mills, C. W., 1956, *The Power Elite*.

Newman, W. R., 1986, *The Paradox of Mass Politics: Knowledge and Opinion in the American Electorate*, Harvard University Press.

高瀬淳一, 1999, 『情報と政治』新評論.

Tarde, G., 1901, *L'Opinion et la foule*. (= 1964, 稲葉三千男訳『世論と群集』未来社.)

Turkle, S., 1997, *Life on the Screen: Identity in the Age of the Internet*, Touchstone Books.

吉田純, 2004, 「サイバースペースと公共性——情報公共圏論の展望」伊藤守・林利隆・正村俊之編『情報秩序の構築』早稲田大学出版局, 179-203.

第 3 章

Baudrillard, J., 1981, *Simulacres et simulation*, Paris: Editions Galilée. (= 1984, 竹原あき子訳『シミュラークルとシミュレーション』法政大学出版局.)

Benjamin, W. (Tiedemann, R. ed.), 1983, *Das Passagen-Werk*, Frankfurt am Main: Suhrkamp Verlag. (= 1993, 今村仁司ほか訳『パサージュ論Ⅰ: パリの原風景』岩波書店.)

Berger, P., Berger, B. and Kellner, H., 1973, *The Homeless Mind: Modernization and Consciousness*, New York: Random House Inc..（＝ 1977, 高山真知子・馬場伸也・馬場恭子訳『故郷喪失者たち――近代化と日常意識』新曜社.）

Bolz, N. and van Reijen, W., 1991, *Walter Benjamin*, Frankfurt am Main: Campus Verlag GmbH.（＝ 2000, 岡部仁訳『ベンヤミンの現在』法政大学出版局.）

Boorstin, D. J., 1962, *The Image*.（＝ 1964, 星野郁美ほか訳『幻影の時代――マスコミが製造する事実』東京創元社.）

遠藤薫, 2000, 『電子社会論――電子的想像力のリアリティと社会変容』実教出版.

―――, 2001, 「現代メディア社会におけるヘテロフォニーと間メディア性」『三田社会学』(6): 85-120.

Fischer, C. S., 1984, *The Urban Experience*, Harcout.（＝ 1996, 松本康・前田尚子訳『都市的体験――都市生活の社会心理学』未来社.）

Gitlin, T., 1998, "Public sphere or public sphericules?," Liebes, T. and Curran J. eds., *Media, ritual, identity*, London: Routledge, 168-75.

Goffman, E., 1963, *Behavior in Public Places: Notes on the Social Organization of Gatherings*, New York: The Free Press, A division of Macmillan Publishing Co., Inc..（＝ 1980, 丸木恵祐・本名信行訳『集まりの構造――新しい日常行動論を求めて』誠信書房.）

Hall, S. and Gay, P. du eds., 1996, *Questions of Cultural Identity*, 1st ed., London: Sage Publications.（＝ 2001, 宇波彰監訳『カルチュラル・アイデンティティの諸問題――誰がアイデンティティを必要とするのか?』大村書店.）

花田達朗, 2002, 「花田達朗教授による公共圏続編」, (http://www5c.biglobe.ne.jp/~fullchin/hanada2/h03/hp03.htm).

Rousseau, J., 1758, *Lettre a d'Alembert sur les spectacles*.（＝ 1979, 今野一雄訳『演劇について――ダランベールへの手紙』岩波書店.）

Simmel, G., 1908, *Soziologie: Untersuchugen uber die Formen der Vergeselleschaftung*, Berlin: Duncker & Humboly.（＝ 1994, 居安正訳『社会学 下』白水社.）

Thompson, J. B., 1995, *The Media and Modernity: A Social Theory of the Media*, Cambridge, UK: Polity Press.

第4章

遠藤薫, 2000, 『電子社会論――電子的想像力のリアリティと社会変容』実教出版.

―――編著, 2004, 『インターネットと〈世論〉形成――間メディア的言説の連鎖と抗争』東京電機大学出版局.

―――編著, 2014, 『間メディア社会の〈ジャーナリズム〉――ソーシャルメディアは公共性を変えるか』東京電機大学出版局.

第 5 章

遠藤薫，2016，「ソーシャルメディアの利用動向——社会関係の視座から（仮）」『学習院大学法学会雑誌』第 51 巻 2 号（予定）．

石井健一，2016，「LINE 利用者の価値観・幸福度・社会的ネットワーク上の特徴」『第 32 回情報通信学会大会口頭発表要旨』（2015 年 6 月 20 日，青山学院大学）．

第 6 章

遠藤薫，1996，「Hyper Linkage——ヲドリの系譜」（遠藤薫，2010，『日本近世における聖なる熱狂と社会変動』勁草書房所収）．

―――編著，2004，『インターネットと〈世論〉形成——間メディア的言説の連鎖と抗争』東京電機大学出版局．

―――，2009a，「赤いサンタと青いサンタ」遠藤薫『聖なる消費とグローバリゼーション』勁草書房．

―――，2009b，『メタ複製技術時代の文化と政治』勁草書房．

―――，2014，「カワイイの思想」『横幹コンファレンス要旨集』．

―――，2015，「招き猫とは何か」文化資源学会大会報告（2015 年 7 月 9 日）．

Morton, Lisa, 2012, *TRICK OR TREAT: A HISTORY OF HALLOWEEN*, Reaktion Books, Ltd., London.（= 2014，大久保庸子訳『ハロウィーンの文化誌』原書房．）

小笠原祐子，1998，『OL たちの〈レジスタンス〉』中央公論社．

山田晴通，2007，「「バレンタイン・チョコレート」はどこからきたのか（1）」『東京経済大学人文自然科学研究会』124: 41-56．

柳田國男，1922，『祭礼と世間』郷土研究社（柳田國男，1990，『柳田國男全集 8』筑摩書房所収）．

第 7 章

Boorstin, D., 1962, *The Image: A Guide to Pseudo-events in America*.（= 1974，星野郁美・後藤和彦訳『幻影の時代——マスコミが製造する事実』東京創元社．）

遠藤薫編著，2004，『インターネットと〈世論〉形成——間メディア的言説の連鎖と抗争』東京電機大学出版局．

―――，2007，『間メディア社会と〈世論〉形成——TV・ネット・劇場社会』東京電機大学出版局．

―――編著，2008，『ネットメディアと〈コミュニティ〉形成』東京電機大学出版局．

―――，2009a，『メタ複製時代の文化と政治』勁草書房．

―――，2009b，「インターネットと流行現象——〈熱狂〉はどのように生まれるか」『日本情報経営学会誌』30(1): 3-1．

―――，2010，「グローバリゼーションの二重らせん——ヨーロッパ・長崎・江戸・日本各

地を結ぶ文化的情報経路」『2010年日本社会情報学会（JASI&JSIS）合同研究大会研究発表論文集』日本社会情報学会.
―――, 2013,『廃墟で歌う天使』現代書館.
長谷川裕, 2014,「バルス祭りから見るインターネット上の流行現象――祭りへの参加理由に関する考察」『2013年度学習院大学遠藤薫ゼミ卒業論文集』所収.

第8章

遠藤薫編著, 2008,『ネットメディアと〈コミュニティ〉形成』東京電機大学出版局.
―――編著, 2014,『間メディア社会の〈ジャーナリズム〉――ソーシャルメディアは公共性を変えるか』東京電機大学出版局.
Kelly, Brian, 2012, "Investing in a Centralized Cybersecurity Infrastructure: Why 'Hacktivism' can and should influence cybersecurity reform," *Boston University Law Review*, 92(5): 1663-710.
師岡康子, 2013,『ヘイト・スピーチとは何か』岩波書店.

第9章

Baker, Stephen, 2008, *The Numerati*, Houghton Mifflin Harcourt.（＝2015, 伊藤文英訳『ニューメラティ ビッグデータの開拓者たち』CCCメディアハウス.）
遠藤薫編著, 2004,『インターネットと〈世論〉形成――間メディア的言説の連鎖と抗争』東京電機大学出版局.
―――, 2011,『間メディア社会における〈世論〉と〈選挙〉――日米政権交代に見るメディア・ポリティクス』東京電機大学出版局.
Harfoush, Rahaf, 2009, *Yes We Did: An Inside Look at How Social Media Built The Obama Brand*, New Riders Press.（＝2010, 杉浦茂樹・藤原朝子訳『「オバマ」のつくり方――怪物・ソーシャルメディアが世界を変える』阪急コミュニケーションズ.）
平林紀子, 2014,『マーケティング・デモクラシー――世論と向き合う現代米国政治の戦略技術』春風社.
Lippmann, W., 1922, *Public Opinion*.（＝1987, 掛川トミ子訳『世論 上/下』岩波文庫.）
西田亮介, 2013a,『ネット選挙とデジタル・デモクラシー』NHK出版.
―――, 2013b,『ネット選挙解禁がもたらす日本社会の変容』東洋経済新報社.
―――, 2014a,「情報社会と日本のネット選挙」公文俊平・大橋正和編『情報社会のソーシャルデザイン――情報社会学概論II』NTT出版, 237-53.
―――, 2014b,「ネット選挙の解禁で, 政治もジャーナリズムも新たな対応力が求められている」『Journalism』290: 77-85.
―――, 2015a,「統一地方選挙におけるネット選挙とその展望」『地方自治職員研修』48(1): 28-30.

―――――, 2015b, 『メディアと自民党』角川書店.
大下英治, 2011, 『権力奪取と PR 戦争』勉誠出版.
Sunstein, Cass R., 2009, *Republic.com 2.0*, Princeton University Press.
田中慎一・本田哲也, 2009, 『オバマ現象のカラクリ――共感の戦略コミュニケーション』アスキー・メディアワークス.
田原総一朗, 1984, 『電通』朝日新聞出版.
吉田徹, 2011, 『ポピュリズムを考える――民主主義への再入門』NHK 出版.
―――――, 2014, 『感情の政治学』講談社.

第 10 章

2005 年 SSM 調査研究会（代表：佐藤嘉倫）, 2005,「『社会階層と社会移動』全国調査（SSM2005-J）」SRDQ 事務局編『SRDQ：質問紙法にもとづく社会調査データベース』,（http://srdq.hus.osaka-u.ac.jp, 2014 年 12 月 23 日）.
Buchanan, James M., 1977, *Democracy In Deficit*, Academic Press Inc.（= 2014, 大野一訳, 『赤字の民主主義――ケインズが遺したもの』日経 BP 社.）
遠藤薫, 2014,「【総選挙 2014】私たちはなぜ袋小路へはまり込んでしまうのか？――白熱政治をとりもどそう」『ポリタス「総選挙」から考える日本の未来』,（http://politas.jp/features/3/article/296）.

第 11 章

Davis, Richard, 1999, *The Web of Politics: The Internet's Impact on the American Political System*, New York: Oxford University Press, 87.
Davis, Richard and Diana Owen, 1997, *New Media and American Politics*, New York: Oxford University Press, 121-3.
Grothaus, Michael, 2016, "Inside Bernie Sanders's Social Media Machine," Fast Company,（http://www.fastcompany.com/3058681/inside-bernie-sanders-social-media-machine, 2016 年 6 月 10 日閲覧）.
Issenberg, Sasha, 2012, *The Victory Lab: The Secret Science of Wining Campaigns*, New York: Crown.
清原聖子・前嶋和弘・李洪千, 2013,「鼎談：2013 年参院選におけるネット選挙運動の将来」清原聖子・前嶋和弘編著『ネット選挙が変える政治と社会――日米韓に見る新たな「公共圏」の姿』慶應義塾大学出版会, 167-94.
Levendusky, Matthew, 2009, *The Partisan Sort: How Liberals Became Democrats and Conservatives Became Republicans*, Chicago, IL: University of Chicago Press.
前嶋和弘, 2009,「大統領予備選挙――オバマ現象の分析」吉野孝・前嶋和弘編著『2008 年アメリカ大統領選挙――オバマの当選は何を意味するのか』東信堂, 29-49.

―――，2011a，『アメリカ政治とメディア――「政治のインフラ」から「政治の主役」に変貌するメディア』北樹書店，133-4.

―――，2011b，「ソーシャルメディアが変える選挙戦：アメリカの事例」清原聖子・前嶋和弘編著『インターネットが変える選挙――米韓比較と日本の展望』慶應義塾大学出版会，27-50.

―――，2011c，「米韓インターネット選挙と日本――変わる戦術，変わる政治」清原聖子・前嶋和弘編著『インターネットが変える選挙――米韓比較と日本の展望』慶應義塾大学出版会，147-70.

―――，2012a，「複合メディア時代の政治コミュニケーション――メディアの分極化とソーシャルメディアの台頭で変わる選挙戦術」吉野孝・前嶋和弘編著『オバマ政権と過渡期のアメリカ社会――選挙，政策，制度，メディア，対外援助』東信堂，83-115.

―――，2012b，「米国の『インターネット・フリーダム』と『21 世紀型ステートクラフト』」『国際情勢紀要』世界政経・国際情勢研究所，82: 113-22.

―――，2012c，「2012 年大統領選挙とメディア――争点と新しい変化」吉野孝・前嶋和弘編著『オバマ後のアメリカ政治――2012 年大統領選挙と分担された政治の行方』東信堂，33-62.

―――，2013，「「下からの起爆剤」か「上からのコントロール」か――変貌するアメリカ大統領選挙のソーシャルメディア利用」清原聖子・前嶋和弘編著『ネット選挙が変える政治と社会――日米間に見る新たな「公共圏」の姿』慶應義塾大学出版会，47-66.

Stroud, Natalie Jomini, 2010,"Polarization and Partisan Selective Exposure," *Journal of Communication*, 60-3; 556-76.

第 12 章

別府正一郎・小山大祐，2015，『ルポ過激派組織 IS――ジハーディストを追う』NHK 出版．

Berger, J. M. and Jonathon Morgan, 2015, *The ISIS Twitter Census–Defining and describing the population of ISIS supporters on Twitter*, The Brookings Project on U.S. Relations with the Islamic World Analysis Paper, No. 20.

Carter, Joseph A. and Shiraz Maher, Peter R. Neumann, 2014, *Measuring Inmortance and influence in Syrian Foreign Fighter Network*, The International Center for The Study of Radicalization and Political Violence.

Hegghammer, Thomas, 2013, "The recruiter's dilemma: Signalling and rebel recruitment tactics," *Journal of Peace Research*, 50, 1.

高岡豊，2006，「シリアからイラクへの「ムジャーヒドゥーン」潜入の経路と手法」『現代の中東』第 41 号．

―――，2015，「「イスラーム国」とシステムとしての外国人戦闘員潜入」『中東研究』中東調査会，第 522 号．

塚越健司, 2014, 「ウィキリークスとジャーナリズム」遠藤薫編著『間メディア社会の〈ジャーナリズム〉――ソーシャルメディアは公共性を変えるか』東京電機大学出版局.
―――, 2015, 「情報社会とハクティビズム」東浩紀監修『開かれる国家――国境なき時代の法と政治』角川学芸出版.
山本達也, 2011, 「「アラブの春」にみるソーシャルメディアの影響力」『中東研究』中東調査会, 第 512 号.
吉川卓郎, 2014, 「「生存の政治」における政府―イスラーム運動関係――2011 年民主化運動とヨルダンのムスリム同胞団」『アジア経済』第 55 号.

第 13 章

党生翠, 2013, 『網絡輿論蝴蝶効應研究』中国人民大学出版社, 2013 年 2 月.
黄昇民, 2013, 「OTT 来了, 電視怎么弁?」『媒介』2013 年 6 月.
劉建明, 2013, 「『両個輿論場』若干歧義的破解」『中国記者』2013 年第 1 期.
汪華明, 1958, 「湖北幾個県報的農業生産大躍進宣伝」『新聞戦線』1958 年第 2 期.
小島哲郎, 2010, 「電通独有的 AISAS_Cross Media Planning 手法」『広告大観総合版』2010 年第 1 期.
言靖, 2009, 「網絡事件輿論形成模式及特異性研究」『鄭州大学学報（哲学社会科学版）』2009 年 11 月.
張金潔, 2014, 「伝統媒体如何正確引導網絡輿論」『中国広播電視学刊』2014 年第 2 期.
郑永年, 2014, 『技術賦権』東方出版社, 2014 年 4 月.

第 14 章

愛場大介, 2014, 『YouTube で食べていく――「動画投稿」という生き方』光文社.
朝日新聞 DIGITAL, 2014 年 5 月 26 日, 「スタバに爆竹, 威力業務妨害容疑で 2 人を書類送検 愛知」, (http://www.asahi.com/articles/ASG5V3VLWG5VOIPE007.html, DL：2015 年 6 月 26 日).
Bauman, Zygmunt, 2011, *Collateral Damage: Inequalities in a Global Age*, Polity Press. (= 2011, 伊藤茂訳『コラテラル・ダメージ――グローバル時代の巻き添え被害』青土社.)
Bauman, Zygmunt and David Lyon, 2012, *Liquid Surveillance: A Conversation*, Polity Press. (= 2013, 伊藤茂訳『私たちが, すすんで監視し, 監視されるこの世界について――リキッド・サーベイランスをめぐる 7 章』青土社.)
BBC NEWS, 2015 年 6 月 11 日, "How prevalent is the naked tourist photo?", (http://www.bbc.com/news/magazine-33091556, DL：2015 年 6 月 29 日).
Daily Mail Online, 2015 年 2 月 24 日, "Waiter, there's a guy in my soup: Military chef in hot water after bathing in a cauldron used to make food in Colombia", (http://www.dailymail.co.uk/news/article-2966693/, DL：2015 年 7 月 8 日).

遠藤薫編著，2004，『インターネットと〈世論〉形成——間メディア的言説の連鎖と抗争』東京電機大学出版．
―――，2007，『間メディア社会と〈世論〉形成——TV・ネット・劇場社会』東京電機大学出版局．
―――編著，2008，『ネットメディアと〈コミュニティ〉形成』東京電機大学出版局．
―――編著，2014，『間メディア社会の〈ジャーナリズム〉——ソーシャルメディアは公共性を変えるか』東京電機大学出版局．
HIKAKIN，2013，「超巨大たこ焼き作ってみた！」，(https://www.youtube.com/watch?v=C4rOeTU0Vt4，DL：2015年6月30日）．
HIKAKIN・鎌田和樹，2014，『400万人に愛されるYouTuberのつくり方』日経BP．
イケダハヤト，2014，「YouTubeの『1再生あたりの収益はいくらなのか』調べてみた」，(http://www.ikedahayato.com/20140418/5394548.html，DL：2015年6月26日）．
インターネット白書編集委員会，2015，『インターネット白書』．
J-CASTニュース，2014年4月8日，「スタバに爆竹投げ込み、ニコ生中継また犯罪自慢，なぜ懲りないのか」，(http://www.j-cast.com/2014/04/08201572.html?p=2，DL：2015年6月26日）．
神田知宏，2015，『ネット検索が怖い——「忘れられる権利」の現状と活用』ポプラ社．
木本玲一，2004，「電車男の物語——いかにして好意的〈世論〉は形成されたか」遠藤薫編著『インターネットと〈世論〉形成——間メディア的言説の連鎖と抗争』東京電機大学出版：245-56．
毎日新聞，2013年8月31日，「〈スイカ〉履歴提供拒否3万件…情報無断販売で申し出」，(http://headlines.yahoo.co.jp/hl?a=20130831-00000043-mai-soci，DL：2013年9月12日）．
Mathiesen, Thomas, 1997, "The viewer society: Michel Foucault's 'Panopticon' revisited," *Theoretical Criminology*, 1(2): 215-34.
MEGWIN・関根剣，2013，『YouTubeで小さく稼ぐ——再生回数2億回の達人が教える，撮った動画をお金に変える方法』大和書房．
NHK NEWS WEB，2015年7月10日，「ドローン飛行予告で逮捕少年を保護観察に」，(http://www3.nhk.or.jp/news/html/20150707/k10010141421000.html，DL：2015年7月10日）．
日刊ゲンダイ，2015年5月23日，「まるで宗教…ドローン少年を金銭支援する「超越者」たちの謎」，(http://www.nikkan-gendai.com/articles/view/newsx/160095/1，DL：2015年7月10日）．
荻上チキ，2007，『ウェブ炎上——ネット群衆の暴走と可能性』筑摩書房．
産経新聞，2015年6月17日，「「友人に自慢したかった」一般道で時速172キロの暴走男を逮捕動画サイトに投稿」，(http://headlines.yahoo.co.jp/hl?a=20150617-00000560-san-soci，DL：2015年6月26日）．
シバター，2015年5月24日，「ドローン少年ノエル君の事件は囲いが一番悪い」，(https://www.youtube.com/watch?t=64&v=UXB_mLKAlaE，DL：2015年7月10日）．

総務省，2014，「平成 25 年通信利用動向調査」．

―――――，2015，『情報通信白書』．

武田隆，2012，「【国際調査報告】欧米"フェイスブック疲れ"の全貌」，(http://diamond.jp/articles/-/24739?page=3，DL：2015 年 7 月 19 日)．

トレンド総研，2015，「〈SNS の"黒歴史"〉に関するレポート」，(http://www.trendsoken.com/report/pc/1784/，DL：2015 年 7 月 7 日)．

梅田望夫，2006，『ウェブ進化論――本当の大変化はこれから始まる』ちくま新書．

矢野直明，2015，『IT 社会事件簿』ディスカヴァー．

安田浩一，2015，『ネット私刑』扶桑社．

第 15 章

岩崎祐貴，2015，「CGM における炎上の分析とその応用」『人工知能学会論文誌』30(1)．

Kleinberg, Jon, 2003, "Bursty and hierarchical structure in stream," *Data Mining and Knowledge Discovery*, 7(4)．

小林直樹，2011，『ソーシャルメディア炎上事件簿』日経デジタルマーケティング．

松田美佐，2012，『うわさとは何か――ネットで変容する「最も古いメディア」』中公新書．

Collins, Mauri, 1992, "Flaming: The relationship between social context cues and uninhibited verbal behavior in computer-mediated communication," (http://www.emoderators.com/papers/flames.Html)．

荻上チキ，2011，『検証 東日本大震災の流言・デマ』光文社新書．

田代光輝，2008，「ブログ炎上」佐伯胖監修『学びとコンピュータハンドブック』東京電機大学出版局．

第 16 章

Carson, L and B. Martin, 1999, *Random Selection in Politics*. Westport CN: Praeger Publishers.

Cohen, J., 1989, "Deliberation and Democratic Legitimacy," in Hamilin, A. and Pettit, Ph. Eds., *The Good Polity*.

Cohen, J. and Ch. Sabel, 1997, "Directly-Deliberative Polyarchy," *European Law Journal*, 3(4): 313-342.

Crosby, N., J. M. Kelly and P. Schaefer, 1986, "Citizens Panels: A New Approach to Citizens Participation," *Public Administration Review*, 46(2): 170-8.

Dahl, R., 1970, *After the Revolution?*, New Haven: Yale University Press.

Dryzek, J. S., 1990, *Discursive Democracy: politics, policy, and political science*, Cambridge University Press.

Epstude, K. and N. J. Roese, 2008, "The functional theory of counterfactual thinking," *Personality and Social Psychology Review*, 12(2): 168-92.

Fishkin, J., 1991, *Democracy and Deliberation*, New Haven: Yale University Press.
―――, 1995, *The Voice of the People: Public Opinion and Democracy*, New Haven: Yale University Press.
―――, 2009, *When the People Speak*, Oxford: Oxford University Press.（= 2011, 曽根泰教監修『人々の声が響き会うとき』早川書房.）
――― et al., 2006,"Deliberative Democracy in an Unlikely Place: Deliberative Polling in Chin,"（http://cdd.stanford.edu/research/papers/2006/china-unlikely.pdf）.
―――, 2014, "Symi2014: The Challenge of Deliberative Democracy,"（http://www.symisymposium.org/article/symi-2014-challenge-deliberative-democracy-james-fishkin）.
Habermas, J., 1975, *Legitimation Crisis*, Translated by T. McCarthy. Boston: Beacon Press.
―――, 1990,"Morality and Ethical Life: Does Hegel's Critique of Kant Apply to Discoure Ethics?" in J. Habermas（translated by C. Lenhardt and S.W. Nicholson）, *Moral Consciousness and Communicative Action*, The MIT Press.
―――, 1998,"Some further Clarifications of the Concept of Communicative Rationality," in Edited by M. Cooke, *On the Pragmatics of Communication*, The MIT Press.
三上直之, 2012,「コンセンサス会議――市民による科学技術のコントロール」篠原一編著『討議デモクラシーの挑戦』第2章, 岩波書店: 33-60.
村上圭子・荒牧央, 2011,「日本初実施・全国版『討論型世論調査』」『放送研究と調査』2011年8月号.
岡田健太郎, 2012,「市民議会――ブリティッシュコロンビア州（カナダ）での選挙制度改革」篠原一編著『討議デモクラシーの挑戦』第8章, 岩波書店: 179-206.
Roese, N. J. and J. M. Olson, 1995, *What Might Have Been: The Social Psychology of Counterfactual Thinking*, New Jersey: Erlbaum.
榊原秀訓, 2012,「市民陪審――証言者からのヒアリングと討議」篠原一編著『討議デモクラシーの挑戦』第4章, 岩波書店: 81-98.
坂野達郎, 2006,「第3章 集団分極化現象と米国市民による政策投票の実験から学ぶリスクコミュニケーションの方法」熊田禎宣代表『原子力発電所の新設，運営，検査の異なった状態における安全評価の情報開示，リスクコミュニケーションの方法に関する調査研究』平成17年度原子力安全基盤研究.
―――, 2010,「討議民主主義手法としてのDPの意義と課題」『計画行政』33（3）: 21-8.
―――, 2011,「討議型意識調査手法『Deliberative Poll』の実験」猪原健弘編著『合意形成学』第7章, 勁草書房: 141-59.
―――, 2012,「討議型世論調査 DP――民意の変容を世論調査で確かめる」篠原一編著『討議デモクラシーの挑戦』第1章, 岩波書店: 3-31.
―――, 2013,「ミニ・パブリックスを活用した討議デモクラシーの可能性――神奈川県 Deliberative Poll 実験を題材にして」『公共選択』第59号, 48-65.

―――, 2014,「ミニ・パブリックスに映し出される集合的意思の代表制と合理性」『選挙研究』30巻1号.

篠藤明徳, 2012,「計画細胞(プラーヌンクスツェレ)――メンバーを入れ替えながらの少人数討議」篠原一編著『討議デモクラシーの挑戦』第3章, 岩波書店: 61-79.

篠原一, 2004,『市民の政治学――討議デモクラシーとは何か』岩波新書.

Slovic, Paul, et al., 2004,"Risk as analysis and risk as feelings: Some thoughts about affect, reason, risk, and rationality," *Risk analysis*, 24.2: 311-22.

Smith, G., 2009, *Democratic Innovations: Designing Institutions for Citizen Participation*, Cambridge University Press.

曽根泰教, 2007,「『討論型世論調査』の可能性」橋本晃和編『21世紀パラダイムシフト』冬至書房: 123-41.

―――ほか, 2013,「『学ぶ、考える、話し合う』討論型世論調査」木楽舎.

Warren, M., 1993,"Can Participatory Democracy Produce Better Selves? Psychological Dimensions of Habermas's Discursive Model of Democracy," *Political Psychology*, 14(2): 209-34.

Weinberger, O., 1998, *Alternative Action Theory: Simultaneously a Critique of George Henrik von Wright's Practical Philosophy*, Kluwer Academic Publishers.

柳瀬昇, 2005,「討論型討論型世論調査の意義と社会的合意形成機能」『KEIO SFC JOURNAL』4(1).

終章

遠藤薫編著, 2014,『間メディア社会の〈ジャーナリズム〉――ソーシャルメディアは公共性を変えるか』東京電機大学出版局.

池田正之, 2009,「放送ジャーナリズムの発展と問題点」島崎哲彦・池田正之・米倉律編著『放送論』学文社.

索引

英数字
2 ちゃんねる　221
2 ちゃんねるまとめサイト　232
3.11　118
9.11　118
4K　254

AKB 総選挙　113
BuzzFeed　273
campaign industry　175
Computer‐Mediated Public Sphere（CMPS）
　　40
Dabiq　185
Facebook　45, 61, 222
Flaming　224
gathering　37
Getting‐Out‐To‐Vote（GOTV）　179
Google　257
Google Trends　86
Google ストア　282
GREE　222
Hulu　272, 282
Instagram　45, 61
IS　182
ISIL　123, 182
like　73, 98
LINE　44, 45, 61, 62, 208
Mediated Public Sphere（MPS）　40
mixi　222
NSA　217

Panopticon　215
PRISM　217
RT　98
SIR　234
SNS　44
STAP 細胞問題　229
Synopticon　215
Togetter　232
tsuda る　264
Twitter　45, 61, 222
Ustream　252
Wikipedia　45
Yahoo! Japan　233
YOSAKOI　97
YouTube　45, 211
YouTuber　211

あ
アゴラ　40
アジェンダ・セッティング　160
集まり　37
アナリティクス　211
アノニマス　132, 187
アノミー化　21
アフガニスタン侵攻　123
アベノミクス　153
アメーバ　272

いいね！　73, 98

意図的社会変動　9
異物混入問題　230
イメージ政治　142
イラク戦争　123
インターネット・フリーダム　170

微信　194, 195, 201, 204
微博　194, 195, 201, 202, 204
上からのコントロール　176

炎上　115, 207, 220, 221, 224

オートポイエーシス・システム　9
オープンデータ　288
お正月　83
オタ芸　113
音楽著作権　264
オンライン献金　172

か
顔のない　33
間主観性　13
間メディア　101
間メディア社会　270
間メディア性　36, 41

擬似イベント　105, 110, 111
擬似環境　18
記述概念　11
キデイランド　81
規範概念　11
共在感覚　41
共同体的空間　53
虚構という媒体　15

空中戦　175
クチコミ　224
クラスタリング　235
クリスマス　83
クローズアップ現代　252
グローバリゼーション　42
グローバル・ビレッジ　99
〈群衆〉　32

経験的思考　249
携帯電話　260
ゲーム理論　234
劇場型空間　53
劇場空間　98
劇場性　77
結束型　69
決定木　237
〈現実〉　14
衒示的消費　98
原発事故　253
言論空間　200, 203

行為率　83
公共圏　19
公共政治広告　175
高校文化　261
〈公衆〉　32
幸福感　78
合理性　242
故郷喪失者　33
コスプレ　84
コスモ石油　225
国家安全保障局　217
コピー・ワンス　254
戸別訪問　175, 179
コミケ　92
コミュニケーション・メディア　18
コミュニケーション行為　37
コミュニティ　37, 235, 286
コミュニティ・オブ・インタレスト　35
コミュニティ抽出　235
娯楽商業主義　95
コンサマトリー　111
〈混沌〉　38
コンピュータ・メディアを介した公共圏　40

さ
再帰的自己創出　9
サイバーテロリズム　20
サブカルチャー　92
サプライズ・プロポーズ　112
サンタクロース　95

参与型プロモーション　113

シェア　222
自己ブランディング　77
自己プロモーション　109
自己目的的　111
私事圏　43
下からの改革　173, 175, 176
私的生活圏　43
死と再生　99
シノプティコン　215
市民社会　19
市民陪審　28
ジャーナリズムの失敗　290
社会関係資本　69
社会システム　9
社会満足感　78
シャルリー・エブド　124
集合知　180
従来型メディア　194, 195, 197, 201, 203
熟議型民主主義　288
小公共圏群　36
象徴権力　30
情報拡散　234
情報型空間　53
自律的個人　22
新華社　196, 200, 202, 205
人民日報　201, 204

スタンプ　63
ステマ　115
ステレオタイプ　15
スマートフォン　210
スリラー　84

生活満足感　78
正統性　95
ゼゼヒヒ　269
選挙産業　175, 176, 179
選挙の科学化　179
選挙の専門化　176
選択的接触　171

ソーシャル・アクティビズム　75
ソーシャルニュース　45
ソーシャルブックマーク　45
ソーシャルメディア　44
ソーシャルメディア疲れ　209
祖霊信仰　96
ゾンビ・モブ　113

た
大義なき選挙　153
〈大規模オフ〉　107
大衆　22
大統領選挙　77
代表性　240
タイムライン　127
大量秘密兵器　123
ダビク　185
ダブル・コンティンジェンシー　16

地域　84
地上戦　175
知的エリート　30
中央テレビ　201
調査報道　288
超都市　38

津田メルマガ　269

訂正ツイート　226
テーマパーク　84
デジタル・ネイティブ　280
デジタル著作権　255
デマ　221, 223, 224, 226
デリバディブ・デモクラシー　27
デリバディブ・ポール　27
テレヴォート　28
天空の城ラピュタ　103
電子掲示板　44

動画共有サイト　44
動画配信サービス　281
討議合理的　246
討議的代表性　246

討議民主主義　240
東京ディズニーランド　84
冬至祭　96
投票促進　179
討論型世論調査　27, 239, 288
ドキュメンタリー・コンテンツ　288
特定秘密保護法　164
匿名掲示板　221
匿名性　33
閉じつつ開く　38
都市的感性　35
トリック・オア・トリート　97

な

ナタリー　273
ナムコ・ワンダーエッグ　84
なれ合い　111
難民　136

ニコニコ動画プレミアム　282
ニコニコ生放送　252
ニュースサイト　232
ニューメディア　194, 195, 197, 201, 203

〈ネタオフ〉　107
根無し草　33

は

バースト現象　220, 225
バーチャル・コミュニティ　20
ハイカルチャー　95
排他的ナショナリズム　138
ハイパーリアル　33
バイラル　115
バカッター　212
ハッシュタグ　72
パノプティコン　215
パリ同時多発テロ　77, 120
バルス祭り　102
ハロウィン　73, 80
反仮想性　244
汎用的な空間　53

東日本大震災　225
非正統性　95
ビッグデータ　285
ビッグデータ選挙　178, 179
表現の自由　175
開きつつ閉じる　38

フェア・ユース　255
フォロー　73
袋小路のループ　159
フラッシュ動画　108
フラッシュモブ　102, 108
フレーミング　115
ブログ　44, 232
分析的思考　249

ヘイト・スピーチ　138

防衛問題　163
ホウドウキョク　271
ポリタス　269

ま

マイ・バラク・オバマ・ドットコム　173
マイクロターディング　179
マクドナルド　230
〈マツリ〉　107
祭り　224
まとめサイト　232

ミニ・パブリックス　240, 241
民意　8, 242
〈民主主義〉　8
民俗信仰性　95

無作為抽出市民　240
村社会　69

メッセージ・アプリ　45, 63
メディア・コミュニケーション　13
メディアを媒介にした公共圏　40

モブ・プロジェクト　108

や

遊歩者　32
ユニバーサル・スタジオ・ジャパン（USJ）　84

余所者　33
〈世論〉　8
世論　194, 195, 197, 199, 200, 201, 242
輿論　195, 197, 198, 201
世論政治　27
世論調査　30

ら・わ

ライブツイート　266

リア充　111
理想的発話状況　244
リツイート　98, 222
リテラシー　257
流言　220, 221, 224

レコメンド機能　285

ローカリゼーション　42

ワンピース　227

人名

アブー・バクル・アル＝バグダーディー　193
ヴァレラ（F. J. Varela）　9
ヴェブレン（T. B. Veblen）　98
エドワード・スノーデン　217
尾田栄一郎　227
オマル・マティーン　193

ギトリン（T. Gitlin）　36
クロスリー（N. Crossley）　13
コーンハウザー（W. Kornhauser）　21
胡錦濤　199
ゴフマン（E. Goffman）　37

サーシャ・アイゼンバーグ（Sasha Issenberg）　179
ジグムント・バウマン（Zygmunt Bauman）　208
ジハーディ・ジョン　118, 185
シャンパーニュ（P. Champagne）　10
習近平　197
ジョージ・アレン（George Allen）　172
ジョナサン・ハイト（Jonathan Haidt）　192
ジョン・マケイン（John McCain）　172
ジンメル（G. Simmel）　39

ダール（R. A. Dahl）　26
タルド（G. Tarde）　21
トーマス・ヘッグハンマー（Thomas Hegghammer）　189
ドナルド・トランプ（Donald Trump）　177
トンプソン（J. B. Thompson）　36

ニューマン（R. W. Newman）　25

バーニー・サンダース（Bernie Sanders）　177
ハーバーマス（J. Habermas）　19
ハイデガー（M. Heidegger）　11
バラク・オバマ（Barack Obama）　173, 179
バリバール（E. Balibar）　35
ハワード・ディーン（Howard Dean）　172
ヒラリー・クリントン（Hilary Clinton）　178
ビル・クリントン（Bill Clinton）　171
フィッシャー（C. S. Fischer）　35
ブーアスティン（D. J. Boorstin）　105
ブルデュー（P. Bourdieu）　10
ベンヤミン（W. Benjamin）　31
ボードリヤール（J. Baudrillard）　21
ボルツ（N. Bolz）　32

マクルーハン　99
マトゥラナ（H. R. Maturana）　9
マルクス　10
ミット・ロムニー（Mitt Romney）　177, 179
ミルズ（C. W. Mills）　20

柳田國男　96

ラインゴールド（H. Rheingold）　20
ラッシュ（C. Lasch）　21
李克強　197
リップマン（W. Lippmann）　12
ル・ボン（G. Le Bon）　21
ルーマン（N. Luhmann）　15
ルソー（J. J. Rousseau）　33

編著者・著者紹介

編著者

遠藤 薫（エンドウ・カオル）［序章〜第8章，第10章，第17章，終章，あとがき］
- 略歴　東京大学教養学部基礎科学科卒業（1977年），東京工業大学大学院理工学研究科博士課程修了（1993年），博士（学術）.
信州大学人文学部助教授（1993年），東京工業大学大学院社会理工学研究科助教授（1996年）を経て，学習院大学法学部教授（2003年〜現在）.
日本学術会議会員，社会情報学会副会長，横断型基幹科学技術研究団体連合副会長.
- 専門　理論社会学（社会システム論），社会情報学，文化論，社会シミュレーション.
- 著書　『間メディア社会の〈ジャーナリズム〉――ソーシャルメディアは公共性を変えるか』（編著，2014年，東京電機大学出版局），『廃墟で歌う天使――ベンヤミン『複製技術時代の芸術作品』を読み直す』（2013年，現代書館），『グローバリゼーションと社会学――モダニティ・グローバリティ・社会的公正』（共編著，2013年，ミネルヴァ書房），『メディアは大震災・原発事故をどう語ったか――報道・ネット・ドキュメンタリーを検証する』（2012年，東京電機大学出版局），『大震災後の社会学』（編著，2011年，講談社現代新書），『グローバリゼーションと都市変容』（編著，2011年，世界思想社），『間メディア社会における〈世論〉と〈選挙〉――日米政権交代に見るメディア・ポリティクス』（2011年，東京電機大学出版局），『書物と映像の未来――グーグル化する世界の知の課題とは』（共編著，2010年，岩波書店），『日本近世における聖なる熱狂と社会変動――社会変動をどうとらえるか4』（2010年，勁草書房），『三層モラルコンフリクトとオルトエリート（社会変動をどうとらえるか3）』（2010年，勁草書房），『メタ複製技術時代の文化と政治（社会変動をどうとらえるか2）』（2009年，勁草書房），『聖なる消費とグローバリゼーション（社会変動をどうとらえるか1）』（2009年，勁草書房），『ネットメディアと〈コミュニティ〉形成』（編著，2008年，東京電機大学出版局），『間メディア社会と〈世論〉形成――TV・ネット・劇場社会』（2007年，東京電機大学出版局），『グローバリ

ゼーションと文化変容——音楽，ファッション，労働からみる世界』（編著，2007年，世界思想社），『インターネットと〈世論〉形成——間メディア的言説の連鎖と抗争』（編著，2004年，東京電機大学出版局），『環境としての情報空間——社会的コミュニケーション・プロセスの理論とデザイン』（編著，2002年，アグネ承風社），『電子社会論——電子的想像力のリアリティと社会変容』（2000年，実教出版），ほか多数．

著者紹介（掲載順）

西田 亮介（ニシダ・リョウスケ）［第9章］
- 略歴　1983年京都生まれ．慶應義塾大学総合政策学部卒業．同大学院政策・メディア研究科修士課程修了．同後期博士課程単位取得退学，博士（政策・メディア）．慶應義塾大学政策・メディア研究科助教（有期・研究奨励Ⅱ），立命館大学大学院特別招聘准教授，東京工業大学大学マネジメントセンター准教授等を経て，2016年4月より東京工業大学リベラルアーツ研究教育院准教授．
- 専門　情報社会論，公共政策学．
- 著書　『メディアと自民党』（2015年，角川書店），『ネット選挙——解禁がもたらす日本社会の変容』（2013年，東洋経済新報社），『ネット選挙とデジタル・デモクラシー』（2013年，NHK出版），ほか多数．

前嶋 和弘（マエシマ・カズヒロ）［第11章］
- 略歴　上智大学総合グローバル学部教授．
　　　1965年静岡県生まれ．上智大学外国語学部英語学科卒，ジョージタウン大学大学院政治学部修士課程修了（MA），メリーランド大学大学院政治学博士課程修了（Ph. D.）．
- 専門　現代アメリカ政治．
- 著書　『アメリカ政治とメディア——政治のインフラから政治の主役になるマスメディア』（2011年，北樹出版），『オバマ後のアメリカ政治—— 2012年大統領選挙と分断された政治の行方』（共編著，2014年，東信堂），『ネット選挙が変える政治と社会——日米韓にみる新たな「公共圏」の姿』（共編著，2013年，慶應義塾大学出版会），『インターネットが変える選挙——米韓比較と日本の展望』（共編著，2011年，慶應義塾大学出版会）など．

塚越 健司（ツカゴシ・ケンジ）［第12章］
- 略歴　一橋大学大学院社会学研究科博士後期課程単位取得退学（2014年）．
　　　学習院大学非常勤講師．
　　　日仏哲学会，情報社会学会，情報通信学会会員．

| 専門 | 社会哲学，情報社会学．
| 著書 | 『角川インターネット講座（12）開かれる国家——境界なき時代の法と政治』（共著，2015年，角川学芸出版），『間メディア社会の〈ジャーナリズム〉——ソーシャルメディアは公共性を変えるか』（共著，2014年，東京電機大学出版局），『ハクティビズムとは何か——ハッカーと社会運動』（2012年，ソフトバンク新書），『「統治」を創造する——新しい公共／オープンガバメント／リーク社会』（共編著，2011年，春秋社），『日本人が知らないウィキリークス』（共著，2011年，洋泉社新書y）．

趙 新利（チョウ・シンリ）［第13章］

| 略歴 | 1982年生まれ．早稲田大学政治学研究科博士課程修了（2011年），政治学博士．中国伝媒大学広告学院助教授，パブリックリレーションズ学科副主任．『公共外交季刊』編集者，南京大学中国南海研究協同創新中心兼職研究員，チャハル学会研究員．
| 専門 | 政治コミュニケーション，公共外交，広告史．
| 著書 | 『中国の対日宣伝と国家イメージ——対外伝播から公共外交へ』（2011年，日本僑報社），『日中戦争期における中国共産党の対日プロパガンダ戦術・戦略』（2011年，早稲田大学出版部），『中日伝播与公共外交』（2012年，社会科学文献出版社），『広告的社会史』（翻訳，2013年，山本武利著，北京大学出版社），『体験設計』（翻訳，2015年，電通 Experience Design Studio 著，中国伝媒大学出版社），『中国品牌全球化』（翻訳，2016年，岡崎茂生著，中国伝媒大学出版社）．

黄 昇民（コウ・ショウミン）［第13章］

| 略歴 | 北京広播学院（現・中国伝媒大学）新聞学科卒業（1982年）．
CCTVディレクターなど歴任．東京大学，一橋大学で留学（1986～1990年）．社会学修士号を獲得．中国伝媒大学助教授，教授（1990年～）．広告学院・国家広告研究院・中国広告博物館を創立．現在，中国伝媒大学資深教授，中国広告博物館館長．
| 専門 | メディア経営，消費者研究，広告研究，ニューメディア研究．
| 著書 | 『コンテンツバンク（内容銀行）』（共著，2013年，清華大学出版社），『中国広告図史』（共著，2006年，南方日報出版社），『中外広告史』（共著，2006年，武漢大学出版社）．

陳 雅賽（チン・ガサイ）［第13章（翻訳）］

| 略歴 | 1987年生まれ．早稲田大学政治学研究科博士課程修了（2016年），博士（ジャーナリズム）．
上海師範大学人文伝播学院講師．
| 専門 | 突発事件報道，ネット世論研究．

木本 玲一（キモト・レイイチ）［第 14 章］
- 略歴　1975年生まれ．東京工業大学大学院社会理工学研究科価値システム専攻博士過程修了．博士（学術）．
相模女子大学人間社会学部准教授．
- 専門　社会学，質的調査．
- 著書　『グローバリゼーションと音楽文化──日本のラップ・ミュージック』（2009 年，勁草書房），『グローバリゼーションと都市変容』（共著，2011 年，世界思想社），ほか．

鳥海 不二夫（トリウミ・フジオ）［第 15 章］
- 略歴　東京工業大学大学院理工学研究科機械制御システム工学専攻博士課程修了（2004年）．博士（工学）．
名古屋大学情報科学研究科助手（2004 年），同助教（2007 年），東京大学大学院工学系研究科准教授（2012 年）．
エージェントベースシミュレーション，ソーシャルメディア，計算社会科学，ゲームにおける AI などの研究に従事．人工知能学会，電子情報通信学会，日本社会情報学会会員．
- 専門　計算社会科学，人工知能．
- 著書　『よくわかる社会情報学（ビッグデータと社会情報学）』（共著，2015年，ミネルヴァ書房），『ビッグデータ・マネジメント──データサイエンティストのためのデータ利活用技術と事例（ソーシャルメディアにおけるビッグデータ処理）』，（共著，2014年，エヌティーエス），『シミュレーション辞典（自動取引エージェント）』（共著，2012年，コロナ社），『株式自動売買ソフトウェア 株ロボを作ろう！SDK2.0対応版』（2007年，秀和システム），『よくわかる Java ──練習問題付き』（2007年，秀和システム）．

榊 剛史（サカキ・タケシ）［第 15 章］
- 略歴　株式会社ホットリンク・研究開発グループマネージャー兼東京大学工学系研究科客員研究員．
修士課程修了後，電力会社にて情報通信の実務に従事した後，大学院に再入学し，博士号（工学）を取得．2012 年度，ACM Portal にて，東京大学情報系分野において最も多く閲覧された論文を執筆．近年はソーシャルメディアのデータ分析に注力している．
- 専門　人工知能，自然言語処理，Web マイニング，ネットワーク分析．
- 著書　『ソーシャルメディアの経済物理学』（共著，2012 年，日本評論社）．

坂野　達郎（サカノ・タツロウ）［第 16 章］
　略歴　東京工業大学工学部社会工学科卒業（1979 年），東京工業大学総合理工学研究科システム科学専攻終了（1987 年），博士（工学）．
東京工業大学工学部社会工学科助手（1987 年），日本社会事業大学専任講師（1989 年），東京工業大学社会理工学研究科助教授（1996 年），同教授（2014 年〜現在）．計画行政学会専務理事．
　専門　社会工学（公共システムデザイン）．
　著書　『公共システムの計画学』（共著，2000 年，技法堂出版），『都市自治体の行政経営改革とベンチマーキング』（共著，2004 年，日本都市センター），『合意形成学』（共著，2011 年，勁草書房），『討議民主主義の挑戦』（共著，2012 年，岩波書店）．

津田　大介（ツダ・ダイスケ）［第 17 章］
　略歴　1973 年生まれ．東京都出身．早稲田大学社会科学部卒．大学在学中より雑誌ライターの仕事を始め，現在はジャーナリスト／メディア・アクティビストとして各種メディアで執筆活動や，MC・コメンテーターとしてテレビやラジオ番組に出演している．有限会社ネオローグ代表取締役（1999 年〜），一般社団法人インターネットユーザー協会代表理事（2009 年〜），関西大学総合情報学部特任教授（2012〜2013 年），大阪経済大学情報社会学部客員教授（2013 年〜），京都造形芸術大学芸術学部文芸表現学科客員教授（2014 年〜）．
　専門　ジャーナリズム，マスメディア，ソーシャルメディア，メディアリテラシー，コンテンツビジネス，著作権．
　著書　『未来を変える情報の呼吸法』（2016 年，KADOKAWA），『越境へ。』（2015 年，亜紀書房），『ゴミ情報の海から宝石を見つけ出す――これからのソーシャルメディア航海術』（2014 年，PHP研究所），『メディアの仕組み』（共著，2013 年，夜間飛行），『ウェブで政治を動かす！』（2012 年，朝日新聞出版），『動員の革命――ソーシャルメディアは何を変えたのか』（2012 年，中央公論新社），『Twitter 社会論――新たなリアルタイム・ウェブの潮流』（2009 年，洋泉社），ほか多数．

ソーシャルメディアと〈世論〉形成
間メディアが世界を揺るがす

| 2016年9月20日　第1版1刷発行 | ISBN 978-4-501-63000-3　C3036 |
| 2018年9月20日　第1版2刷発行 | |

編著者　遠藤薫
著　者　西田亮介・前嶋和弘・塚越健司・趙新利・黄昇民・陳雅賽・
　　　　木本玲一・鳥海不二夫・榊剛史・坂野達郎・津田大介
　　　　ⓒEndo Kaoru, Nishida Ryosuke, Maeshima Kazuhiro, Tsukagoshi Kenji,
　　　　Zhao Xinli, Huang Shengmin, Chen Yasai, Kimoto Reiichi, Toriumi Fujio,
　　　　Sakaki Takeshi, Sakano Tatsuro, Tsuda Daisuke 2016

発行所　学校法人　東京電機大学　〒120-8551　東京都足立区千住旭町5番
　　　　東京電機大学出版局　Tel. 03-5284-5386(営業)　03-5284-5385(編集)
　　　　　　　　　　　　　　Fax. 03-5284-5387　振替口座 00160-5-71715
　　　　　　　　　　　　　　https://www.tdupress.jp/

JCOPY <(社)出版者著作権管理機構 委託出版物>
本書の全部または一部を無断で複写複製（コピーおよび電子化を含む）することは，著作権法上での例外を除いて禁じられています。本書からの複製を希望される場合は，そのつど事前に，(社)出版者著作権管理機構の許諾を得てください。
また，本書を代行業者等の第三者に依頼してスキャンやデジタル化をすることはたとえ個人や家庭内での利用であっても，いっさい認められておりません。
[連絡先] Tel. 03-3513-6969,　Fax. 03-3513-6979,　E-mail: info@jcopy.or.jp

印刷：新日本印刷(株)　　製本：誠製本(株)　　装丁：大貫伸樹
落丁・乱丁本はお取り替えいたします。　　　　　　Printed in Japan